NEW HUMANITIES SERIES

新人文丛书

主　编●王晓纯　吴晚云

曲
辉 | 遥远的近代

光明日报出版社

图书在版编目（CIP）数据

遥远的近代 / 曲辉著. —北京：光明日报出版社，
2017.7

ISBN 978-7-5194-3093-1

Ⅰ．①遥… Ⅱ．①曲… Ⅲ．①中国历史－近代
史－研究 Ⅳ.①K250.7

中国版本图书馆CIP数据核字（2017）第162474号

遥远的近代
YAOYUAN DE JINDAI

著　　者：曲　辉

责任编辑：王　娟　　　　　　　责任校对：傅泉泽
封面设计：糖晶书装　　　　　　责任印制：曹　诤

出版发行：光明日报出版社
地　　址：北京市西城区永安路106号，100050
电　　话：010-67078231（咨询），010-63131930（邮购）
传　　真：010-67078227，67078255
网　　址：http://book.gmw.cn
E - mail：gmcbs@gmw.cn　wj_gm2013@163.com
法律顾问：北京德恒律师事务所龚柳方律师

印　　刷：北京京华虎彩印刷有限公司
装　　订：北京京华虎彩印刷有限公司
本书如有破损、缺页、装订错误，请与本社联系调换

开　　本：155×230mm
字　　数：180千字　　　　　印　　张：14.5
版　　次：2018年1月第1版　　印　　次：2018年1月第1次印刷
书　　号：ISBN 978-7-5194-3093-1

定　　价：42.00元

惨痛而片面的集体记忆

王晓纯

"人文"一词，用法不一：古人将之与"天文"对举，今人把它与"科学"并列；它还常用来概称一种无论西方还是东方都存在的、崇扬人性与人道的主义或精神。

"人文"与"天文"对举，最早出现于《周易》。《周易·贲卦》象辞中，有"观乎天文，以察时变；观乎人文，以化成天下"之语。根据后人的解释，"文者，象也"，即呈露的形象、现象。于人而言，包括人世间的事态、状况，并可以引申到个人气象与社会风貌。值得注意的是，文中强调："文明以止，人文也"。文明总是与人文密不可分。人而文之，方谓之文明。在中国传统中，"人文"主要指人类社会的礼乐教化及其典章制度和道德观念。而文明在其本质上，乃是人类对"人之为人"在思想上的自觉和这种自觉在实践中的表现。

"人文"与"科学"并列，与西方近代分科之学的出现与发展有关。伴随科学与技术的勃兴和迅猛发展，人类社会传统的文化格局发生了重大改变，尤其通过科学与工业革命不断推波助澜，甚至形成了科学与人文所谓"两种文化"之间的分裂。

"人文"作为一种精神或主义，泛指从古到今东西方都出现过的强调人的地位和价值、关注人的精神和道德、重视人的权利和自由、追求人的旨趣和理想的一般主张。

当代中国思想者的研究视域从来没有离开对中国社会的人文关注。如今，中国社会进入了一个重要的转型时期。新时期呼唤新人文，也不断催生着新人文。

新人文是一种新愿景。现代社会使人在工具理性和技术统治面前常感无力，物质的丰富与精神的幸福之间往往失衡。新人文将目光聚焦人本身，重塑价值理性，高扬人性的尊严，唤起内心的力量，促进个性的自由发展，让梦想不再贫乏，让精神充满希望。

新人文是一种方法论。唯人主义和唯科学主义是现代性的基本组成部分，但两者的分隔也有渐行渐远之势。新人文试图重新发现科学与人文的内在融通，增进科学与人文的互补互用，让科学更加昌明，让人文之光更加夺目。

新人文是一种行动哲学。继往圣、开来学不是思想者的唯一目标，在理想与现实之间需要架设坚实的桥梁。新人文力图夯实人文基础，作为社会的良知而发出社会公正和正义的呼声，着力提高全民族的文化素养和精神境界，让思想冲破桎梏，用行动构筑未来。

鉴于以上种种，我们特地编辑了这套《新人文》丛书，奉献给关心当代中国现代化进程和新人文建设的广大读者。

2012.10.19

目录

太平天国运动

洋务运动

戊戌变法

义和团运动

总论：惨痛而片面的集体记忆

既往的辉煌

说起历史，身为中国人总是自豪的感觉居多，华夏祖先给我们留下了太多值得骄傲的东西。从大的方面说，中华文明位列四大文明之一，并且是这四大文明中唯一未曾发生断裂的；从小的方面说，中国人的衣食住行无一不可作为研究玩味之道，不但能从中发展出文化而且给人带来精神和肉体上的双重愉悦。不仅如此，从一个国家的角度来看，中国也是伟大的存在。

论政治，中国千年来的君主集权与乡绅自治相结合，使社会结构长期处于稳定状态，虽然也有战乱频仍、政权更迭频繁的状况发生，但从未发生欧洲中世纪政教合一、纠缠不清的状况，也从未进入过长期的"黑暗时代"，世俗社会始终是中国社会发展的主流；

论经济，中国从汉代开始，由朝廷以政治指导的方式鲜明地提出"重农抑商"的国策，从此农业特别是小农经济成为中国经济发展的基本方式，虽然小农经济分散经营无法使国家的综合实力获得飞跃式的提升，但纵观中国人口史我们可以发现，中国人口始终处于一种上升的趋势，这一点正可证明小农经济的成功。直至鸦片战争时，中国的国民生产总值远高于英国等欧洲国家的事实也从一个侧面论证了中国经济的辉煌；

论军事，我们更是可以举出众多成就斐然的军事理论家和功勋卓著的战将。《孙子兵法》和《孙膑兵法》的完成要远远早于西方军事理论经典——克劳塞维茨的《战争论》；而在战场上纵横驰骋、开疆裂土的将军更是多如繁星。直至蒙元时期，中国在对外作战中更是取得了惊人的战绩，直打到欧洲的多瑙河。时至今日，提到中国古代的军事成就，很多人还是热血沸腾；

论文化，更是成就卓著、辐射久远。自远古时代开始，中国就产生了历史记载和对占卜的纪录。此后，文化名人大批涌现，春秋战国、魏晋、宋明等时期更是中国文化大发展的时期，诞生了众多的经典著作和著名学者。翻开思想史、文学史、史学史等著作，里面如光荣榜般罗列的众多人名，让我们应接不暇。同时，中国文化还有一个重要特点，即吸纳、转化别种文化的能力超强，佛教中国化而产生禅宗就是一个显例。传统上，我们一直以"中原"文化作为中国文化的中心和正统，但中国历史上曾多次发生过大规模的民族融合，最为明显的是"五胡乱华"时期和蒙古人、满族人入主中原时期。然而，这些时期并没有对中国文化产生大的破坏，反而更加丰富了中国文化的内容。这证明了中国文化的吸收融合能力；而以中国为中心形成的包括日本、韩国、东南亚、台湾等国家和地区在内的儒家文化圈，则验证了中国文化独特的吸引力和生命力。

既然如此，那么为什么到了晚清及近代的时候，中国会遭遇到严重的挫折呢？

没落在近代

中国近代的问题不始于近代。如日中天之时，正是日薄西山之日，中国政治体制至唐代基本达到完备成熟的状态，此后则君主集权的趋势日益严重，至明代废除宰相、清沿明制又增设军机处，皇帝大权独揽，国家的命运往往取决于皇帝一人的贤否，至此国家危矣；经济上，明代虽沿袭重农抑商的传统甚至时而闭关锁国，但锁而不严，不但沿海贸易时有发生，内陆的徽商、浙商等也日益崛起，商品经济的发展成为明代社会的一个显著特点。而清代则"片板不许入海"，很长时间内只留广州一地作为通商口岸，贸易额直线下降。国内商品经济的状况也令人担忧，比之明朝只有倒退；军事上，冷兵器时代称雄的唐刀虽已失传，但明代火器的使用逐渐普遍，甚至进口改进版的红夷大炮也用于战争，但清人以弓马取天下，轻视火器，以致雅克萨之战中，康熙调集内地大量部队辅以东北精锐八旗两万人围困800余哥萨克骑兵数月不下。军事之劣，可见一斑；文化上，历代帝王向来对学术采取"利用"的态度，向来掌握的是与政治、权力密切相关"治统"，对于学术传承的"学统"则多放手与学界。宋代文化是中国古代文化的一个巅峰，宋代士大夫以"孔孟之道"行"修己治人"之学的理想也得到了宋代皇帝的支持。明代皇帝多昏庸，于是以王阳明为代表的明代学者采取"觉民行道"的方式，发起底层运动，致力于使一般群众掌握内心之理，从而共入圣贤境界。但清代时，以康熙皇帝为发端，虽表面上对孔子礼敬有加，而实际上却要身兼"治统"与"道统"，将天下之"势"与"理"都纳入自己的掌握之中，一时之间，"道统"成为禁脔，不得已，清代学者多埋首故纸堆，翻检旧材料，以考据小学代替了经世致用之学。

可以说，经过数千年的发展，近代之前的中国社会已经走到了一个不可不变、不得不变的节点。

雪上加霜的是，中国近代面临的外部环境又是如此之差。如众所知，现今的西方世界虽然以民主、自由、平等等理念为共同价值，但西方历史也经历了漫长的黑暗时期。经过了文艺复兴和启蒙运动之后，人的价值才重新被发掘出来并逐渐成为共识和常识。但中国却一直处于封闭状态，对西方世界的重大变化毫无知觉，直到工业革命之后，西方人倚仗坚船利炮横行世界的时候，中国的大门才被动的打开。所以，中国打开国门的时候是帝国主义丛林时期，国与国之间关系的特点就是弱肉强食。中国处于弱势的一方，长期被人欺压。更为不幸的是，当中国人在帝国主义的"大鞭子"抽打之下，还未觉醒之时，我们的东邻日本觉醒了，他们奉行西学，实行明治维新。但日本奉行的是军国主义，实行的是对外侵略的国策，面对中国这样大的一块"肥肉"，自然不会不动心。所以，中国近代的历次改革是被一次次丧权辱国的危机推动着、踉踉跄跄地向前走的；中国人对近代的记忆也是一次次挨打、一段段屈辱的历史记忆。

东西夹击

西方国家和西方文明对中国和中国人来说是完全陌生的存在。历史上，中国的外交版图上从未出现过诸如英吉利、法兰西等国家的名字。在西方逐渐形成近代外交体系的时候，中国还是顽固地坚守着传统的朝贡体系。随着1648年《威斯特伐利亚和约》的签订，西方近代外交体系正式形成，并确立了平等、主权为基础的国家关系准则。而在朝贡体系中，中国处于宗主国地位，高丽、日本、越南等国家则处于附属国地位。与西方威斯特伐利亚体系不同，宗主国与附属国之间地位不平等，中国始终认为本身乃天朝上国，甚至认为自身即天下，同时由于在东亚地区处于霸主地位，周边国家各方面皆不能成为对等的对手，因此中国自上而下皆对外国皆采取轻蔑态度，这种心态从"夷狄"这一称呼就可见一斑。正是由此，乾隆时中英第一次正式交往即马戛尔尼使团访华便不欢而散。

不得不承认，马戛尔尼使团来华本来给中国带来了一个了解近代西方世界的大好机会，使团来华的目的有二，一为寻求贸易，二是炫耀工业革命的成果。因此，在带给大清皇帝的礼物之中有当时在西方最为先进的枪炮和精密仪器。然而，这些礼物甚至连包装都没打开就被乾隆皇帝一句我中华地大物博，除钟表外，无需外夷事物而打发进了圆明园的仓库。

礼物的命运英国人并不关心，但开放贸易却是他们不惜发动战争也要进行的，因为这个时期的英国已经进入了帝国主义的阶段。

工业革命之后的英国成为西方世界发展的领头羊，经济军事实力的增长使英国成为最强势的开拓世界市场、占领殖民地的国家。随着美国、法国、德国等新兴资本主义国家的崛起，英国国内经济对它们的优势逐渐缩小，更多商人热衷于投资海外，于是海外市场和殖民地成为英国发展的重要支柱。在这一背景下，英国的海外扩张特别是武力扩张逐渐增加。中国这样一个拥有巨大市场的国家，英国自然不会轻易放过。

英国的到来本已使中国面临巨大的威胁，近邻日本的崛起又给中国埋下了深重的危机。本来，中日之间的交往向来以中国居主导地位而进行，学者在描述中日交往时多以学生和先生比喻两者的关系。日本善于学习和模仿，他们从中国吸取了多种文化技艺并充分利用其自身注重细节的职人精神加以提炼和改造，中国对此一直没有给予充分之重视，毕竟细节问题不是重"意"的中国人所认可的，而匠人也好职人也罢都不是艺术家。日本近代的开端也并不愉快，他们从1854年开始，便被迫与美、英、法等国签订了一系列不平等条约。然而日本很快便开始了"明治维新"转而全面向西方学习，逐渐成为傲立亚洲的一个新兴列强。日本维新运动并不彻底，加上资源稀缺等问题，导致对外扩张成为"明治维新"后日本政府的一个重要国策，甚至军国主义也在此时逐渐形成和发展。于是，中国在成为西方列强的瓜分目标之后，继又成为东方新秀的猎物。

甲午战争是日本参与瓜分中国的一次成功尝试。清政府引以为傲的北洋海军全军覆没不说，连陆地上的战斗也大败亏输，几十万湘军出关作战，竟然连一次"像样"的败仗都没有便无声无息地溃退了。于是，中日两国皆举国震惊。中国震惊于学生把老师打败得如此之惨；日本震惊于中国沦落到如此之弱，而全面侵华战争的根子在这时就埋下了。

仓促地激进

黑格尔在其历史哲学中谈及中国时说道："中国的历史从本质上看是没有历史的,它只是君主覆灭的一再重复而已。任何进步都不可能从中产生。"如果从中国历史发展的路径上看，这句话是没有错的。然而，近代以来中国历史发生了众多以前从未发生的"进步"。只是，这些"进步"

多是国人面临千年未有的变局时仓促应对而产生，又由于我们在面对西方时，总是处于落后挨打的局面，所以阅读晚清以降中国近代化的历史总有一种被推着走的感觉。随着当时的有识之士逐渐开眼看世界，他们发现中国似乎在政治、经济、科技和文化上全面落后于西方。于是，中国的变革便一次比一次步子迈得大，一次比一次间隔的时间短。在遭遇近代的160多年时间里，中国人经历了多样的持续的动荡与变革，以及不断的革命和激烈的整合。著名学者余英时甚至认为从鸦片战争以后，从太平天国到十九世纪末，中国的现状发生的变化如此之快，以至于长期以来没有一个稳定的秩序存在，甚至都无法区分何为保守何为激进。由此可见中国变化之仓促与剧烈。

中国的第一次改变发生在第一次鸦片战争之后，这一次的变化主要体现在认识世界和学习技术上。英国人的坚船利炮让国人见识到了西方科技的先进，于是逐渐产生了认识和了解西方的意识，林则徐、魏源等首先意识到西方人与我们传统意义上的"夷狄"不同，他们搜集了关于西方的相关资料并集结成书，开始向国人介绍西方的基本情况，并提出"师夷长技以制夷"的思想。其后洋务运动提出"中学为体、西学为用"的思想，正是林、魏等人思想的进一步发展和延伸。这一次的改变于传统中国人来说是可以接受的，因为它并未触动中国传统的政治伦理传统，对思想文化方面也几乎没有涉及。

第二次的改变便激进了很多。这一次的代表人物是康有为。康有为的时代中国所面临的危机进一步加深，而西方政治制度的优势也逐渐进入国人的视野，于是康有为首先从传统伦理入手进行改造，他写出《新学伪经考》和《孔子改制考》两书，将汉代以来流传下来的所谓儒家经典统统斥为伪书，将孔子从至圣先师改造成改革家，并将西方制度引入自己的学说，作为向西方学习、变中国成法的依据。这一次是对传统制度的激烈变革，虽然名义上保留皇帝，但实际上已经走向了西方政体。此后的历次变革，包括辛亥革命、五四运动等都遵循着一次比一次激进的规律。

之所以说这种变革是仓促的，是因为中国人的心态出了问题。有学者将国人对近代史的心态戏称为"三妇心态"：怨妇心态、泼妇心态和情妇心态，虽不严谨但符合事实。这三种心态的产生很大一部分原因是中国人面对千年未有的大变局时，手足无措，不知该如何应对。而正是由于心态的不正常，才使得变革如此的激进而仓促。

变革的仓促主要体现在处理传统与现代的关系上。如上所述，中国传统源远流长，中华文明博大精深。历史留在中国，留在中国人身上的烙印至深且巨，因此在面临西方异质文明时，如何将中华传统文化与现代文明相结合，形成一种适应中国人的现代文明，便成为一个重要问题。比如，西方为商业文明，现代西方的基本理念基本都由此而来，商业文明重利轻义，人与人之间、人与国家之间多体现为一种契约关系；而中国为农业文明，讲究重义轻利，人与人之间重感情，人与国家之间则为从属关系，这一问题如何解决？西方重个体，个人的平等自由和个人利益被置于首位，但中国重等级，每个个人都被安排在一个等级鲜明的群体之中，天地君亲师都被排在个人之前，个人的利益在君主面前甚至在父母面前都无法得到保障，甚至连最基本的生存权都随时面临被剥夺的危险，这种情况如何解决？西方重开拓与冒险，哥伦布发现新大陆、麦哲伦完成环球航线，西方贵族子弟到各地开拓市场等行为都是这种开拓与冒险的表现，而中国人安土重迁，除非遇到天灾人祸否则故土难离，西方政府鼓励变革而中国君主追求稳定。这些都是西方与中国的重大区别。如果当时中国人能仔细考虑这些差别，再寻求变革之道则可能像日本一样走上崛起之路，但我们要么是以中学为体，丝毫不可改变，传统的力量如此强大，可谓是"私人拖住了活人"；要么是将传统文化作为进步的羁绊全部扫去，发展到最后甚至连汉字都被认为是落后的表现而要以西式的拼音文字取代。这种情况，除了中国人追求进步的心情过于迫切之外，恐怕还有更深层次的原因。

一切向前看

历史上，中国传统士大夫们总是秉持着一个理念，即凡古皆好。他们认为上古三皇五帝时乃黄金时代，将上古社会描绘成人类社会的最高阶段大同社会。这一观点首先被完整记述在《礼记·大同篇》中，此后这一思想得到了历代士大夫的承认和延续，我们在历史中总是经常能看到他们对上古社会的向往和追求，上古社会甚至成为古代改革变法的动力和目标。在王安石变法之前，宋神宗曾问他变法是否可以使国家达到汉唐盛世的景象，王安石非常自信地回答说汉唐不足论，只要经过变法便能达到尧舜景象。这种自信，骨子里就其实是对中国传统的自信。

然而，这种唯古是尚的思想在近代遭受了巨大地冲击，特别是在平民阶层这种冲击的表现更为明显。毕竟，没人在现实中感受过上古社会的繁荣，而西方先进的经济技术和政治制度却是实实在在的对中国对世界发生着重大的影响。当时的通商口岸特别是上海最先发生了变化，资本家特别是民族资本家在上海开设商铺和工厂，使上海产生了大批脱离土地和传统生产方式的工人，与内地农民相比，这些工人工资待遇、卫生条件、人身自由、思想观念方面都有了全面的提高。上海永安百货公司甚至组织工人参加文化学习、成立员工俱乐部，这些工人已经俨然成为现代企业的雇员。于是，西式的理念、文化甚至生活方式逐渐在以上海为中心的地区生根发芽，虽然广大内陆地区依然顽强地保持着中国的传统，但从20世纪初开始，以上海为代表的中国城市，已经以中西结合以西为主的文化作为时髦的标志，即使是最偏远最顽固的地区也无法抵御它的侵蚀。改革开放之后，随着中国的崛起，大陆地区兴起地国学热、复古风，甚至最近流行的汉服回归，无不可看作是对这一侵蚀的反应。

其实，对西方完全屈从和对古代的盲目崇拜映射的都是当代中国人对自身定位的迷失，这种迷失一直延续到当今中国，并对中国人的思维方式、行为模式和生活习惯等产生了重要的影响。这些迷失是历史的遗留，我们不可以视而不见，但却应该对其轻重缓急进行区分，例如我们最迫切要找寻到的是那些迷失吗？应该是那些看似常识但却远远没有被理解的东西，比如，国家观念、民族观念和公私观念等。毕竟我们现在耳熟能详的自由、平等、公正、法治等观念都是中国自古所无的。只有在这些理念深入人心的同时，我们还应该考虑的是，1840年至今将近两百年的时间，世界和中国都已经发生了重大变化，列强侵略中国时期那种国与国之间的丛林关系早已发生转变，我们如何在这种情势下依旧保持改革开放以来的上升之路？中国社会处于一个大转型之中，但这种社会转型如果没有正确的理念做引导，如何能形成一个政治经济文化的文明秩序？我们又如何像日本一样建成一个建立在本国传统基础上的现代文明秩序？要回答这些问题就必须了解近代史，了解近代以来中国所经历的种种。

鸦片战争

鸦片战争前的清朝中国

一、政治

作为中国历史上最后一个封建王朝，清朝给我们展现出的多样性和复杂性至今仍有众多研究空白。然而，有一点可以肯定的是，清代统治者少数民族的身份及这种身份对汉人和其他民族的影响一直贯穿于清朝统治的始终，并对中国近代的发展产生了重要影响。

有历史研究指出，清人初入中原时考虑到满族和其他民族特别是汉族人数的对比，一度采用传统游牧民族对待中原王朝的一贯方式即派兵劫掠一番后便返回关外，只抢东西而不占领土。但1644年入山海关之后，满洲贵族没有想到偌大的中原地区和边疆竟然如此轻易地就攻占了下来，特别是中原汉族聚居地区，除了东南沿海一带由士大夫领导的抵抗运动较为激烈之外，其他地区几乎是一触即溃。但是清代各个皇帝都牢记他们先辈的担忧，在处理满汉关系上采取特别的方式。首先，他们要保证满人的民族归属感。直到鸦片战争前夕的乾隆王朝，也就是清朝建立一百一十年后，乾隆皇帝还严厉禁止满族全体成员与汉族实行文化交往，即不准读书，不准学习汉文汉字，不准学习骑射以外的知识。这种措施的结果就是越到王朝后期，"八旗子弟"越成为寄生者的代名词，其作战能力丧失殆尽。其次，保证满人对国家的控制。按照清朝政府组织法，政府各部侍郎以上高级官员，必须半数是满人，并且班列同级汉人之上。清朝传统，地方总督和驻防大臣的全部，各省巡抚的半数，也必须由满人担任。同时，中下级官员的选用，满人也享有优先权。而这些满族官员大多没有受过正规教育，乾隆皇帝特别看重那些不读书但满语骑射娴熟者，并且亲加录用。这样的官僚选拔制度的治国效果可以想见。

而对于那些在入关时抵抗最激烈的汉族士大夫，清帝更是采取了釜底抽薪的办法予以压制。从孔子时代开始，参政便成为儒家士大夫的终极目标，孔子周游列国也无非是为了找到一个可推行其政治理念的国家。此后，这一目标成为历代士大夫追求的目标，但其实现路径在清代基本上被完全堵死。宋代理学家程颐在描述士大夫的功用时说过一句"天下治乱系宰相，君德成就责经筵"，意思是说国家治理的好与坏关键在于宰相，而皇帝品行的高低由为皇帝讲解儒家经典的士大夫负责。显然，这是讲皇帝应该成为道德楷模，而不要过度干涉士大夫群体"治国平天下"。这种说法在宋代成为公论，但却受到乾隆皇帝的直接批评："且使为宰相者，而目无其君，此尤大不可"。不仅如此，乾隆帝还沿袭自康熙的政策，一方面对孔孟倍加尊崇而又打压理学，另一方面在科举考试中以理学为准而又放任考据学对理学的批评。因此，发挥义理，以孔孟之"理"对抗皇权之"势"的理学传统被以皓首穷经、不问时政的考据学所取代；同时辅以残酷"文字狱"，文人议政成为厉禁。最终将士大夫从"经世致用"逼迫进小学考据的故纸堆中，这其实是从学术上断绝了士大夫参政的道路。学术如此，制度亦然。明太祖废除宰相制度，扩大了君主集权，"清承明制"并加以巩固，明朝皇帝权力的施行还要经过三省六部，清则自雍正以来，另立军机处来贯彻皇帝的意志，这样一来，士大夫参政之路几乎完全被封闭。

站在清帝的角度来看，他希望保持住满族的统治地位采取如上政策似乎无可厚非，毕竟国家可以以武力取得，但绝非依靠武力、依靠不论贤否的本民族人士即可治理的。清代皇帝特别是康雍乾三帝都勤勉而手腕强力，因此清朝出现过"康乾盛世"的景象，但这种乾纲独断，凭一己之力治理国家的情况随着皇帝个人能力的变化而逐渐失去效力，随着乾隆皇帝年老昏聩，清朝也开始走向下坡路。而由于国家权力过度集中于皇帝手中，在朝官员很难对国家衰败做出挽救，而在野的士大夫又多将精力转向对经典考索，无意于国家生民的命运。因此，清朝在面对列强时的失败，其实早在1840年以前就注定了。

二、经济

国人谈及中国货币除了铜钱之外，最常说的就是银元宝了。其实，银作为通行货币是迟至明代才开始的。中国虽然地大物博，但矿藏白银独少，不但矿点少而且品质差。让人惊讶的是，贫银的中国，从明英宗正统元年至民国二十四年的五百年间一直实行银本位的货币制。为什么会如此呢？答案就是对外贸易。中国生产的丝绸、瓷器都被作为高档商品输入欧洲，茶叶更是作为欧洲人特别是英国人不可或缺的日用品而大量外销。葡萄牙人最初垄断了银丝贸易，哥伦布发现新大陆之后西班牙人抢占了盛产白银的秘鲁等地。欧洲人从美洲获得的白银很多直接运到了中国沿海一带，使中国受益匪浅。西欧有学者推算，从1527年至1821年（明嘉靖六年至清道光元年）三百年间美洲白银产量的三分之一甚至一半被运入了中国。由此可见，对外贸易对中国社会的稳定和经济发展有至关重要的作用。

对外交往也为中国传来了新的知识，明朝时著名的传教士利玛窦等人将当时欧洲比较先进的世界地理知识传入中国，使中国人知道了中国并不是天下的中心，地球也是圆的；时至清初，由于康熙皇帝与罗马教廷之间的礼仪之争等原因施行全面禁教，本来随传教而来的新知识也逐渐淡出清人的视野，因此从这个方面说，清朝与明朝相比是倒退了的。

倒退的不仅是对世界的认识，清人虽然被汉族士大夫认为乃是夷狄，但他们却似乎更重视所谓中原正统。也许正是由于来自边缘，越要表现出对"中心文化"的重视，正如希特勒来自奥地利但却近乎病态要净化亚利安人种，斯大林来自格鲁吉亚却推行大俄罗斯主义。清人也总是对外国人，也就是所谓的"外夷"有一种莫名其妙的敌视和轻蔑，他们秉承传统的夷夏之辨，认为欧美人是野蛮人因此在对外贸易上也对外商设置了种种限制。自1757年之后，清政府确立了广州一口贸易政策，所有外商只能到广州进行贸易，同时不设立专门管理外贸的机构，并且规定官员与官方机构不可直接与外商接触，而设立公行制度即贸易商行来与外商进行交易，中国虽然当时也设置了海关，但海关官员平时无事可做，仅仅监督公行缴税而已。海关税收除少部分上缴国库之外，大部分流入皇帝的私囊。对于中国皇帝来说，外贸的唯一作用就是购买钟表等国外的奇珍异宝，至于外贸对中国经济的巨大作用他们是完全没有概念的。因此，整个国家对外贸和外国商人的基本态度就是限制，甚至连外国人进入广州城都严厉禁止。

晚清和近代中国有一个显著的特点就是人口增加迅猛。从17世纪末到18世纪末这一个世纪的时间内，中国人口增加了一倍多，从1.5亿增加到了3亿多，仅仅在1779-1850年间就增加了56%，直至太平天国起义之前中国的人口已达4.3亿左右。人口的迅速增长主要得益于社会的长期稳定，同时从南美引进的玉米、红薯和花生等高产量农作物经过中国人的改良使其能适应长江南北的广大地区。同时，国内外商业贸易的发展也是供养广大人口的一个重要方面。海外白银的大量流入在保证国内货币银本位的同时也为中国人提供了高效持久的货币流通方式，18世纪时国内南北海运逐渐繁荣，内地的农村集市逐渐形成定期和规模，在城市中甚至出现了商人行会组织和信贷组织。但需要指出的是，人口增长也给国家和社会带来了巨大的压力。

清人对人口问题曾经给予过关注，如乾隆时翰林编修洪亮吉曾撰文论述人口增长过速之害，但却并未引起当局的重视。清政府沿袭历代"重农抑商"的理念，认为工商业发达不仅会妨碍农业发展还会导致工商业自身的衰败。因此，在政策引导上多有对农业的优待和对商业的抑制。特别是清朝虽然仅对商业货物征收过路费而不征商税的政策，使很多官员多巧立名目过分征税，而对商业经营的保护性政策更是从来未有。本来，人口增长之后中国的土地压力已经达到了极限，除了四川盆地早已人满为患之外，很多边远地区也已经接收了大量移民，全国耕地几乎全部利用而无可再垦的可能。此时，如果政府能够利用有效的政策引导和扶持，使人口从农业分化到工商业等其他行业中则有利于经济的发展和社会的稳定，但清政府的政策始终没有顺应社会发展而做出相应改变，这种政府管理的缺失使清代社会稳定出现了新的威胁，表现之一即土客之争。

所谓"土客之争"是指土著居民与新迁入之移民间争夺土地和其他资源等导致的冲突。18世纪时，广东东部农民移居广西，导致当地土地竞争激烈；1795年湖南西部的外来移民与当地苗民爆发了冲突；最严重的一次土客冲突发生在广东，咸丰同治年间广东土客大规模械斗导致百万余人的死伤。这其中除了资源争夺外，官府处置不当、偏袒土著压服客籍人的做法往往激化摩擦使冲突升级。地域矛盾的增加使清代社会的统治基础更加不稳。

人口增加带来的另一个困难是社会阶层流动的滞碍。清代社会通常而公开的阶层流动主要通过科举完成，布衣百姓可以由科考获得官职而成为精英阶层的士大夫。科举考试的名额变动较少，主要是根据国家需要官员的数量，再按照行政级别参照各地文风、人口和赋税的基本情况进行分配。科举制是当时国人几乎唯一的升迁之路，科举考试历时长久花费众多，因此个人参加科举考试往往不是单个家庭独立培养，而是整个家族共同努力的结果，而考中的人反过来也会对家族给予回报。所以，时人对中举的渴望是极其强烈的。然而到18世纪时不论是政府公职的法定数额，也不论是科举的名额，都没有按照人口的增长速度而增长。虽然在某些地区进士的名额分配有所增加，但比起人口增长速度而言，进士和进士以下功名的总数是显著下降了。这带来的后果便是各级行政机构冗员增加，许多读书人在无法获得功名的情况下，转而投靠在职官员成为随员、食客和幕僚等，吏役阶层人数暴增。这些冗员并不属于国家编制之内，他们的花销和薪金全部都由雇用他们的官员负担，而官员们便把这种负担转嫁到纳税的百姓身上，从而进一步加重了百姓的负担。

三、军事

虽然明朝军队已经开始广泛采用当时比较先进的火器，虽然八旗兵在宁远城下吃了红夷大炮的亏，但在入主中原之后清政府似乎完全没有意识到火器在军事中的重要性，他们将明朝遗留下来的大量火器从军队的武器配置中撤销下来封存在仓库中任其生锈腐烂，而将八旗传统的弓马刀枪作为士兵的主要配备，从这个角度上说清人的军事上比前朝是倒退了。

在占领中原地区特别是沿海地区之后，海防成为清政府关注的重点之一。特别是由于郑成功等人盘踞台湾经常由海路攻入内地，所以清政府在继承明代抵制西方势力由海路东来的思想之外，还进一步加强了海禁。顺治元年，朝廷下令将北起山东南至广东的沿海居民内迁三十华里，并将船只全部烧毁，寸板不许下水。同时对来华商人的活动、居留和华夷交往等都实行严格限制。不仅如此，为了保证海禁能顺利实行，清政府加修炮台、建立水师先后在旅顺口、大沽口、台湾、厦门、旅顺等地建设和改造了很多炮台，同时成立东三省水师、山东水师、江南水师、广东水师等海军部队，形成了一条以海岸、海岛为依托、水路相维的海防体系。然而，这条海防体系存在重大问题。首先，根据马戛尔尼在中国的观察，这些炮台的大炮全部都是固定在炮台上的，无法转动，只能进行点对点的攻击；同时炮台全是开放式的，没有顶盖等防护措施，以西方当时的火炮技术而言，这些炮台很容易被击毁。其次，各路水师看似分布均衡实则实力分散，各个水师之间无法统一指挥、相互呼应，只能打打海盗而无法进行大规模的海战。这些都为后来鸦片战争的失利埋下伏笔。

在陆军方面，鸦片战争之前主要是八旗和绿营制度。八旗兵在入关前后战斗力原本至为强悍，但八旗为世业且兵额固定，一家多口全部靠军饷度日，甚至出现八丁一兵的情况，特别是入关之后八旗生活优渥，而生殖日繁，就导致旗人生活艰辛的局面。于是，为照顾旗人生活便扩大兵额，很多老人儿童也列入兵籍，导致兵员质量下降。从入关之后，八旗逐渐腐化，早在康熙平定三藩之乱时，旗兵已不可用，乾隆时国内战争已经以绿营为主战兵力。绿营编制与八旗相似也是世兵制度，兵籍固定不可变更，绿营兵多入不敷出，只能在当兵之外另营生计，这就导致兵员实际人数与额定人数不符，训练水平下降，吃空饷的军官增多等问题。太平天国时，几万农民军能出广西、经湖南、占武汉南京，便是八旗绿营战斗力下降的明证。

战争的到来

由于农业和手工业结合的生产方式，中国非但能满足国内市场基本消费品的需求，而且能够向世界市场提供它国无法与之竞争的高质量低成本的棉布、茶叶、丝绸等商品。因此，在中外贸易中，清政府一直处于出超地位，这一情况是以商立国的西欧诸国包括英国所无法接受的，他们迫切需要一种能替代白银来换取中国商品的一种特殊商品，鸦片正满足了列强的这一需要。

早在1800年，由英国东印度公司操纵的对华鸦片贸易，便已达到走私进口两千箱的规模。根据记载，每箱装"整土"即生鸦片四十个，每个约重三斤；以当时的价格每个值洋银三十元计，则这一年走私的鸦片总值便达到洋银二百四十万元。其中约75%流入了英印政府的金库。本来，东印度公司在长期的贸易中累积了与中国十三行商人沟通的经验，东印度公司与行商直接沟通，而不与中国官员发生直接关系，他们虽然对中国政府和官员对贸易的漠视程度感到吃惊，但也维持了中英之间的正常贸易。然而，随着1832年英国取消东印度公司这样的专营公司，彻底实行自由贸易之后，来华的商人大部分为散商，他们中很多人并不了解中国的情况和贸易制度；同时，由于东印度公司有自己的私人武装保护他们的商贸，因此英国政府对东印度公司的贸易承担的责任较小。而专营公司取消后，保护商人贸易的责任便转移到了政府的头上。因此，英国政府必须直接保护贸易，他们派出了商务监督来到中国与中国官方直接交涉。此时的清政府对此完全懵然不知，他们始终秉承着天朝与四夷的观念，认为所谓的外国官员来到中国只能是来进贡而无任何其他权利。在这种情况下，英国商务监督在于中国官员之间的沟通完全无法对接。这种情况已使得掌握了极大权力的英国商务监督大为不满，而此时朝廷还派来了禁烟的钦差大臣——林则徐。

林则徐是禁烟运动中的"严禁派"，道光皇帝之所以在"严禁"与"驰禁"两者中选择了前者，主要是因为乾隆皇帝在位时过于挥霍，不论是远征边疆还是六下江南都是消耗巨大。乾隆死后，国库已经盈余不多，以至于嘉庆、道光和咸丰皇帝都厉行节俭，甚至穿着打着补丁的龙袍上朝。当"严禁派"官员指出鸦片的危害特别提出一条"朝廷几无可用之兵，国库几无可充饷之银"时，道光皇帝倏然一惊便决心戒烟，并以林则徐为钦差大臣，赴广州主持。

虽然著名史学家范文澜先生称林则徐为"开眼看世界之第一人"，但此时的林则徐对西方世界也是蒙昧无知，甚至相信19世纪时国人关于洋人的两则传说，第一个是：西洋人乃是犬羊的本质，他们又以牛奶做饮料，证明他们非喝牛奶、酪浆就不能维持生命。牛奶、酪浆不容易消化，胶结在肚子里，必须吃大黄和大量饮茶，才能使它化解。假如几个月不吃的话，双目就会失明，肠胃就会壅塞。所以西洋人宴客时，最贵重的食品莫过于大黄，即令最贫苦的人家，也都在胸前挂一小口袋大黄，时常用舌头去舔一舔，或用鼻子去嗅一嗅。而大黄和茶叶，只有中国才出产，因之，野蛮的西洋人必须依赖中国。中国只要拒绝通商，就是说只要中国拒绝卖给他们大黄、茶叶，就能立即致那些西洋鬼子于死命。第二个是由于当时马夏尔尼使团不愿跪拜乾隆，所以坊间本着神话皇帝的心态，多传言不是洋人不肯跪，而是洋人的膝盖天生是直的不能弯曲，所以不能跪拜。这样的传说明显更能为国人所接受，所以洋人膝盖不能拐弯的说法便成为当时公认的知识。

林则徐的高明之处在于，他能够迅速调整心态和观念，以开放的心态重新吸纳西方知识。到任之后，林则徐与西方人有了直接的接触，认清了上述传闻；他特别还到澳门去近距离地接触欲观察洋人，并清醒地认识到洋人坚船利炮的威力和洋人社会制度与中国的差异，组织编写了关于西方世界的《四洲志》，但林则徐对于欧洲特别是英国政府与商人之间的关系却并没有深入的认识。而且可惜的是林则徐只是皇帝的代表，他虽然对西方的认识有所改进，但却无法改变国人特别是道光皇帝对西方的一般认识，更不可能请道光去广州亲自与洋人接触。因此所以道光皇帝对西方世界印象还是停留在乾隆帝时期，他还是希望像乃祖顺治、康熙那样把广州口岸也取消，永远断绝与西方的贸易。特别是在林则徐虎门销烟取得了一定成效之后，道光的这种意识更强了。

鸦片战争的爆发除了道光皇帝和林则徐禁烟之外，还有一个重要的原因，即英国商务监督代表英国政府向交出鸦片的商人做出保证说，要包赔这些商人的损失，这就使得本来是商人与中国官员之间的矛盾转化成了英国政府与清政府之间的问题。而清政府对近代外交毫不知情，对英国商务监督又不加理会，在对鸦片是严禁还是弛禁的争论中，两派官员与道光皇帝考虑的都是鸦片对国内的影响，至于英国政府会做何反应，根本不在他们的考虑之内。于是这场战争便不可避免地爆发了。

战争的过程

林则徐虎门销烟之后，时任英国商务监督的义律长期以来对华的不满终于爆发，他屡次请求英国政府对华开战，最终英国议会以九票的优势通过了所谓"对中国前此之侵害，要求赔偿，英人在华之安全，要求保证"的提议。1840年4月，英国政府调集印度、好望角士兵一万五千人，船30余艘，分别由乔治懿律和伯麦统领，至中国海开战。伯麦分攻厦门和定海，并于6月8日将定海攻下，此后一路沿海北上，至浙江时将英国首相致中国首相书呈给中方。该国书条款包括：一赔偿货价，二开广州、厦门、福州、定海、上海通商，三中英官员交际礼用平行，四赔偿军费，五不以英船夹带鸦片累及岸商，六尽裁洋商及经手华商浮费。除第三条之外，全部直接涉及经济商贸，即使是第三条其实也是为了更好地进行商务交涉。由这封国书可以看出英国人发动鸦片战争，就是国家保护商人贸易的一种行为。

这封国书递交给浙江巡抚乌尔恭额时，乌尔恭额认为疆臣无外交，自古没有巡抚接受外国国书的，因此他没有接受。于是英国军队再次北上，直打到天津将国书投递给了直隶总督琦善，琦善受书并转交朝廷。这时清廷对英国的态度有变化，此时的朝中大吏甚至是道光皇帝最担心不是如何应战，而是如何将战争的影响压制到最小。他们当时唯一的想法就是让英国人尽快撤出津门，返回广州。因此，大臣们集体散播英国之所以开战是因为林则徐无端生事，原本答应给英商赔偿而后负约，从而导致英国兵戎相见的谣言；又认定邓廷桢在厦门击退英军为谎报军情。最终，道光皇帝下令将林则徐、邓廷桢革职查办，命琦善为钦差大臣赴广州查办实情，并处理善后事宜。

琦善赴广州后，将林则徐设置的战备措施全部撤除，并开始与英国人谈判。英国人以西方外交体系的成例对待琦善，认为他全权代表中方，并向他提出割让香港的要求。琦善对这一要求不置可否，只答复说可以考虑，而林则徐将此事报告朝廷，这时又由于谈判拖得太久，英人认为应该对中国施加压力于是再次发兵攻下沙角、大角两座炮台。于是道光皇帝大怒，下谕烟价一毫不许，土地一寸不给，并重新派兵至广州。结果中英战端又起，英国人吸取上次的教训，认为广州距离北京太远，攻打此地无法给清廷以有效的压力，因此沿海北上直薄南京，此时的清政府战守俱穷，只能签订城下之盟。

说到第一次鸦片战争的过程，时至今日国人还是扼腕叹息于最多时候只有两万名士兵的英国人，会如此轻松地从广州打到天津再打到南京，并逼迫当时有将近百万正规军的清政府签订不平等条约，其实原因并不复杂。

首先，朝廷和战不定对最终的失败应该负上一定的责任。由于清廷始终认定英国与中国的关系就像是近代以前朝鲜、越南跟中国的关系一样，是一种夷狄与华夏的关系，是附属国与宗主国的关系，因此他们始终不愿意了解英国开战的真正原因和西方的外交体系。在与英国的交涉与谈判中，英国政府方面将钦差大臣看成是西方外交中的全权代表，认为钦差大臣可以代表皇帝和国家做出决定，但中世纪中国皇帝的权力是绝不会分割给钦差大臣的，哪怕是临时的分割也不可能。所以在谈判中双方始终不能达成一致，中方的钦差大臣无法答应英方提出的要求，而英方则越来越急躁，最终导致双方不断发生冲突。

在战争中，朝廷和战的态度基本遵循一条：即只要战火没有蔓延出广东，距离北京尚远，则朝廷内外基本上持"战"的态度，只要战火迫近北京则基本上会转而求和，时战时和导致军事指挥不利，将帅无所适从。而朝廷对待战争的态度也为列强所看穿，因此后来的战争中列强总是想方设法进攻京津地区，从而给清廷以直接压力，达到其逼签条约的目的。

其次，兵力不振。英国人远道而来，人数又不多，中国军队何以如此不堪一击？时人在谈到战争中各地抽调来的清朝官兵的表现时说道："纷扰喧呶，毫无纪律，互斗杀人，教场之中死尸不知凡几，城中逃匪难之百姓，或指为汉奸，或劫其财帛，内外汹汹，几至激变。"甚至在英国兵抢劫十三行仓库时，清廷官兵竟然加入到英兵的队伍中，共同抢劫。这样的部队何以能指望其能保家卫国？

不但兵员素质不高，清朝军队的武器装备与英国人相比也相差甚远。当时清军的主要火器是原型为1548年由葡萄牙引进的火绳枪，虽然经过改良但其枪长达2.01米，内装铅丸重1钱，装填火药3钱。射程约100米，射速为1至2发/分钟。而英军用伯克式和布伦士威克式两种，即使是比较落后的伯克式在射程上也达到了200米，射速达到2至3发/分钟。大炮上的差距更大，当时中国生产的铁质较差，制成大炮后经常发生炸膛的情况，同时炮膛加工比较粗糙，铸件毛糙，射击精度无法保证；而且清军使用的是最为原始、威力最小的实心弹。而英军已经装备了加农炮，且炮弹种类丰富，实心弹、霰弹、爆破弹等都普遍装备部队。因此，在与清军的交火中，英军往往利用大炮的优势先用炮火摧毁清军的防御工事，再派步兵侧翼攻击，然后夺下阵地。

可见，无论是兵员素质还是武器装备，清军都已经远远落在了英国人的后面。

前人在探究鸦片战争时，总是将国人的民族性不足或清政府发动群众不利作为失败的原因之一。其实，所谓"民族"或"民族性"是古来中国人所不存有过也不曾听过的说法。特别是现代意义上的民族，乃是典型的西方舶来品。中国传统有民族意识，主要体现在：华夏中心观、华夷尊卑观和以华夷尊卑观为基础的"夷夏之辨"。这种民族意识有一个隐含着的前提即中国即天下，中国文化与周边文化相比为先进文化。列强东来使中国人逐渐认识到中国文化与西方相比，无论在政治、经济、军事、社会等方面均处于下风，中国也不是全天下而只是世界的一个角落，于是中国人开始萌发民族意识。特别是后来日本侵华战争的爆发，为激发国人抗战意识，各方大力宣传民族主义和民族觉醒，民族性才逐渐在中国人的心中生根发芽。由此可见，鸦片战争时期国人对待英人的态度与对待越南、朝鲜等国相差无多，同时毫无主权国家、中华民族的意识，这是历史的必然，我们无法用现代人的意识来要求当时的民众。至于清政府发动群众不利，则主要是因为清政府将不愿管、不想管的对外贸易放在天高皇帝远的广东进行，皇帝一声令下就可以闭关或开战，殊不知当地百姓很多都依赖外贸为生，一旦清廷战胜、英人远遁，并关闭通商口岸，则大量当地百姓就会失去生计。特别是由于上述所言当时百姓并无民族观念，不认为鸦片战争乃是一个独立主权国家对另一个国家的侵略，由此对于当地百姓希望英军获胜而不听朝廷差遣的情况就有了合理的解释了。

中英两国关于鸦片战争的文献中，我们也可以看到关于普通百姓的描写。英国军队来华最多时达到两万人，他们的后勤补给似乎应该成为大问题，但实际上英军虽然也有一时后勤供应不上的问题，但总体无虞。很多民众向英军出售食物、淡水和粮食以获利。民众主动爬上英军炮舰出售茶叶蛋的画面已经深深印到了英国人和中国官员的脑海。还有民众为英军充当苦力，从事运输等工作以获工值。甚至在中英两军交战时，成群民众在战场边缘观看"西洋景"，正像今天的观看现场直播，这在文献中更是屡见不鲜。

总体而言，中国民众并不知道英国人为什么要和中国开战，在他们的意识中恐怕这场战争与中国历史上为数众多的改朝换代并无多大不同。因此，他们对英军并无特别的恶感，对于清军也没有多少亲近。特别是清军纪律极差，所谓"兵匪一家""匪过如梳，兵来如篦"等观念在清军身上正可得到印证，而英军纪律稍好，多数情况下还能做到不扰民众，正常交易，所以在百姓看来虽然英人长得奇形怪状，但相比清军似乎更显可爱一些。

鸦片战争中最为著名的民众抗英事件无疑是三元里抗英。然而，细检这一事件的全过程我们可以发现，本次事件与后来抗战中民众自发抗日事件中所体现出的民族主义等并无太多相似之处。

三元里地区人民抗英主要出于三个原因：第一，1841年5月29日，当时中英达成停战协定。部分英军进入广州城北的双山寺，此处存放有很多外地人士的棺材。中国人讲究落叶归根，以客死异乡为大忌，因此这些棺材并未下葬而是准备运送回原籍的。但英军对于中国习俗并不了解，他们甚至打开了部分棺材查看尸体。这种行为被中国人视为大逆不道并会降祸于死者子孙。英军的这种行为被广泛传布并演化出了"开棺戮尸""发掘坟墓"等说法，这不可能不激起当地人的愤怒。第二，英军进攻广州时，所带补给不多，只够两天只用。英军官方文献在对给养补充的记载用了"征发"二字，即在当地购买。但文献中同时也有购买食物的士兵"满载各种家畜而归"的记载。由中国人的传统来看，很少有人会将家畜一齐卖掉，并且英军在战争中所携钱款是否足够购买如此多的家畜也是问题。因此，这种所谓"征发"很难摆脱劫掠的干系。第三，侵犯妇女。英方文献对此问题并无记载，清方文献出于对受害人的保护，多含糊其辞。但1848年时任英国驻华公使的德庇时在给巴麦尊的报告中承认印度士兵曾强奸三元里附近的妇女。由此可见，正是英军在三元里地区的暴行，侵害了当地民众的利益，于是激起了反抗。反抗的结果是民众越聚越多，甚至乡勇和水勇也参加了战斗，英军死亡为5至7人，受伤为23至42人。比较之前英军正规作战中的定海、虎门之战的损失，这次战斗英军伤亡不小。反抗民众甚至包围了英军的驻扎地，后来在广州知府余葆纯的劝说下才逐渐散去。

从三元里抗英的起因来看，这次的斗争更接近于历史上不断发生的"官逼民反"。因此，有学者指出，三元里等处民众进行的是一次保卫家园的战斗而不是投身一场保卫祖国的战争。

战争的结果

第一次鸦片战争的结束时以《南京条约》的签订为标志的，这是中国近代第一个不平等条约。以此为标志，中国开始进入一个不断与列强签订不平等条约的时期。

《南京条约》共十三条，不平等方面主要包括：一是割地，二是赔款、三是赦免"汉奸"。这些规定无疑表现了英国在进入帝国主义之后的强权态度。无论用当时还是现在的标准来看都无法用平等来形容。

至于五口通商、废除行商、新订税则等条款则需进一步辨别。鸦片战争之前，清政府主要实行限制通商的制度，甚至仅留广州一口作为通商口岸。即使如此，广州的贸易也受限于政府的指导、官员的阻挠甚至皇帝的好恶。这样的状况从经济发展的角度来说，对中国的发展是极为不利的。特别是清朝关税一直是清朝贵族的禁脔，关税收入多入了皇帝的私囊；水师和海关官员又多与走私犯、行商甚至是洋商勾结，进行灰色贸易，更是于国家有害，对外商不利。所以上述三条规定从客观效果上说，无疑对中国是有益的。从英国方面来说，英国政府以商立国，他们有自己的世界体系，《南京条约》是英国将中国拉入自身体系的第一步。这一世界体系经过几个世纪的发展，至今已经成为全球各个国家都参与其中的体系，中国如果没有19世纪40年代开始融入，则受到的伤害可能会更大。

《南京条约》对时人特别是道光皇帝和签订条约的耆英来说却是天大的麻烦。为了避免类似的麻烦再次产生，耆英在没有道光皇帝诏谕的情况下，又向英国方面提出了一道照会，照会共十二条，其中第八条提出："此后英国商民，如有与内地民人交涉案件，应即明定章程，英商自归英国处理，内人有内地惩办，俾免衅端。他国夷商不得援以为例。"此为治外法权的开端，而这是中国人拱手相送的。耆英之所以主动向英人提出这一条款主要是考虑到通商口岸开放之后，清朝百姓与洋人同处一地，不可避免地会发生冲突和争端，而这又可能会上升为两国政府的交涉，为了一劳永逸地解决这一问题，耆英想到的就是将洋人交给洋人处理。由此，耆英铸成了大错。我们可以参照鸦片战争之前英国水兵醉酒殴伤中国百姓林维喜致其死亡的事件，英方以中国无现代法律为名拒绝将凶手交给中国政府，而是在军舰上临时设置法庭对其进行审判。审判的结果是：这几名凶手罚做劳役三到五月，罚俸若干。这种处理结果无论从英方还是中方法律的角度来看，都是过轻了。此事林则徐曾三令五申要求英方"交凶"，这也是鸦片战争之前中英摩擦的焦点之一，为了避免这种情况再次出现，耆英想出了英人治英、华人治华的方法，然而从之后历史发展的情况来看，治外法权使得洋人在中国愈加肆无忌惮，后来的租界也成为国中之国，而进入内地的外国传教士、探险家等也不受当地官府约束，成为治外之民，导致华人与洋人的冲突更加广泛而激烈。

如果用现代国际关系的准则来衡量《南京条约》，其不平等的性质毋庸讳言，但它毕竟是中国在弱势情况下，打开国门的第一步，有了《南京条约》及之后为商定通商章程而签订的《虎门条约》，中国开始在固定口岸与西方进行贸易。如果当时国人特别是清政府能够以此为契机，认真研究国际形势和西方制度，知耻而后勇，那么还有可能像日本那样后来居上，将国家带入近代化的路径，但当时清朝的统治阶层"天朝"观念太深，即便是在条约订立、西方大举入侵之际，满朝文武依然做鸵鸟状，甚少有人将列强东来当作重大威胁，而只是努力将这些影响尽量压缩在新开的五口之内，尽量保持其他地区的稳定，从而保持原有的统治基础。因此，对于他们来说五口通商的性质与广州一口通商没有本质区别，无非是在原来一个口子的基础上又开了几个口子。对于通商的影响，朝廷也采取了封堵的方法，尽量使五口的洋人、货物等留在五口之内，虽然废除了行商制度，但也要压缩与洋商接触的人群。于是，在很长一段时间内西方的而影响仅仅局限在沿海地区，中国内地甚至是京津地区依然不知道西方的真相。

不唯如此，鸦片战争战场上之失利，已明证中国在军械上的落后，但道光皇帝在伊里布至广州上任之前，竟下令不得雇用洋人制造或购买轮船。后耆英至广东购买洋枪进呈给道光帝，道光称其乃决定奇妙之品，灵捷之至，但曰："卿云仿造二字，朕知其必成望洋之叹也。"明知其为利器，但既不学习，也不购买，只当作奇珍异宝欣赏把玩，其刚愎愚昧，实不可解。

第二次鸦片战争

一、战争的前半段

第二次鸦片战争乃是第一次鸦片战争的继续，当时英国人仍然以在华商业机会缺少为憾，特别是通商税则订立的十年后，物价减少而海关关税不变，英商利润减少，因此英国政府和商人亟欲重新修约。本来，中英条约中关于修约事宜并无明确规定，但中美、中法条约中有十二年后修约的条款，因此英国援引最惠国待遇条要求清政府一视同仁，进行修约。

当时，清政府尚未设立专门的外交机构，特别是为了避免洋人侵扰北京，朝廷规定由两广总督负责对外事务，包括修约。时任两广总督为叶名琛，叶名琛出身翰林，乃是传统文化礼仪的坚定捍卫者，对洋人向持轻视之心，而以尊国体、大臣无外交作为自己的本分。自上任广州以来，因抵制英人入广州城而获得朝廷内外的称赞，特别是当时太平天国已经起事，广东秘密会党与无业游民多有借势滋扰广州的，都被叶名琛派兵镇压，对维护广东地面的安宁，维护"天朝"体面，居功至伟。因此，他十分自负，对外国公使从来拒绝接见。

1854年，英国联合美国、法国共同向叶名琛提出修约的要求，叶名琛以公务繁冗为托词回绝三国公使。英美公使决定前往上海，并与两江总督商谈。时任两江总督怡良将英美要求上奏皇帝，咸丰对其要求一概拒绝，并指示大臣不得轻易会见两国公使，对英美所提出的要求，敷衍而已。当时英国人提出的要求包括：公使驻京，英人可以居住在内地并购买房产，开放天津，修改税则，准鸦片进口，免除厘金，使用各式洋钱等。咸丰对此的回答则是："所开各条，均属荒谬已极。"最终此次修约无果而终。

然而，英国政府并未放弃修约的要求，他们已经在寻找时机以战争打开修约的大门。1856年10月8日，悬挂英国旗帜的"亚罗"号商船船员被捕，其所挂之英国国旗被扯下，成为英国人发动战争的口实。本来，"亚罗"号虽然是在香港注册的船只，但其注册期只有一年，当时清军上船时其注册期已过应为中国船只，但英国官员执意认定"亚罗"号为英国船，而清军肆意侮辱其国旗乃是恶意行为，因此逼令叶名琛返回被捕凶手并道歉，还要担保以后尊重英国国旗。而叶名琛初期尚能坚守原则，但在英国人的威逼之下又逐渐让步，而英人始终不能满意，于是炮轰广州城，第二次鸦片战争开始。

在"亚罗"号事件之前，英国政府已经在寻求法国政府联合进攻中国，然而法国政府一直以未有借口为憾。1853年，法国神父马赖在广西西林传教，这种活动本身其实是违反条约的，但中国政府官员对条约并无正确理解，因此对马赖的活动，既没有追究也没有上报。而马赖初至西林，地方县令表示欢迎，马赖也在当地开展了一系列的传教活动并发展了几十名信徒。1856年，原县官调任，新官上任伊始即将马赖及其信徒二十五人一并抓捕。在审判过程中，县官依成例对马赖实施了肉刑，并最终给他判了个枭首示众。法国领事得到报告之后，谴责中国政府官员虐杀神职人员，而根据中法条约，法国人应交由法国处理，因此要求惩办县官，为叶名琛所拒绝。法国领事将事件报告给本国政府，当时法王拿破仑三世以保护教会为国策，因此对此事极为重视；英国政府得知该事件后，利用马神父事件与法国协商，共同出兵。1857年，英国政府委派额尔金、法国委派葛罗统军征东。于是，英法共同出兵成为定局。

1857年12月29日，联军攻下广州，叶名琛乔装逃跑并被英法联军抓获，后英国人将叶名琛囚禁于印度的加尔各答，叶名琛不食敌粟，最终饿死。直至此时，朝廷才知道南方战争的真实情况，然而已经为时已晚，英法公使联合美国、沙俄公使已经乘船直达大沽口。

1858年6月26日，中英天津条约签订；次日，中法条约签字。在此之前，俄国公使屡次向清政府提出勘定边界、斡旋中外冲突、改善中国军备等提议，因此清朝政府于13日便与沙俄签订了条约，18日与美国签订了条约。

这些条约虽然不尽相同，但由于最惠国待遇的存在，使得他们得以全部享受任何一国与清廷签订的条约。条约中对中国影响最大者在于：公使驻京、协定关税、开放口岸、传教、游历、赔款和鸦片。

公使驻京，在我国历史上从来没有这样的情况发生。中国一直以来都是周边国家的宗主国，附属国家如朝鲜、安南等在中国首都并无常驻办事机构，如遇国家大事比如遭受侵略、政变、新皇即位等，要向中国皇帝禀告，如想要派使节进贡也需要提前禀报，中方限定时期、路线等，附属国时节按中方指示严格执行。而西方则以国家之间主权平等，无所谓宗主国与附属国的区别，因此，国与国之间的正常交涉与误会的消除多由大使或公使出面解决。特别是对于清廷来说，他们认为北京为京城首都，如果准许夷人长期留驻，则有失朝廷尊严。特别是外国使臣见到皇帝不行跪拜之礼，这在皇帝看来会导致国人见到皇帝也不跪拜，从而使维持国家统治、皇帝威严的礼教崩塌。因此，对于之后在上海举行的改订税则的会议，咸丰特意指示使臣要将"公使驻京"尽量废除。

关税自主是现代人的共识，但当时条约所签订的关税协定则规定中国不可独自更改关税，甚至要所有列强都同意的情况下，才可以改变税则。这在当时是不可能实现的。这种情况下，中国不但丧失了关税自主的这一本有的国内统治权，而且对国内工商业丧失了关税上的保护。

《南京条约》开放了五个口岸，皆在长江以南，北方各省和长江内河流域并无口岸开放。而《天津条约》增开牛庄、烟台、汉口、九江、南京、镇江、台湾、淡水、潮州、琼州等处，从此中国最富庶的地区基本上全部都对列强开放。不唯如此，根据条约，列强的军舰可以以保护贸易为名，开入各口。这样导致中国的国防在列强面前形同虚设。

自明代以来，西方新教、天主教教士逐渐进入中国，进行传教。这些传教士的宗教理论在中国遭到了中国传统思想的强烈抵制，但在与士大夫的交往中，传教士们发现这些士大夫非常喜欢西方的近代知识。因此，传教士以先进知识文化为媒介与中国精英阶层的士大夫接触，而中国士大夫中的部分开明人士也逐渐掌握了一定的地理、物理和化学等知识。可以说，西方传教士对中国人开眼看世界具有重要作用。鸦片战争后教禁渐开，但只限于通商的五口。《天津条约》有关于准许传教的约定，教士可以携带护照，进入内地传教，各地官府需要对他们加以保护。此后，教士深入内地，购买土地，建造教堂，宣传教义。来华的教士多本着服务与救世的思想，广泛传播福音，并设立大学、医院等机构，他们对于中国的积极影响，是不可估量的。但也有很多传教士不明中国传统的乡绅自治制度，多与保守乡绅发生冲突，甚至有部分教士收容无赖泼皮，包揽词讼，这就导致清末教案时有发生，对清朝地方社会的稳定造成了威胁。

二、战事再起

条约签订之后，本来双方正常换约，履行条约之权利与义务即可。但英法等国始终以所获权益过少为憾；而清廷则对公使驻京、开放长江等条款又根本反对。于是，在1860年5月，英法等国公使进京换约时，冲突又起。

关于这一次的冲突，根据后来的研究，主要是因为咸丰皇帝在签订条约之后内心始终愤愤不平。于是，他命令僧格林沁带兵阻止英法入京，结果，作为清朝总预备队的蒙古骑兵几乎全军覆没。咸丰皇帝提前跑到了热河，英法联军攻入北京。离京之前，咸丰留下其弟奕䜣为全权大臣与英法议和。咸丰与奕䜣素有积怨，据史料记载，奕䜣是咸丰登基前最有力的皇位争夺者。之所以留下奕䜣和谈，乃是咸丰认为英法等列强既然于中国开战，必然要将负责和议的大臣杀死泄愤，因此留下奕䜣乃是为了置其于死地。但事情的发展并没有像咸丰料想的那样。

奕䜣本为主战派大臣，应该说清廷朝堂上的大臣基本上都是主战的，但这些主战的大臣往往是长期居住京城，对英国人的了解都是通过道听途说、历史遗存和凭空想象而来。在他们看来，如果不是"汉奸"的帮助——比如英法联军由广州进至北京时，即有二千五百名华工为其服务——洋人根本不可能打败清军。战前的奕䜣也是这样的想法。在亲眼看到了英法军队和清军的作战情况之后，奕䜣的思想发生了变化，他明白了以清军现有的武力，根本不足以抵抗英法军队的进攻。于是，在英法联军炮轰北京城的威胁之下，他打开了城门，将外国军队放进了北京。

其实，奕䜣实在不应该为英法联军进京一事承担太多的责任。首先，虽然英法军队并无重炮足以轰开北京高而厚的城墙，但两国炮兵确实已经摆开架势，将炮口对准了北京。而清政府官员在此时对于洋枪洋炮的威力还是不甚了解，谁也无法保证北京城坚不可摧；而一旦英法联军凭借武力进入，那么，紫禁城必然不保。咸丰皇帝回到北京一旦发现皇宫被毁，以他的作风自然要找人顶罪，而奕䜣难辞其咎；其次，当时清政府面临内忧外患的境地。一方面，当时太平天国运动发展得如火如荼。京津一带传闻当时太平军距离北京城不足三百里。北京城内和郊区又不时有土匪横行，而国库空虚，如果开战则军饷无从所出。另一方面，英国公使额尔金指出，虽然英法占领了广州，但广州海关的税银依然正常征收并供清政府之用；英法联军的武力保护了上海不沦陷于太平军之手，且联军舰队控制江面和海面，使清朝的漕运能正常运行。在这种情况之下，奕䜣只能选择与英法等国和谈了。

咸丰皇帝虽然逃至热河，但对于和谈的事情依然握有完全的控制权。此时，他已经基本放弃了抵抗的想法，连下几道谕旨，让奕䜣完全同意英法公使提出的要求，甚至连他们提出的超出《天津条约》以外的要求也全盘接受。1860年10月24日，中英、中法《北京条约》签字，这一条约除完全承认《天津条约》之外，还额外增加了割让九龙司给英国，准许华民出国，赔还以前没收的天主教财产给教堂等。

在《北京条约》签订前，英法联军还做出了一件至今让中国人耿耿于怀的事情，即火烧圆明园。后世的研究者对于英法联军破坏圆明园的原因进行了众多探讨，有人认为英法联军焚烧圆明园乃是报复清政府抓捕、虐待英法使团；有人认为是有内奸引导，诸说纷纭。其实，英法士兵多将战争视为谋生之道，甚至作为商业行为的延伸，打仗即为获利，这很类似于现在的雇佣兵公司，因此，在看到圆明园中的奇珍异宝之后，这些士兵本能的就会想到抢劫。这次抢劫为英法联军的军官和士兵带来了巨大的财富，以至于很多人都想着早点回国享受了。据法国公使葛罗的亲笔信所记载："以掠夺圆明园为高潮的抢劫的结果。一个士兵口袋里有两万、三万、四万，甚至一百万法郎，他还有什么用呢？……每个十字路口都有士兵在出卖成匹的丝绸、珠宝、翡翠花瓶和无数的贵重东西，这些都来自圆明园，总值至少达三千万法郎。"由此可见英法军队抢劫之多及士兵厌战而急欲获利的情况。至于英国公使下令火烧圆明园的原因，则是由于此次联军虽然占领了北京，但并未见到皇帝，特别是他们在此次的行动中遭到过清军的阻拦并损失了部分士兵。他们对此行为要实施报复和"惩罚"，而又不能将留在外交现场负责签约的奕䜣等人吓跑。于是，咸丰皇帝最喜欢而又曾经关押过英国使团的圆明园便成为首选。正如当时的英国首相巴麦尊所言："以这种永久性标志来表示我们对于那些鞑靼人（他们不是汉人）的奸诈和残暴的愤怒，是绝对必要的。"

然而，相比于后人对英法联军暴行的痛心疾首，咸丰皇帝所关心的却不在此。他最痛心疾首的是以天朝皇帝之尊，竟然要与外夷公使非礼相见。对于递交国书等事，他也认为："此次夷务步步不得手，致令夷酋面见朕弟，已属不成事体，若复任其肆行无忌，我大清尚有人在耶？"以致在和约签订之后，咸丰皇帝为避免与来递交国书的使臣见面而拒绝回到北京。由此可见，咸丰皇帝将其尊严置于第一等地位。他考虑更多的是如何保证对内的统治而不是对外的抗争。

沙俄趁火打劫。第二次鸦片战争中，沙俄狡猾地将自己打扮成中介人的角色，周旋于英法和中国之间，一方面沙俄公使向英法联军就清军的位置等通风报信，另一方面向清政府表示愿充当中方与英法的调解人，获取清政府的好感。当英法联军撤出北京之后，沙俄公使伊格纳季耶夫便以"调停有功"为由，就中俄双方领土问题提出交涉。

本来，康熙年间中俄《尼布楚条约》对除了乌第河之外的其他地区都已经做了明确的勘界，但此时的沙皇早就想打破这种限制。沙俄在欧洲诸强国中，工业化程度是最低的，此时仍然处于封建农奴制为主体的经济制度当中，他们只有依靠更多的土地和投入才能弥补科技上的不足。而在与英、法等国在欧洲争夺殖民地的过程中，沙俄基本上没有占到什么便宜。当他们将目光转向东方的时候，发现了巨大的机会，而这个机会也是由清政府造成的。

满洲地区向来被清代皇族视为龙兴之地，是满族的气运所在，因此他们对关外地区特别是黑龙江以北、乌苏里江以东的广大区域采取保护措施，即除了原有居民和必要的守军之外，只允许发配的罪人至此，而不允许任何的外来移民。这就造成了这一地区地广人稀，除了一些原始部落之外，很多地域并没有得到开发，现在东三省，包括内蒙古东部地区的大多数人口都是迟至清末民初才从山东、直隶和山西等地区迁徙过去的。而这种情况，就给沙俄政府的东侵造成了便利条件。

第二次鸦片战争之前的1853年时，沙俄即派公使与清政府以勘定边界为名进行领土交涉，要求将黑龙江、松花江以北的地区归于俄国，清廷不许。1858年，沙俄再提类似要求，清廷指派黑龙江将军奕山与之谈判。在谈判过程中，奕山时而拒绝签字时而胆怯求见，俄国公使态度蛮横，甚至夜间放枪对中方施以恐吓。最终，奕山与之签订《瑷珲条约》，该条约将黑龙江以北、外兴安岭以南的60多万平方公里土地划给了沙俄。对此条约清政府并未批准，并将奕山革职，但沙俄却对上述领土派兵进驻，修建城墙，形成了实际占领。至1860年，沙俄再次提出勘界要求，奕䜣与之谈判，双方签订了《北京条约》。这一条约除迫使清政府承认《瑷珲条约》外，还将乌苏里江以东的40余万平方公里的土地划给了沙俄，又在边境开放了张家口等几个陆上口岸。这就为沙俄扩大对华输出和进一步侵略新疆蒙古等地区提供了便利条件。

此后，双方又经过几次谈判，沙俄共侵占了中国144万多平方公里的土地，成为第二次鸦片战争的最大受益者。

至此，第二次鸦片战争以中国丧失大量主权和大面积国土而告终。

太平天国运动

作为中国传统社会中最后一次大规模的农民起义，太平天国运动给中外人士留下的印象实在是大相径庭。有学者评价太平天国时用了"有人骂有人赞"的说法，确实如此。而且不但是中国有骂有赞，西方世界对太平天国的评价也是褒贬不一。

本来，按照中国历史循环论，即所谓"天下分久必合，合久必分"的规律，清朝从1644年建国到1840年代太平天国运动初现端倪，已经经过了两百多年，也应该出现大规模重新洗牌的运动了。但此前历代农民运动多与朝代末年病相关，一般来说就是吏治败坏，农民失去土地，加上大规模天灾，大量农民变成流民，不造反不能生存，反了倒有一线生机。然而，太平天国运动时期，事态却并没有恶化到这种程度。

论者多以清代人口激增，土地不敷人口增长作为太平天国运动爆发的重要原因。其实，人口增长问题在乾隆时其实已经引起了有识之士的注意。18世纪末的洪亮吉曾说，清朝立国百年来，政治清明、社会稳定，人口增长迅速。当时的人口比三十年之前增加了五倍，比六十年前增加了十倍，比百年前增加了不下二十倍，而可耕种土地基本已经开发完毕，耕地的增长跟不上人口的增加。这是一种粗略的感觉。根据当代学者的研究，

18世纪前中国人口顶峰时在两亿左右，而到了18世纪末已经达到了四亿。从数字上看，人口确实增加了不少，毕竟两亿与四亿不是量而是质上的差别。中国人赖土地以为生，人口增加人均占有土地的面积自然相应减少。特别是清政府隔绝现在东三省和内蒙古东部地区，不许内地人民迁往；而新疆、外蒙、西藏等地传统上被视为畏途，少有人前往，并且除了新疆之外，外蒙和西藏并不利于农业耕作。即使是内地十八省，也不是可以随意移民的。比如台湾禁止内地人民进入，否则一律视为偷渡，而云南、广西、贵州等部分地区归土司管理，汉人又不许入。于是，有限土地与激增人口之间的矛盾进一步加深。

但是，值得注意的是土地的单位产量却提高了，那主要是因为明代中后期番薯和玉米从国外引入，这两种作物不但产量高而且适应性强，既能在南方种植也可以在北方生产，从而很大程度上缓解了吃饭问题。从历代人口迁徙来看，咸丰、同治年间，即太平天国运动期间并无大规模因粮食问题而造成的人口死亡事件，也无大规模的流民事件，可知当时人口问题主要并不是体现在土地上。

吏治腐败，官逼民反也是农民运动爆发的一个重要原因。清朝的政治腐败是从乾隆末年逐渐显现的。但清朝的特殊性在于，与明代相比，清朝皇帝都是勤政而负责的，历代清帝对自身和子弟的要求都极为严格，皇子自六岁开始即入上书房读书，清晨五点由太监负责叫醒并送入上书房，直至下午三点才结束；当了皇帝之后，日常工作中的批阅奏折、会议大臣、处理政务，更是随时随地。他们始终没有忘记自身以满族而统治全中国的身份，一直战战兢兢地维持着自己的统治，从不敢懈怠。如果我们将明代从正德至天启这些皇帝的行为与乾隆至咸丰相比较，则可以看出清代皇帝实在是比明代在勤政方面好上太多。也正因为如此，清代政治虽不免腐败，但绝未出现如明代那样宦官专权，厂卫横行，人民朝不保夕的情况。特别是有清一代农业税上"盛世滋丁，永不加赋"的规定得到贯彻，商业税方面则只征收商品过路税等规定，使百姓的赋税负担要远远低于传统王朝的平均水平。

既然如此，那么问题究竟出在哪里呢？

会党

明清两朝，民间社会有一特别现象且与太平天国运动相关者，在于秘密宗教与秘密会社的兴盛。这两者，特别是秘密宗教古已有之，乃是民间社会的常态。就秘密宗教而言，北方各省最为发达，渐次蔓延至南方，这些秘密宗教传至南方后，又与当地原有的傩与巫等信仰相结合，形成了别具一格的支派与会社。

秘密宗教与原始宗教不同，它只是一些俗浅的民间信仰，杂糅佛教、道教、拜火教、摩尼教等宗教理论与宗教仪式，加入民间神怪信仰、历代圣贤故事甚至是小说笔记中的神仙等，以宗教之名传播乡间，招徕信徒。元明之后，这些信仰逐渐汇聚成为白莲教。白莲教就成为明清两代秘密宗教的根源，当时的秘密宗教多从其而来。至于清代，白莲教各支派发展更为繁盛，以致名目繁多，无法一一统计。其中影响最大的，包括：白莲教、红莲教、青莲教、闻香教、老母教、天理教等50余种。秘密宗教本身并无政治目的，也不是为了推翻暴虐的政府而存在，这一点嘉庆皇帝即有谕旨说明："至于白莲教名目由来已久……并无违悖字样。……其学习白莲教者，持斋诵经，原与齐民无异。"秘密宗教的首领，一般知识并不丰富，但往往聪慧过人或机敏异常，他们创建宗教，往往是为了敛财。宗教首领多以《三佛应劫总观通书》为基本经典，宣传末世理论，要教众为未来先做准备。而教众则深信劫运一说，于是甘心缴纳"根基钱"。大抵每年正月及十二月各收一次，每人数百文。由于秘密宗教多提倡戒酒、戒淫，不提倡赌博，又持斋戒，因此与不信教之人民相比，多能节省以供养教主。

秘密宗教首领在传教时，多宣传佛道儒融合的运会说，讲运数气数，这就不免涉及朝代的更迭；他们还特别强调运数中的灾劫厄运和佛教转世说，这往往成为秘密宗教暴动的最有效工具。特别是宗教首领在传教顺利时，教众既多，捐款又重，从而往往渐生异志，将其视为政治资本，从而引发各种运动。宗教本有信仰，又有组织，往往还要节欲，这自然容易形成一支有战斗力的部队。

清代民间宗教的兴盛自然与人口增加有关，而更对其增加有刺激作用的是清政府治理社会的政策。本来，中国人在面对地少人多的局面时自有其解决方法，其中最重要的一项就是经商。以徽商为例，徽州之所以出商人主要是因为徽州多山，地少而人多，土地全部开发之后，人口依然增加。于是，徽州人便多出山为商。如果按照这种方式推演开去，则工商业、服务业等行业不但可以得到发展，人民的衣食也可以得到保障。然而，清政府却并未根据当时社会状况对政策进行相应的调整，历代清帝皆秉承祖制和传统观念，依然是重农抑商，他们不征收商业税，不对商业活动进行引导和管理，甚至认为只要农民经商就是不务正业。按照他们的理论，参与工商业的多了，种地的人口就会减少，粮食产量也会下降，粮食产量下降则百姓没有余钱购买商业和服务，那么最终农工商都会全面崩溃。这一理论，从当下的现实来看自然是不值一驳，然而却被清廷严格执行。

那么，没有占有土地的农民或即使有土地也无法维持生计的农民如何生存呢？主要是迁往他处，占有当地尚未开发的土地。当然，这些土地多是山地或贫瘠的土地；还有一些从事开矿、烧炭等工作。迁离本土的人民，被称为客民或客籍，也就是我们现在说的"客家人"。客家人的迁入给当地土著带来了压力，土客之间经常为了争夺资源而爆发一些冲突。很多客家人便以宗教为号召，组成秘密会社；而从事相同职业的人群，由于既不受国家肯定，又被占有土地的人们排挤，也会组成类似的团体，借以自卫。

两广地区是移民涌入比较多的两个地区，因此秘密结社至为众多。这一地区特别是广西地区，不但有土客矛盾还有民族矛盾，因此地方冲突发生得频繁且猛烈。为了在冲突中不受欺负，很多人都选择加入会社，以致会社的人数越来越多。而这些会社成员就成为太平军兵员的一个重要来源。

土客冲突

太平天国运动起源于两广地区，并且其首领多为客家人，其最初之冲突斗争虽然有拜上帝会与传统士绅的矛盾有关，同时又隐含了当地土客冲突的因素，甚至两者相互交织，难以分割。美国学者孔飞力认为，土客之间相互对峙，彼此冲突，其后果之一便是导致了太平天国运动的发生。因此，辨明土客冲突在太平天国运动中的作用，才能对太平天国运动有一个更为全面的了解。

客家是一个文化概念，而非种族概念。所谓客家，即由于受到战乱、灾荒等影响，从中原地区迁居南方，特别是闽粤赣等地区的汉族人。从两晋之际一直到清末民初，历史上曾经发生过五次大规模的客家南迁运动，他们一路从中原地区迁徙到闽粤赣三省交界处，再以此为出发点，分散到三省的其他地区，甚至迁徙到海外。至太平天国时期，客家已经完成了四次大迁徙，而洪秀全一家就是这些南迁客家中的一员，其他太平天国重要领导人如杨秀清、冯云山、石达开等都是客家人。

客家南迁，必然会与土著居民发生各种联系，总体而言两者多为交流与合作，但为了争夺稀缺的土地、水源、学额等，往往会爆发严重的冲突，特别是客家人与土著居民在语言、习俗等方面的不同，又会使得这种误会加深。客家的抱团意识与土著的地域观念，在其中推波助澜，导致土客之间冲突进一步加剧，甚至会爆发大规模的械斗。

客家人的语言、习俗等与土著的不同，是导致土客冲突的原因之一。在客家与土著杂居的地区，语言成为身份的标志，土著以客家话为"入耳嘈嘈，不问而知其为异籍也"；客家则认为土著语为"广肇土话，复杂多种，稍隔一县，或稍隔数里，即彼此不能通晓者，未可同日而语"。双方在特定历史条件下，对对方的语言都表示出一种轻视。特别是客家人为辨识和表明自身的身份，号称"宁卖祖宗田，莫卖祖宗言"，他们对客家话极为重视，视为立身根本。以至于有人将土客冲突称之为"分声冲突"。除了语言之外，客家习俗也有为土著所不容者。客家人特重祖先尸骨和风水。因为长期的流转迁徙，客家人尊祖观念特别强烈，为了能更方便地祭祀祖先，他们在再次迁徙时往往会将先人遗骸挖出用陶罐装好随身迁徙。以致有数十年不葬或葬后数年重新挖出，清洗后再入别处下葬的情况。这种习俗自然为土著所不能理解，并视之为诡异。不仅如此，客家特重下葬之地，他们酷信风水之说，认为富贵出自坟墓，因此在下葬时精心挑选坟场。但很多选定的地方是土著的土地甚至祖先坟地，客家人往往会将先人遗体偷偷埋入，甚至将土著坟墓破坏而将遗体换入，这种做法就导致了土客之间冲突的进一步加剧。

学额和土地的竞争是土客之间为生存而进行的持久战。学额问题也是土客冲突的一个焦点。学额者，朝廷根据某地户口数、文风、赋税额等规定的录取科举考试的人数。客家多积极向学，他们渴望通过科举考试完成自己的身份认证。但清政府对于外来人口加入本地籍贯在财产和年限上有严苛规定，因此土客学额之争，使得双方士绅阶层也介入到了冲突之中。早在清乾隆时期，就发生过客籍人士冒籍参加科考的情况发生，而土著士绅则对此进行告发。双方的斗争一直持续到科举考试废除。

客家自北而南，初到一地之后，往往进行开荒工作，但客家迁徙并不是一次性完成的，他们在人口增长超过了土地的承受能力之后，往往会继续迁徙。而很多客家人在定居之后会发现已经无地可开，于是只能租佃土著居民的土地，这些客家佃户往往自成村落，他们的生活也极为艰苦。至于连租佃土地都没有的客家则进一步进入山地，从事种山烧炭等苦力工作，甚至"为匪""为逆"。随着客家人人口的增加和经济实力的增长，他们亟欲得到自己的土地。在这一过程中，虽然多为公平的土地买卖，但也不乏"怙势凭凌"的情况发生，甚至有的地方客家人不许土著打山草者，这样一来，土客之间的矛盾进一步加深。

客家人的性格中，从不缺乏战斗的因素。客家人千里迁徙，途中自然会遇到很多意想不到的情况，其中就包括土匪的劫掠。即使是在定居之后，也要应付来自土著居民的压力和流匪的侵扰，因此，客家人在长期的斗争中形成了整村能战斗的习俗，现存福建客家土楼即是这种整体战斗的体现。客家妇女在这期间也发挥了重要作用，与传统社会大多数妇女不同，客家妇女多不缠足，客家男性多出外谋生，而家中的井臼、耕织、樵采、畜牧等活计，都是由妇女操办，这就造成了客家妇女勤苦耐劳、英勇善战的特点，后来太平军中特设"女营"，其战斗力为清军所侧目。客家这种整体战斗的作风，为太平天国前期的发展打下了重要基础。当时参加太平天国运动的客家人，都是整村、整宗族的加入，包括老幼妇孺都随军而动。

本来，如果清政府能对土客冲突加以引导，对双方关心的问题能加以合理解决的话，无论是客家人还是土著居民都不愿意以兵戎相见。但当时的清政府已如腐鱼烂肉，地方官多采取偏袒土著，弹压客家的做法，这就进一步激化了矛盾。甚至是在双方械斗已经发生的情况下，清朝官兵依然无力镇压，甚至瞒而不报，当酿成大祸无法隐瞒时，土客双方往往已经死伤众多，结怨已深。即使后来以武力镇压下去，但仇恨的种子已经深植于心，一旦有事就会再次爆发。

创教

太平天国运动的最初发起人和精神领袖是洪秀全。作为农民运动的领导者，洪秀全是以宗教为旗帜领导革命的。从领导者宣扬的口号上看，中国传统社会发生的大大小小的农民运动大体上可以分为两大类：一是以政治为号召的，二是以宗教为号召的。以政治为号召的农民起义是指运动领袖在起事之前即以改朝换代为目的，他们在对外宣传运动目的时，多以美好的政治愿景为诱惑，达到吸引群众参加、争取舆论支持的目的。中国历史上有史可查的最早的农民运动是陈胜、吴广起义。陈胜的一句"燕雀安知鸿鹄之志哉"可以看作其政治目的的直接表现，其后，陈胜的追随者历代皆有，而刘邦、朱元璋和李自成是最为成功的。这一类的运动领袖多许给追随者一个美好的明天。刘邦"约法三章"、朱元璋《奉天讨元北伐檄文》、李自成"闯王来了不纳粮"等都是在向百姓宣示和保证，只要他们当上了皇帝，则百姓就会摆脱前朝那种政治黑暗、民生维艰的情况。朱元璋的情况在他们中间比较特殊，有人会认为朱元璋是靠明教起家应该也是以宗教为号召，但细检其登基前最重要的文件《奉天讨元北伐檄文》，其中对宗教最为重视的死后世界几乎没有涉及，再结合朱元璋对儒生如宋濂、刘基等的拉拢和重用，就可以知道朱元璋其实更重视的是现实政治，他的明教徒身份虽然对他起兵至为重要，但他本身对明教恐怕并不十分虔诚。这一类农民运动很多都完成了改朝换代。

以宗教为号召的农民运动多以道教、佛教的部分理论为基础，掺杂民间信仰，从而达到对教众的号召。这种农民运动的领导人多以神异手段获得教众的崇拜，如撒豆成兵、刀枪不入等；教义中又多含有轮回转世之说，以此来激励教众为了一个美满的来世而与现世抗争。最早且影响最大的宗教类农民运动是东汉末年张角领导的黄巾军起义。此后这一运动方式在中国历史上绵延不绝的农民运动中占据主导地位，直至明清两朝，白莲教、捻军、太平天国等都是此类。但值得注意的是，这一类的农民运动基本上没有成功完成改朝换代任务的。白莲教、捻军多为流窜式、劫掠式的运动，其最终命运或被歼灭或被招降，即使如太平天国这样规模巨大、影响深远的，也难逃覆亡的命运。

那么，是什么导致两者之间命运的不同呢？我们认为运动中儒生即知识分子的加入与否是其中的关键因素。以政治以号召的农民运动多得知识分子的帮助，刘邦的"汉初三杰"（张良、韩信、萧何）都是知识分子，朱元璋的成功依赖于他招揽的以李善长、宋濂、刘基等为首的儒生集团，而李自成的政治口号与主张多为李岩所策划。反观黄巾起义、白莲教起义和太平天国运动，他们的领导阶层中多无知识分子，他们提不出切实可行的运动方向和纲领，难以获得地方士绅的支持，从这一点来说，太平天国的命运是注定的。

洪秀全皈依宗教，并以之作为发动起义的号召，并非是由于中国社会发展到了必须要以宗教改造社会的地步，而是由其个人境遇决定。

首先，我们认为洪秀全是一个科举考试失意造成的社会边缘人。在成为拜上帝教的教主之前，洪秀全与千千万万传统社会的读书人一样，都以科举考试作为向社会上层发展的唯一出路。洪秀全出身富裕家庭，由于他的两个哥哥都是不学无术之辈，因此家里对他寄予了很高的期望，少年洪秀全也表现出了过人的聪慧，他13岁时就考中了童生，取得了考取秀才的资格。按照规定，只有考中了秀才才算是有了功名在身，真正进入了士大夫的行列，可以享受到免除徭役，见到县官不用下跪及遇公事可以禀告当政的权利。然而，秀才的大门似乎总是不愿意向洪秀全打开，他连续四次到广州参加府试都名落孙山。这对洪秀全和他的家庭来说是一个巨大的打击，要知道供养一个读书人对一个普通家庭来说是很沉重的负担。很多时候，几个同宗同族的家庭选择一个聪明的孩子，共同出资进行培养，才可以支付其学习和考试的费用，高中之后，出资人共同享受科举带来的益处，而如果屡考不中，则对整个宗族来说都是一场灾难。洪秀全的落第不但使他的家庭丧失了出人头地光宗耀祖的希望，而且对于自幼心高气傲、兼具叛逆性与领袖欲的洪秀全来说，更是对他心理的严重打击。

1837年，洪秀全第三次到广州参加考试的时候，偶遇了一位传教士，这位传教士乃是华人梁发，他也是中国第一位新教华人教士。梁发看到来参加科考的洪秀全后，对其进行了传道并将一本由他本人编写的《劝世良言》赠给了洪秀全。这本小册子是梁发根据美国人马礼逊《圣经》译本改写而来，内容浅显易懂，主要是宣传天堂永乐，地狱永苦，要人们信奉上帝，不拜其他偶像。然而，这本书对于当时一心要高中的洪秀全来说，并没有产生什么吸引力，他只是将其收下后放进了书箱中，没有加以研读；而对于梁发对其进行的布道，恐怕洪秀全也并没有听进去多少，便急着准备考试去了。当然，这一次考试依然是以失败告终。这一结果使洪秀全大受刺激，他当场就病倒了，朋友们雇人将其抬回家。

回到家之后，洪秀全卧床40余日，据说他在病中恍恍惚惚做了一个怪梦，梦中一位黄袍老人赐予他印玺和斩妖宝剑，并对孔子大声呵斥；而一位自称"长兄"的中年人也要助其杀妖。此后，病中的洪秀全经常大呼"斩""斩"，村里人多认为其精神已经失常。以我们今天的眼光来看，此时的洪秀全所要表达的更多的是对以孔子学说为主要内容的科举考试制度的抗议，所谓黄袍老人其形象与其说是上帝，其实更接近于中国传统的玉皇大帝。这个梦体现的是科举失意的洪秀全在潜意识中，将科举制度视为自己晋身的障碍，此时的他虽然已经有了反抗的意识，但这个意识还没有与后来的拜上帝教直接联系上，他只是做类似疯狂的反抗，而反抗的理论和具体措施，他还没有找到。于是，洪秀全在病愈之后继续其科举之路，再经过了六年的精心准备之后，他在1843年再次来到广州。但这一次他还是失败了。回家之后的洪秀全大发脾气，把考试用的书籍、资料等全部扔掉，并宣称要自己开科取士，值得注意的是，只有皇帝才有开科取士的资格。从这件事上我们可以看出，洪秀全已经对科举不抱期望，同时其内心已经开始有了反抗现行体制的萌芽。一个偶然事件，使他找到了反抗的路径。

某日，洪秀全的表兄梁敬芳来探望他，随手拿到了放在书架上的那本《劝世良言》，在看完之后对洪秀全说这本书值得一读。于是洪秀全便将此书研读了一通，他发现这书的内容与中国传统经典完全不同，并且书中所讲的上帝与他梦中的老人极其相似，于是洪秀全有茅塞顿开之感，认为找到了适合自己的道路。此后，洪秀全便将主要精力转向创教。乍看之下，创教似乎是很困难的事情，但清代末年各种教门在中国大地上风起云涌。这些教门多以白莲教理论为基础，然后根据各个地方的习俗特点和风土人情，将其加以转化，并辅之以神怪技能，制定一套规章制度，则一个教门就能创立了。因此，在当时来说许多聪明伶俐而又无用武之地的人士，多以创教为获得名誉和积累财富的手段，以致一个教门之中又分出其他教门，一个教主之外又产生众多教主。当时的两广正是秘密宗教和秘密会社集中的地区，想来洪秀全对这种现象也有体会，因此他很容易就将创教作为自己的奋斗目标。

这时的洪秀全还叫洪仁坤或洪火秀，为了与上帝的名字"华"避讳，又想到梦中黄袍老人称其为"天王大道君王全"，他将自己的名字改为"洪秀全"，"全"字上人下王，意为人间之王，从此，洪秀全以教主自居，拜上帝教就正式成立了。

发展

洪秀全对基督教还是有一些认识的，他所处的广东地区由于开埠较早，特别是鸦片战争之后大量的传教士涌入广东，因此该地已经有不少中国人开始信奉基督教。1843年，洪秀全带领他发展的两个教徒洪仁玕和冯云山进行了洗礼，其实只是将二人带到一处干净的水塘边，洗了一下额头，却也由此可见洪秀全应该见过洗礼的过程。然而，洪秀全毕竟不是专业传教士，他亟须补充相关的理论和知识，毕竟在传教过程中要向世人讲解理论，并回答相关问题。于是，1847年洪秀全来到广州拜见美国传教士罗孝全，希望他能给自己洗礼，使自己能以正式传教士的身份来做宣传。然而，罗孝全在与洪秀全交谈后，发现他的思想是一个非常奇怪的大杂烩，其中既有中国的民间宗教信仰，也有基督教的内容。最不能让罗孝全接受的是在基督教中，"圣父、圣子、圣灵"本三位一体，而洪秀全竟然宣称自己是上帝的第二个儿子！这完全是违背基督教教义的。因此，罗孝全没有为洪秀全洗礼。这件事并没有给洪秀全多大的打击，他回到家后继续凭借自己仅有的基督教知识，并以其与中国传统信仰相结合，再辅之以丰富的想象力，先后完成了《百证歌》《原道觉世训》和《原道醒世歌》等著作，为拜上帝教创建了理论基础。

洪秀全在广州地区的传教并不顺利。他在私塾中当着学生的面大讲上帝的伟大和孔子的不当尊崇，并将孔子牌位扫翻在地，结果是他丢失了塾师的饭碗；他在朋友聚会中大谈拜上帝教的教义，劝人信奉，结果他的朋友们以为他精神再度失常，连忙找人将其送回家。洪秀全接连受到打击之后并没有放弃，他认为广州地区深受儒家文化影响，无法接受拜上帝教的思想，因此他决定离开家乡，到外地去传教，跟他遭遇相同的冯云山决定与他同行；作为洪秀全最早发展的两个信徒之一的洪仁玕则由于家人的阻止未能成行。

洪秀全与冯云山二人的目的地是广西。此地自古即为瘴疠之地，很久以前就是中央政府发配罪犯的地方，乡村士绅中坚力量的进士、举人、秀才等数量远远不如广东，因此，平民文化水平普遍低于广东。同时，广西众多的少数民族，又使得这里的民间信仰极为丰富，人们比较容易接受一个新的宗教。特别是清末时广东客家人逐渐南迁至此，也比较容易接受同是客家人的洪秀全和冯云山。洪秀全的表亲即有居住于此者，所以洪秀全至此投亲的同时，又便于传教。

最早接受拜上帝教的广西人主要是客家人。洪秀全和冯云山来到广西后，进入了贵县赐谷村，这里是洪秀全表亲王盛君的居住地。具有特别重要意义的是，当时王盛君的儿子王维正以莫须有的罪名入狱，洪秀全在向大家讲解了一番上帝和自己的神通之后，给知县写了一封信，之后不久王维正即获释出狱。这件事被大家视为上帝显灵，而王维正更是将拜上帝会的宗旨广加宣传。这种由当事人现身说法的神通，使当地很多人加入了拜上帝教。

也正是在此期间，洪秀全与冯云山闹起了意见，洪秀全一怒之下返回广州继续其宗教理论的构建，而冯云山却继续留在广西并进入条件更为适合传教的紫荆山区。

紫荆山是广西十万大山中的一座，这座大山方圆数百公里，山高林密，官府的统治势力几乎没有达到这里。聚集于此的，多是少地或无地的客家人，他们从事着种山烧炭的艰苦工作；也有少数民族人民，他们在清政府"以夷制夷"的政策下，生活也很艰辛；同时更有在历次广西农民起义中被镇压的农民军逃亡至此，这些人反抗的决心最大，战斗力也最强。冯云山到紫荆山区之后，主要向上述人等宣扬拜上帝教的教义和洪秀全的神迹。冯云山是一个出色的演说家和组织者，更兼他是以旁观者的身份现身说法，容易取信于人，所以拜上帝教此时发展很快，不久就吸引了几千名的教徒。在这其中，杨秀清、萧朝贵、韦昌辉、石达开、蒙得恩等在教徒中脱颖而出，成为拜上帝教在各地的领袖，他们也成为后来太平天国的领导核心。

1847年，洪秀全再次返回广西之后，欣喜地发现拜上帝教在当地已经初具规模，而他的到来更为拜上帝教徒们注入了一针强心剂，他经常在各地首领的护卫下走村串乡地宣讲教义，并将上帝授命自己在人间斩妖除魔的经历向教徒娓娓道来。宣讲中的洪秀全容貌端庄，出口不凡，多数教徒总是在他一开口的时候就被其吸引，更加坚定了对拜上帝教的信念。

除了洪秀全的个人魅力和冯云山等的努力之外，还有两个因素使得拜上帝教的教徒迅速增加。

其一是洪秀全领衔进行的捣毁"邪神"事件。广西地区本有一些地方神灵，这些神灵并不像主流的佛教信仰一样，不论信与不信、拜与不拜，佛陀都会以慈悲心对待世人，而是只要不供奉，就会降祸于一方。特别是传说中一些神灵的得道方式非常残忍，如紫荆山地区流行的甘王，就是以母血祭而成神的。在听到这些传说之后，为了维持上帝是唯一偶像和神灵的说法，洪秀全亲自带领拜上帝会众来到当地的一座甘王庙，历数甘王的罪恶之后，将甘王塑像捣毁并在墙上留诗一首。类似的举动，洪秀全还进行了数次。然而，令当地居民感到惊异的是，洪秀全等人并没有遭到邪神的报复，他们依旧活跃在传教路上，完全没有受到诅咒的样子。因此，拜上帝教的神奇性再次为当地人所传颂，更多的人加入了进来。

其二是紫荆山地区领导核心的形成。紫荆山地区面积广大，如果光靠洪秀全和冯云山的力量是不足以将教义广为宣传的，他们急需找到帮手。随着拜上帝教的影响不断扩大，有几个人被吸引了进来并成为地区领袖。第一个是杨秀清。杨秀清是客家人，他的祖上从广东移居广西，从事种菜、耕山、烧炭等工作，至杨秀清时已经是移民第四代。但杨秀清家依然没能解决温饱，据说杨秀清的母亲临死之前最大的愿望是吃一碗白米饭，而年轻的杨秀清却无法满足母亲的心愿。更令人难过的是，杨秀清年幼时被树枝划伤一目，以致情绪紧张或激动时这只伤眼便会流脓。这些因素使杨秀清形成了极其自卑又自尊的性格。杨秀清在当地人缘极好，他虽然收入不高，但经常帮助更加贫困的孤儿寡母；他虽然滴酒不沾，但经常买酒给穷哥们喝。这使得他在紫荆山有了很高的威望，平时的邻里纠纷、家庭矛盾等，大家都会找他解决，杨秀清俨然成了缺乏士绅的紫荆山区的民间领袖。冯云山听到杨秀清的名声之后，找到了他，双方一拍即合，冯云山借助杨秀清的威信发展拜上帝教，而拜上帝教也为杨秀清提供了更大的舞台。

在杨秀清的介绍下，他的穷兄弟萧朝贵也加入了拜上帝教。萧朝贵与后来的韦昌辉一样，都是壮族人。萧朝贵虽然出身贫寒，也不像杨秀清那样仗义疏财，但却拥有一项让特殊才能，那就是他本人和他的妻子杨宣娇是当地出名的神汉和神婆，用"跳大神"的方式给人治病、替人驱灾，被当地人视为神明。在加入拜上帝会之后，萧朝贵夫妇利用这一优势，广泛地在壮、汉、瑶等各族人民中间传播拜上帝教，发展了大批教徒。韦昌辉家是当地的富户，资产较多，但由于他家中没有功名，有钱无势，反倒成了任地方豪强宰割的肥肉。韦家花钱给韦昌辉捐纳了一个"国子监生"，并在大门上高悬"成均进士"匾额，结果地主蓝如鉴趁夜将"成均"二字挖掉后，又勾结官府以冒充进士罪将韦父打入大牢，最后花费了几百两银子才得以脱罪。韦昌辉一怒之下，动员全家加入了拜上帝教。

太平天国在广西发展的领导阶层，多出身草野，文化不多，唯一可称得上"文武双全"的就是石达开。石达开也是客家人，其家世代务农，虽家境贫寒，但自幼便饱读诗书，研究兵学，农闲之际勤习武艺，时人评价他是"慷慨有天下之志"。由于乐善好施，经常帮助邻里排忧解难，当地人尊称其为"石相公"。年十六时，洪秀全、冯云山亲自登门以天下相商，石达开慨然允诺，带领宗族全部投入拜上帝教。从此，成为太平天国运动的重要领导人之一。

随着教徒的增加和领导核心的形成，拜上帝教成为一支有组织基础和信仰支撑的力量，他们在洪秀全的领导下，派出专人四处宣讲教义招纳成员，并不断捣毁邪神，就在拜上帝教人数的不断增多和影响的不断扩大的时候，拜上帝教与地方势力的矛盾也渐渐激化起来。

南京

拜上帝教在紫荆山地区传教时期并没有武装起义的举措，洪秀全等领导人主要向世人宣传拜上帝消灾解难，不信上帝要受地狱之苦等。特别是洪秀全打着基督教的名头，而鸦片战争之后，传教自由已经为清政府被迫接受，所以当地官府不会对他们进行直接干预，而拜上帝教也没有武力反抗的理由。但冯云山被捕事件，使得拜上帝教意识到建立武装的重要性，并最终走向了武装起义的道路。

广西会党起义频发，而会党起义之后，各处又盗贼蜂起，他们打家劫舍，洗劫商旅，对地方治安造成了严重影响。同时，广西又是少数民族和汉族杂居区，汉族中又分土家和客家。清政府应对这种情况，采取以夷制夷的策略，挑动不同民族之间、土客之间的相互仇杀，然后再以剿匪为名，派兵镇压。为了保护私人财产，当地团练兴盛，各地地主联合起来组织私人武装，以应对盗匪和其他势力的进攻。为了保护自身利益，洪秀全下令拜上帝教会员不得参与他方势力团体，而是在各自的村庄团结为一个整体。在这种情况下，官府、盗匪、会党、团练和拜上帝教各自占据势力范围，相互之间摩擦不断。拜上帝教捣毁团练地盘内的邪神庙，就被地主团练视为侵犯其势力范围的行为。

1847年12月28日，冯云山带人将蒙山的雷神庙捣毁，这一消息传到了地主团练首领王作新的耳中，王作新暴跳如雷，因为这个雷神庙是他父亲修建的，他的家族掌握了雷神庙的主祭权，而拥有了主祭权，对于控制当地百姓的信仰是十分重要的。1848年1月王作新带领团丁，冲入冯云山住地，将冯云山抓获，冯云山身边虽然也聚集了一些拜上帝教的教众，但由于猝不及防且没有武装，所以他们只能眼睁睁看着冯云山被抓走。

冯云山的被捕事件对拜上帝教的影响是巨大的。首先，拜上帝教的领导层意识到了武装力量的重要性。冯云山被捕之后不久，杨秀清、石达开等人便组织教众，搜集资材，以打造农具为名，制造武器。其次，为了营救冯云山，洪秀全返回广州试图上书两广总督。这两位领导人物的离开，使得拜上帝教暂时出现了群龙无首的局面。为了稳定人心，杨秀清和萧朝贵先后以"天父""天兄"附体的方式，将几近分裂的组织重新稳定下来，而两者的身份也得到了提高，甚至压过了冯云山。特别是杨秀清不但有"天父"在人间化身的身份，又有群众基础，还具有过人的政治眼光与军事谋略，此后他的地位直逼洪秀全，这就导致了领导核心的分化，为后来太平天国的内乱埋下了隐患。1849年，经过一系列的波折，洪秀全与冯云山终于重回紫荆山。但这时的拜上帝会已经与他们离开时大不相同了。为了重新稳定新局面，拜上帝教领导层重排了座次，即：上帝是天父，耶稣是天兄，洪秀全、冯云山、杨秀清、萧朝贵分别为天父的二、三、四子。洪、冯二人自然关系较近，而杨、萧则渊源颇深，两者之间经常发生争夺领导权的摩擦。

1849年之后，拜上帝教与团练之间的争斗也发展到顶点。由于土地、耕牛和信仰等问题，石达开和另一个领导人李开芳都率领教众与团练展开过大规模的武装冲突。当时，教众还分散在各个村庄，为了整合力量，洪秀全发出了金田团营的命令，要求各处首领带教众齐聚金田村及其附近。并且，教众要变卖财产，交归公用；要举家跟随，放火烧屋，以断后路。在这一时期，洪秀全、冯云山的家人也都从广东被接到广西金田村，只有洪仁玕因为家人的阻止未能成行；后来起义爆发后他也受到牵连，潜逃至香港。要求会众全家参与团营，表面看来似乎过分，但客家人历史上便有举家迁移的传统，洪秀全等人之所以发出这样的命令，更多是从这一传统考虑；而后来太平军在与清军的交战中之所以能够奋勇向前，其中一个重要动力就是只有打败清军才能保障后方亲人的安全。

金田团营这样大规模的聚集自然引起了官府和团练的注意。清政府很快调集正规军辅以团练对太平军进行围堵和攻击。此时，洪秀全个人能力不足，特别是缺乏军事才能和组织能力的缺点暴露了出来，他与冯云山躲到了远离前线的鹏化；而杨秀清也"恰巧"生了重病。于是"天兄"萧朝贵担任了军事总指挥，并接连打败了清军的进攻。随着军事上的节节胜利和教众人数越聚越多，洪秀全于1851年1月11日，37岁生日这一天宣布：遵上帝之旨意，从此正号太平天国。由此，一个新的政权诞生了。

此时，清廷特别是咸丰皇帝终于将太平天国视为所有农民起义军中威胁最大的一支。他先后派出林则徐、李星沅和赛尚阿作为钦差大臣率军剿灭太平军。但太平军的战斗力却超出了清政府的预计。他们战桂林、攻湖南、下武昌，又入江西、安徽，顺长江而下至江苏，1853年3月，太平军攻下六朝古都——南京，并改名天京，在此建都，正式建立了与清政府分庭抗礼的政权。

太平天国从起事到定都南京，历时不足三年，而清政府连续三次任命钦差，调集各省精兵，耗费百万军饷，却始终未能阻挡太平军的兵锋。这除了反映出清军八旗和绿营的无能之外，还体现出太平天国初期强劲的战斗力。

初期太平军的兵员主要来自两广特别是广西地区，尤其以客家人居多。广西古来民风彪悍，客家人更是在长期的迁徙过程中形成了勇于反抗，善于战斗的风俗。特别是太平天国在团营时就实行圣库制度，将教众的家产充公，统一调用；而教众为举家入教，妻儿老小皆跟随太平军转战南北。太平军战士没有个人财产，不存在保全性命、享受富贵的想法，又担心战败其家人会受到清军的株连，因此在战场上勇猛向前，据清军将领的奏折，太平军五人小队有四人战死，余一人仍一步不退的。太平军抵死不退的特点使得曾国藩下令严捕大杀，左宗棠亦立下"立斩会众"的命令。可以说，太平军战士即使在战场上投降也难逃被杀的命运，他们只有奋勇向前，才有可能活命，这是太平军战斗力强悍的原因之一。

在从金田到南京的过程中，太平天国一直实行着一种特定的组织结构叫作"男行女行"。洪秀全在金田起义后颁布的第一道命令就是"别男行女行"，其实就是将男性与女性分开，即使是母子、夫妻也不能住在一起。女性被统一安排在女营当中，男性可以探视自己的亲人，但不得进入女营，而要"在门首问答，相离数武之地"，即只能在门口说几句话，还要保持几步的距离。同时，对于违反规定男女同宿的，即使是夫妇，也要严行诛戮。这种规定，使得太平军的男战士不再沉迷于床笫之欢，他们将所有被压抑的精力发泄到了战斗之中。同时，多数女战士也免于操持家务、抚养孩子等的拖累，成为后方供给的重要保障，甚至直接上前线与清军战斗。亲历太平天国运动的英国人吟唎在描述太平军女战士时说："革命初期，她们曾勇敢参战，有的并担任了军官的职务，军队中男女分营，只在举行宗教仪式时才不分男女。"禁欲主义辅以宗教狂热，使得太平军在战斗中勇不可当。

太平军在与清军的战斗中，虽然屡战屡胜，但自身也有一定的损失，然而太平军的人数在定都南京之前却有增无减。这主要缘于太平军在进军中军纪严明，吸引了大量贫苦无依群众和被镇压的会党加入。晚清时的清军，已然丧失了入关时的气魄，他们平乱则不足扰民则有余，特别是在战争状态时，多烧杀抢掠甚至奸淫妇女，深为百姓所苦。但太平军在初起之时，人数不多，又因为实行圣库制度，因此后勤保障比较充足，所过之处多是将官府钱粮占为己有，基本不会抢劫民财；而男行女行制度又使军纪得以严格执行，曾国藩在给皇帝的奏折中说到，太平军"颇能禁止奸淫"。有一个细节颇能反映太平军的军纪。在攻下南京之后，南京城中不少妇女想当然的认为太平军会侮辱妇女，她们中的很多人都做了赴死以免辱的准备，甚至有人饮药、投河，提前自杀。但在城破之后，这些妇女们惊奇地发现，太平军未敢踏入民宅半步，有违令者都被严惩。对于奸淫妇女者的惩罚最为严厉，杨秀清发布命令，凡奸淫妇女，老兄弟点天灯，新兄弟斩首示众。老兄弟是指在广西参加拜上帝会的会众，新兄弟是指出广西之后加入的会众，对老兄弟的惩罚明显要比新兄弟更为严厉。这种做法使得太平军的军纪获得百姓认可，即使是站在他们对立面的士大夫阶层对此也多持肯定态度。

转折

随着首都的建立，太平天国正式形成了与清政府对立的政权。此后，太平天国对外继续攻城略地，与清军作战；对内则逐渐完善政权组织。然而正是在确立领导者地位，组建各级政权机构的时候，太平天国内部的问题逐渐暴露了出来，并最终导致了天国的陨落。

问题首先出现在洪秀全身上。洪秀全虽然一直致力于建立地上"天国"，但实际上他对于何为"天国"并无明确概念，至于如何建立"天国"更是毫无设想，他向会众宣传所谓的"天国"实际上是死后所能达到的极乐世界。同时，洪秀全是一个受到外来宗教影响的传统书生，他无法摆脱几千年来中国本土的君主集权与伦理纲常制度，他的思想中也基本上不存在向西方制度学习的理念。所以，洪秀全的终极目标，无非是要建立一个传统中国的"朝代"。早在紫荆山区时期，洪秀全就有了称帝的想法，只是被杨秀清等人以"天父"的名义加以阻止。当金田起义，太平天国正式成立时，洪秀全便以统帅自称，封自己的儿子洪富贵为洪天富贵，并立为幼主。当太平军攻下长江沿岸的繁华城镇江口墟之后，洪秀全参照中国传统礼仪，制定了天朝礼仪制度和规格，并在此后不断发展，形成了严格的等级制度。他设置了掌朝仪，负责百官觐见和上朝的礼仪，事实上这与西汉初年叔孙通为刘邦制定朝仪，凸显皇家尊严并无区别；为了进一步与帝王身份相匹配，他还与各主将共同选妃，洪秀全共挑选了十六名"娘娘"，这些女人之间经常争风吃醋，搅得后宫不得安宁，牵扯了洪秀全的很多精力。

太平军占领东乡之后，洪秀全即天王位，自称"朕"，称万岁。虽然此时的太平天国尚处于草创阶段，未取得重大胜利，但洪秀全已经追求与"万岁"相当的特权了。而他的侍卫人数增加，出行规格提高，甚至连后妃人数也升到了八十八人。称天王之后，洪秀全也完全照搬了传统朝代的礼法，将天王诏令称为圣旨，凡违背天王旨意的就被称为违旨，要受到制裁。东乡称王之前，太平天国内部还遵循拜上帝会宗教教义，会众之间，甚至是普通会众与洪秀全之间也以兄弟姐妹相称，但此后即使是天国各王，见到洪秀全也要跪拜。由此可见，虽然此时太平天国距离建都尚远，但洪秀全已经端起了皇帝的做派，开始享受皇帝的特权了。

进入南京之后，太平天国建立起了与清政府对峙的政权，洪秀全也成为"天王"。但此时的太平天国远没有达到高枕无忧的状态。在内部，太平天国的各级政权亟待建立和巩固。早在东乡建国时，太平天国就采取了以"主"为国家首脑，以"军师"为政府首脑，天王临朝而不理政，国家最高权力由军师行使，而天王对君位却具有绝对权力的体制。用苏联学者的话话说就是："太平天国在国家组织中把君主政体和农民民主主义独特地结合在一起"，此种政体可称之为"军师负责制"。太平天国共认命了杨秀清、萧朝贵、冯云山、韦昌辉、石达开、洪仁玕、李秀成、陈玉成、李世贤、杨辅清等几位军师。军师的职权很高，举凡内政外交的大事，往往可以自己做出决断，然后送天王府画押即可，甚至经常出现"事过方奏，或竟不奏者"。值得注意的是，这些军师不但要处理国家政务，多数还要直接在前线指挥战斗，可以说是集军权与政权于一身。在所有军师之中，杨秀清的权位最高，处理的政务最多，以至于清政府在很长一段时间内只知杨秀清而不知洪秀全。

定都天京之后，杨秀清的地位更加提高了，举凡行政、人事、指挥作战等权力，基本都掌握在他手里。洪秀全大兴土木，修建天王府，极尽奢华，而杨秀清也致力于营造东王府，其规模丝毫不亚于天王府，以至于当时南京城内的一位知识分子感叹道："制军署作天王府，黄泥岗作东王府。东西对峙相抗衡，不辨谁臣谁又主。"在中国的等级制度中，建筑、服装、用度等按照身份不同，必须有所区别，自皇帝至平民、贱民等而下之。杨秀清的这一做法，不免使内外侧目。

杨秀清在东王府之内建立了一整套处理政务的班子，举凡全国国务，各方面正军师均需向其禀告，又从东王府发出诰谕予以答复或指挥。甚至镇守各地的官员和出征的将军，都要从杨秀清处领取一张将凭，准许在外先斩后奏，其作用类似于尚方宝剑。

这种军师负责制，是清政府和西方列强所不能理解的。清政府派出的情报人员看到所有的布告和诰谕都是杨秀清或韦昌辉等人署名，于是认为"洪秀全实无其人""或云系刻木偶为之，实无其人"。来访的西方人见无天王上谕，也向太平天国方面提出问询，并做出了"以东王名义对我们的询问所做的答复，根本不能解决目前普遍存在的对南京太平王这个人的存在和他是否在南京这样的疑问"。

清政府和西方列强之所以不理解太平天国的军师负责制，主要是因为这种制度在历史现实中并未真正运行过。秦汉以来，君权一直居于至高无上的地位。但这种情况也引起了世人的警惕，于是早在汉代就出现了丞相位高权重，限制君权的情况；后世君权愈重，但士人阶层却想尽各种办法对君权加以限制，宋明理学就包含有以亘古不变之"道"与"理"防止君权过度扩张的理念。宋代皇帝"与士大夫共治天下"，士阶层地位提升，君之"势"某种程度上让步于士之"理"，但前提是皇帝主动让与。至明代，朱元璋、朱棣加强皇权，士阶层遭到严重压制。但势与"理"之间的冲突，却始终萦绕在士大夫心头，甚至通过各种方式加以推广和传播，使之深入民间。其中成效最大的是《三国演义》和《水浒传》。《三国演义》的作者罗贯中据传曾参加过元末张士诚起义，他在文学创作中将自己的政治理念融入其中。《三国演义》中诸葛亮"总督军马一应事物"，同时要处理内政，基本上刘备只是名义上的君王；《水浒传》虽然以晁盖为山寨之主，但军师吴用"执掌兵权，调用将校"，俨然是实际的掌权者。此后，民间社团多采取该种模式，建立组织架构。如天地会拜朱洪英为盟主，拜陈近南为军师，朱洪英虽至高无上，但陈近南执掌令旗，握有实权。太平天国的领导者洪秀全、杨秀清等人似乎对此情有独钟，他们创制的军师负责制，与上述模式，如出一辙。

军师负责制在太平天国初期发挥了重大作用。此时的太平军在江苏、安徽、江西等地还在与清军进行激战，战场形势瞬息万变，如果没有一定的临场处置权，事事禀告再等待诏谕，那就无法及时采取措施，很可能导致战事上的失利。但军师负责制有一个前提就是，军师不能破坏"君主"的权威甚至自己登上"君主"的宝座，正如诸葛亮和吴用不会取刘备和晁盖而代之。传统中国社会，君、臣、民之间等级森严，而且这种关系经过几千年对人心的浸润，已经深入了中国人的骨髓。越是到了明清时期，"王侯将相宁有种乎"的呼声越是微弱，当时的人们已经基本上丧失了反抗等级制的念头。因此，国家层面臣对君的"忠"是等级，秘密会社中下属对首领的"义"也是等级。君臣之间等级森严，不可逾越。而对太平天国来说，洪秀全的领袖地位还具有特殊的意义。众所周知，太平天国是以宗教立国，洪秀全在创教将自己神化为上帝的次子，也正是因为他的这种特殊身份，才有了向世人布道的资质，才有了保证跟随其作战的太平军死后升入天堂的资格。因此，洪秀全是太平天国世俗和信仰的双重领袖，他的地位是不可动摇的。

但杨秀清在这件事上却乱了分寸。在太平天国早期的领袖中，应该说只有冯云山才是真心将拜上帝教作为信仰来对待的，而杨秀清打一开始就不是一个虔诚的信徒。也正是如此，杨秀清趁洪秀全赶回广州解救被捕的冯云山时，便以天父附体的方式，迅速提升了自己在教众中的地位。不但如此，杨秀清还迅速发展了一批心腹，形成了以他为主的实力圈子。与萧朝贵、石达开等大家族人士相比，杨秀清乃寒门孤立，并没有什么宗族势力，无法与他们抗衡。但他平日里善于结交，又将一批杨姓兄弟以同宗名义加以笼络，因此他的地位渐高，势力渐大。加之洪秀全组织能力、军事才能较差，因此，太平天国前期的军事行动和战略方向基本上都是以杨秀清为主导制定的。建都天京之后，洪秀全的权力遭到进一步限制，杨秀清组织各方面军师攻城略地，1856年上半年太平军在湖北、江西、安徽和天京附近战场上取得了重大胜利，并击溃了清军的江南、江北大营，在军事上达到了鼎盛，应该说杨秀清的决策与指挥在其中发挥了至关重要的作用，他的权势也达到了顶峰。但也正是从这一时期开始，杨秀清开始频频以天父附身的方式逼迫洪秀全，表现出了要取代洪秀全的动向。

首先，杨秀清屡次借故提升自己在宗教上的地位。1853年，杨秀清又以天父身份要杖责洪秀全，事后又以东王身份对其进行劝慰。洪秀全称赞杨秀清所奏是金玉药石，于是封杨秀清为"劝慰师""圣神风"。太平天国领导人包括洪秀全对基督教都是一知半解，他们不知道"圣神风"在《圣经》中即为圣灵，乃是三位一体中的第三位，就是上帝。但杨秀清却利用这个称号进一步神化自己，他说："天父下凡升值指出，天下万国人民之病皆是东王所赎，天下万国人民蒙昧皆是圣神风化醒。"事实上，杨秀清将自己当成了天下的精神指导者。

其次，杨秀清对洪秀全的日常行为多有干涉。洪秀全建成天王府之后，征召了大批的宫女奴仆供其使用，又广纳嫔妃。这些人多为太平天国将领的家人、子女，洪秀全浸淫儒学多年，等级制度、男尊女卑的思想根深蒂固；再加上所谓上帝次子的宗教幻想，因此他将这些宫女嫔妃视为低人一等，对她们态度极差，经常是非打即骂，甚至踢打怀孕的嫔妃。在这种情况下，杨秀清多次以天父的身份对其进行惩罚。同时，洪秀全的后宫人数庞大，嫔妃之间经常发生摩擦和争斗，洪秀全对此束手无策，有时甚至会主动请求杨秀清帮忙压服。此类事件看似无伤大雅，但却更加使得杨秀清轻视洪秀全。

再次，杨秀清加大了对世俗权力的追求。杨秀清除了在军事和政治方面的才能突出，令太平天国诸领导人不敢反对他之外，他还将自己的心腹秘密安插到各个方面，包括各个军营和政府机构。一旦有什么风吹草动，杨秀清总是能第一时间知晓。通过这种方式，杨秀清掌握了太平天国将领的很多隐私，又达到了控制的目的。

据天京事变时居住于南京的一位爱尔兰人讲述，杨秀清一直以对自己是"九千岁"而洪秀全称"万岁"不满，因此，他首先将忠于洪秀全的石达开、秦日纲、韦昌辉等人调出南京，然后又以天父附身的方式，要求洪秀全承认他是"万岁"。当时洪秀全并未直接答应，而是要以此作为两个月后杨秀清生日的贺礼。然后，洪秀全密令韦昌辉、秦日纲、石达开迅速带兵回京，铲除杨秀清。本来，洪秀全只想将杨秀清本人杀掉，但韦昌辉、秦日纲却将东王府的所有人员，包括杨秀清的家人和他从广西带来的老部下，全部杀掉，前后几个月杀死了几万人。石达开当时在武昌地区战斗，等他回到天京时，杀戮已经结束。他对洪、韦等人的滥杀行为大为震怒，而太平天国诸多将领也表示愤怒。韦昌辉得知石达开的态度后，想要将石达开一并除掉，而洪秀全为安抚人心只得又将韦昌辉、秦日纲杀死。至此，太平天国起义初期的主要领导人凋零殆尽，初期五王中也只剩下了一个翼王石达开。

天京事变是太平天国运动的重要转折点，它造成的影响是多方面的。

第一，杨秀清之死使太平天国运动丧失了最重要的一位领导人。太平天国的理论依据在于洪秀全所宣扬的"丁酉升天"事件，在此事件中洪秀全与上帝建立了联系，并成为上帝派驻在人间反抗暴政的使者。但真正将太平天国运动从金田村发展到南京的，却是杨秀清。是杨秀清率军打赢了太平军与清军的最初几次战斗，是杨秀清决定了向南京进军的路线，是杨秀清指挥太平军第一次攻破了清军的江南、江北大营，取得了太平天国军事上的鼎盛，还是杨秀清建立了一整套国务机构，维持了整个太平天国的运行。正是因为杨秀清在太平天国中不可或缺的地位，在得知他的死讯后，一向沉稳的曾国藩喊道："洪杨股匪，不患今岁不平。"

第二，事变之后，太平军精锐部队损失严重。杨秀清被屠杀的属下，多为从广西即追随太平天国的老战士，他们积累了丰富的战斗经验，有较强的战斗力。而事变之后，由于洪秀全的猜忌，石达开也带走了麾下十万精锐部队，这支部队离开了太平天国的势力范围之后，缺乏友军支持和装备补给，最终在清军的包围之下，全军覆没，石达开也被俘身亡。再加上韦昌辉和秦日纲，太平天国初期的军事将领和精锐战士丧失殆尽。

第三，对太平天国的信仰和凝聚力造成了严重的损害。洪秀全和杨秀清两人无论私人关系如何，但他们两人构建的所谓"天父代言人""上帝次子"等身份却是太平天国革命的根基。洪秀全许了信众一个生前和死后的天国，而这种天国只有借助上帝的力量，才可能达到，杨秀清则代替上帝肯定了洪秀全的说法，正是两人的合作，使得太平天国的将士们坚信天国是可以达到的。因此，杨秀清虽然掌握了太平天国的大权，但以他的见识绝不会直接将洪秀全杀死，而洪秀全却亲手打破了自己编织的神话，太平天国的将士们对天父、上帝次子、天堂等逐渐产生了动摇。从此，太平天国不但失去了最优秀的领导人，也失去了信仰。

不唯如此，洪秀全杀死韦昌辉、秦日纲，石达开出走之后，太平天国的中枢机构由洪秀全的亲信和亲属如蒙得恩、钟芳理、洪仁达、洪仁发等主持，这些人昏庸无能，唯利是图，导致太平天国内部对他们怨声载道。从此，洪秀全愈发不得人心，太平天国运动的结局也已经注定。

后期

天京事变之后，太平天国迅速从巅峰状态下滑，这种下滑首先表现在军事方面。1856年2月至8月间，太平天国将士在杨秀清的全盘调动之下，先是占领清军江北大营驻地扬州，再攻镇江，逼死吉尔杭阿，最后攻破江北大营，气死向荣。但1856年8月底，太平军的攻势骤然减缓，其原因就是杨秀清之死。从此，太平天国进入了战略防御阶段。正如上面我们分析到的，这一时期的太平军将士军心已然涣散，但是清军对这一变化并未及时把握，他们严格执行清政府制定的广西人必杀的政策，导致太平军的老战士们战或可不死，但降必然是死，只能奋力抵抗，使得太平军在一段时间内依然是清军的劲敌。当然，要考察太平天国在杨秀清死后依然能维持8年，并在一段时间内占据主动的原因，那就必然要提到三个人：陈玉成、李秀成和洪仁玕。

陈玉成和李秀成都是年少时即参加太平军，在战斗中成长起来的年轻将领。陈玉成出生于1837年，1850年全族参加金田起义时，年仅14岁；李秀成出生于1823年，1851年加入太平军。两人在军中都经历了如火箭般的直线上升，分别在1855年和1854年成为皖北地区的主要将领。此后，两人就成为太平军攻城拔寨的重要将领。史料当中看到的陈玉成有如一部战争机器，他的一生是由一次又一次的战争串联起来的，1854年，他率500名少年战士登上武昌城墙，杀散守军，给太平军大部队打开城门。此役使得陈玉成的名声连外国人都有所耳闻。1856年，陈玉成突破重围闯入镇江，完成了情报传递工作，助太平军攻破江南、江北大营。同年底，陈玉成与老友李秀成在皖北展开战略反攻，连下数城，为天京事变之后的太平军注入了一针强心剂。1858年，陈玉成又与李秀成攻破江北大营，并取得三河镇大捷全歼湘军精锐5000余人。可见，陈玉成能成为太平天国最大的地方实力派，与他的战功密不可分。

李秀成自然也是战功卓著，同时他更善于处理与天王的关系。洪秀全对李秀成是比较信赖的，可以说天京事变之后，李秀成是洪秀全唯一相信不会夺权的非亲属官员。因此，洪秀全在改组中枢时，李秀成被任命为副掌率，和蒙得恩、陈玉成一道成为太平天国后期的主要辅佐者。蒙得恩年老多病，军政要事多无精力处理；陈玉成则带着自己的子弟兵常年征战在外，他的实力主要在地方，对中枢的兴趣不是很大，李秀成成为中央举足轻重的人物。但此时他有一个弱点，那就是可以直接支配的军队和领地都很少。与陈玉成数万子弟兵相比，李秀成只有5000人军队，而且陈玉成家在广西本地即是大家族，陈玉成部队的各级军官多为血亲和广西起义时的老资格，这些人又对陈玉成极为忠心，只听陈玉成的调动。因此，不同于陈玉成的纵横捭阖，李秀成在对清军作战时总感到兵力不足，只能求助于陈玉成，这种情况一直持续到1859年。这一年，李秀成来到芜湖，聚集了皖南各路太平军将领以奇袭杭州城为掩护，集中优势兵力攻破清军江南大营，太平天国进入后期的军事巅峰。太平军攻占丹阳、常州、无锡、苏州等地，杀死清将张国梁，迫使钦差大臣和春自杀。虽然此次战役攻打上海失败，但太平天国解除了长达数年的危机，并占据了包括苏州、常州全部和松江、镇江大部的一块江南腹地，从此建立苏福省，李秀成也成为地方实力派。

但是胜利之中也藏着隐患。洪仁玕在得知刘秀成的计划之后，在未知会李秀成的前提下，竟然命令陈玉成部参战。结果就是趁着陈玉成离开皖北的当口，清军终于找到机会在皖北站稳脚跟，为围攻安庆、清除太平军在皖北的势力奠定了基础。

后世学者对洪仁玕的评价普遍不高，他虽然是洪秀全早期的追随者之一，但直到天京事变之前对太平天国并无任何贡献。由于家里的禁锢，他并未参加金田起义；在太平军进军天京的过程中，他没有冲破清政府的封堵，而跑到了香港。也正是在那里，洪仁玕接触到了西方的政治理念，并与一干外国人交上了朋友。1859年4月底，洪仁玕扮成商人，终于绕过清军纺线，进入了天京。洪仁玕到来之后，洪秀全立即打破了天京事变之后制定的不再封王的命令，将其封为"干王"，这招致其他将领的不满，也为后期的滥封开了一个头，洪仁玕自然也感受到了洪秀全对他的厚爱，因此他将自己在香港时接触到的、认为对太平天国有利的制度、政策等毫无保留地向洪秀全上奏。洪仁玕指出，需要在天国统治范围内设立邮局网络，建立银行，开展保险业务等。特别是在对待洋人的态度上，洪仁玕采取了与杨秀清截然不同的态度。杨秀清当政时，一直以正统自居，认为"天父皇上帝派遣吾主临凡，即为天下万国之真主"，西方人都应该臣服于自己。所以在西方人来访天京的时候，太平天国给他们的印象是傲慢而不友好，甚至来访的法国人因为称咸丰为"皇帝"而被太平军官员嘲讽和谩骂。洪仁玕则在香港其间结识了不少的外国传教士和官员，因此，他对来访的西方人甚为和善，甚至让他们参观自己的书房；设宴款待的时候，还特意向天王申请饮酒，这在宗教严格的天京城内，几乎是不可想象的事情。可见，无论在内政还是外交方面，洪仁玕都力图开辟一个新的局面。

洪仁玕所主张的这些措施，多是他在香港生活期间通过实地考察和请教外国传教士获得的，其中不乏现代西方文明制度和外交理念，如果在一个稳固的政权之下，按部就班地进行实施，有可能取得国富民强的效果。但此时的太平天国处于内外交困的情况，根本无力实施。以建立邮政系统为例，太平军和清军在各条战场上相互争夺，所攻占的区域随时都有变化，要在这种情况下设立邮局几乎是不可能。再以外交为例，洪仁玕认为既然西方人与太平天国都信仰上帝，那么自然就是兄弟之国，要相互支持；而西方列强对清政府和太平天国之间的战争一直保持着中立的态度，这也给了太平天国的将领们一定的错觉，认为可以与西方建立良好关系。

但这种幻想在1860年的战斗即李秀成开辟江南腹地的战斗中被彻底击碎了。这一年，李秀成率军占领了上海周边郡县，包括洪仁玕、李秀成等人都对西方人持乐观态度，他们认为既然太平天国已经愿意与洋人通商，那么占领上海也不会引起洋人的反对。8月中旬，李秀成率军进攻上海，并向驻上海各国公使说明：洋人的住宅店面，只要挂出黄旗，则可不受干扰。令他们没有想到的是，西方人放弃中立，集中炮火猛轰太平军，并派出部队阻止太平军占领上海。对西方人的这种举动，太平天国的将士毫无准备，他们面对洋人的进攻，起先呆立不动，"当弹炮倾斜到阵地上时，他们像石头一样，一动不动，不回一枪"。此后，太平军再也没有攻下过上海，而列强对太平军的态度也急转直下，他们禁止洋商从上海去长江上游为太平军运送武器，并提供船只给清军水师，拦截给安庆太平军提供物资的走私者。安庆至此丧失了重要的后勤补给通道，并于一年之后陷落，安庆的陷落使得太平军失去了与华西、华北交通的孔道。至此，太平天国在军事上已经到了走向失败的转折点。

进攻上海的失败还给太平天国内部的稳定带来了冲击。洪仁玕封王之前对太平天国并无尺寸之功，他在朝中的地位，主要是洪秀全强行赋予的，这也招致了陈玉成、李秀成等人的不满，于是洪秀全又封陈玉成为英王，李秀成为忠王，李世贤为侍王，形成了新的中枢核心。原本，李秀成、陈玉成等认为洪仁玕在香港多年，对西方列强多有了解，因此对洪仁玕抱有一定的信心。上海之战以前，洪仁玕专门赶赴苏州与列强商讨进攻上海问题，但列强对他毫不理会，这导致洪仁玕的威望受损。李秀成和洪仁玕在太平天国失败之后的供词中，对对方都做出了指责，指责焦点主要集中在上海之战，可见双方的裂隙正是从此时开始的。洪仁玕一旦失去了地方实力派的支持，他在朝中所推行的一系列改革，就不可避免地受到影响。1860年11月，中国留学生之父容闳学成归国，他对清政府的统治不抱希望，于是来到太平天国进行考察，他向洪仁玕提出了七项改革建议，洪仁玕在表示赞赏的同时，又表示没有其他各王的支持，他无法实施。容闳对他的印象是："他是孤单的，没有人在倡导这些改革方面向他伸出援手"。这种将相失和的局面对太平天国造成了重大影响。从此，洪氏宗亲和地方实力派之间的裂纹愈发加大。

更为致命的是，由于洪秀全缺乏治国和御下的才能，因此当1861年安庆陷落，太平军实力最强的陈玉成部精锐尽失，洪秀全认为要想鼓舞士气，重整旗鼓只能以官爵激励。因此，他在这一年先后封了十几个王，此后日封日多，不仅当时有战功的人封王，之前有战功的也加封，甚至是只要有人保举即可封王。此例一开，太平天国的铨选制度受到了重大冲击，无功偷闲之人卖官鬻爵，在外征战之将毫无封树，这进一步激起了对洪秀全的不满和对天国的失望。同时，新封诸王穷奢极欲，各以敛财为目标。天京陷落前夕，全城人口不过三万，其中太平军将士万余人，而王一级的官员达到一千多，即平均每10名军人中就有一位是王，这些临时加封的王，与初期的"五王"相比，对于太平天国的事业并没有太多的热情，甚至在湘军保卫天京之后依然只顾着保留个人的家产。当时城中缺粮，连洪秀全都要以野菜、毒蜘蛛等物为食，但在湘军破城之后还在一些王府中搜出了大量的粮食。当湘军将领以此事询问李秀成时，李慨叹道："城中王府尚有之（指粮食），顾不以充饷，故见绌。此是我家人心不齐之故。"

中央如此，地方的情况也不容乐观。太平天国曾经颁布《天朝田亩制度》，这是一种以小农经济为思想基础，采取平均主义方式对土地进行重新分配的制度，本质上为脱出传统农民起义的窠臼。但由于太平天国大多数时间依然在于清军进行作战，需要大量的粮饷，因此这一制度并未得到切实的施行，在太平天国的占领区实际上还是实行着"照旧纳粮"的制度。在军事斗争激烈的情况下，这种情形难以避免，但太平天国在安排收租操作人员即地方乡官的时候却产生了失误。按照太平天国发布的文告显示，乡官的推选应该是采取民主推选的方式，如1860年忠王李秀成在苏州发布的公告中说："凡乡邻熟识之人，举为乡官，办理民务。"但实际上，乡官的产生往往由太平军直接指派或乡绅运作，其选取的标准往往是拥有一定社会地位和财产的乡绅，甚至是清朝的衙门旧官吏，这对于下层民众来说并没有产生太大的向心力。为了表明与清政府搜刮民脂民膏的做法不同，太平天国曾经发布政策："朕格外体恤民艰，于尔民应征钱漕正款，今该地佐将酌减若干"，但随着湘军和清军的步步紧逼，太平天国可征赋税的地盘越来越小，而官僚队伍却日渐庞大，加上军队的扩大和战事需要，太平天国经常向民间摊派银两、物资，同时征收各种名目的捐税，这使得统治区内的人民负担异常繁重。不唯如此，太平天国的地方官员还巧借名目，压榨平民。每当遇到升官、生日、娶亲等，这些官员大摆筵席，至于费用则强行摊派到下级官员和农民身上。例如，1862年7月27日，浙江诸暨县许军帅札示三十七都师帅徐君连称义打人开印，饬办各色货物，每都派费钱三十千。仅仅隔了6天，许军帅又札示徐君连，称又有三位大人次第开印，每都师帅派费洋八十元。像这种情况在太平天国内不在少数。此类费用都不包含在正常赋税之内，无形中加重了农民的负担。一些地方官员甚至与乡官无赖吸食鸦片，嫖娼宿妓，搅得地方一派乱象。

太平军在广大农村实行的是一种单纯的军事统治，这种统治是以城市的占领为核心，农村只是他们获取军饷赋税的场所。一方面沿用清政府原有的控制地方的人员，又做不到减租减息，另一方面地方官员数量快速上升，又巧立名目横征暴敛，这就造成太平天国对地方的控制十分薄弱，无法赢得民心，也就失去了在广大农村回旋的余地。1863年5月13日苏州、丹阳两座城市失守之后，太平军在苏南一带立即丧失了控制权，南京也至此成为一座孤城。

陨落

最终接受保卫南京任务的是忠王李秀成，但是他对于守住南京并不抱有信心。1862年3月24日，占领了安庆的曾国荃部30000多精锐打到南京城下，到1863年10月的时候，曾国荃的步兵建立了两道间隔300米的胸墙，水军封锁了秦淮河进入长江的通道，至此除了一些由于缺粮偶尔出城采集野菜的太平军战士之外，连只蚂蚁也难以从南京城出来了。此时的洪秀全惊慌失措，他在一天之内连下三道诏书要当时正在攻打上海的李秀成迅速救驾，又命令各地的太平军将领回援。因此，李秀成不得不撤兵回天京。回到南京之后，李秀成发现这里已经聚集了13王的10多万大军，同时洪秀全为了表示对忠王的充分信任，下令洪仁达等洪氏族人和正宫赖氏的亲戚放权，让李秀成全权负责内外军事。10月13日至11月25日，李秀成与曾国荃的大军激战44天，但最终并没有突破湘军的包围。此时，太平天国出于内有外患之中，更为雪上加霜的是本来为他们提供武器装备的外国人已经无法将货物运抵南京了。

洋人对太平天国的态度，始终处于变化之中，这样对太平天国的命运产生了重要的影响。起初，洋人对支持清政府还是太平天国并无定见，他们虽然对太平天国了解不多，但也厌烦了清政府在对外政策上的反复无常。所以在很长一段时间内，以英国为首的各国列强官方都采取的中立政策。当洪秀全在天京登基之后，国外公使的船只也随之开了进来，他们是来一探虚实的。当然，所谓最重要的是弄清太平天国的对外政策，以比较到底是清政府还是洪秀全的政策对他们的商业贸易有利。最先到来的是英国全权公使文翰，他到南京的目的自然是因为此时的英国在上海的投资总额已经达到了两千五百万英镑之多，这在当时是一笔极大的财富，值得政府和军队加以保护；英国在中国的贸易额也在逐步增加，一旦因战事受到影响将会给英国商人带来很大的损失。而太平天国既然已经占领了与上海近在咫尺的南京，甚至太平军将士的身影出现在上海近郊附近，那么英国人就必须尽快表明态度，以保护自己的投资和贸易免遭清军特别是太平军的炮火的波及。出发之前，文翰致函英国外相："不以任何偏袒中国政府的形式加以干涉，因为我确信，我方任何此等干涉只会延长争斗。"特别是在美国人、葡萄牙人等都将船只租借给官军的情况下，对文翰来说最重要的就是通过当面拜访的机会，让太平军确切地知道英国政府的中立立场。

但这一行程从一开始就遇到了难题。文翰作为英国在华商务监督、香港总督和全权驻华公使，他的出使代表的是英国政府，自然要求现代国际关系中那种对等会面。但是太平天国的领导者们虽然表面上看起来接受了西方的宗教，但却对西方近代形成的外交体系一无所知，他们认为文翰等人的到来是"不远万里而来，归顺我朝"。正因如此，文翰甚至一直留在船上而没有进入南京城，由此天京方面丧失了与英国政府达成谅解甚至合作的可能。当然，只要太平天国还是秉承天朝上国的理念，这种可能就永远不会变成现实。文翰在向英国政府递交的报告中称，太平天国的宗教是一种伪造的启示，掺入了迷信和谬误的成分在其中。1853年11月和1854年5月，法国人和美国人先后来到了南京。法国人由于以"皇帝"称呼咸丰而受到嘲讽和谩骂，虽然法国人认为太平天国将给中国带来更大的不可测的变量，但他们也无法确定中国的未来会走向何种方向；美国人也是如此，他们不知道该支持清政府还是太平天国，因为清政府是"无知、自负、顽梗"的，而太平天国则是"配不上文明世界的尊敬，他们的智力恐怕不出城墙之外"。太平天国对待外国使臣的表现是他们失去了三次与三个表面拥有共同宗教信仰国家的商务代表交往的机会，这也成为太平天国失败的原因之一。

随着太平天国的军事攻略到长江中下游，他们与列强的矛盾不可避免地展现了出来。如果说1853年和1854年列强对太平天国可以置之不理的话，那么在1856年太平军兵锋直指上海的时候，列强迅速以武力相威胁，这种转变的原因在于，之前列强在上海的投资并不很多，到1856年时英国美国法国等国家在上海已经开辟了租界，建立了洋行，他们认识到上海所蕴含的巨大贸易潜力，因此是绝不会允许太平军进攻上海的。自1860年至1862年间，太平军三次攻打上海，英法等国采取外交威胁和直接武力干涉的方式，协助清军击退了太平军。此后，太平军与列强之间的裂隙越来越大，太平天国领导层对列强也产生了诸多不满，甚至干王洪仁玕也因为外交事务处理不当导致地位直线下降。为了尽快压制太平军的军事活动，西方各国明令洋商不可再向太平天国方面提供枪支弹药和粮食补给，英国和法国方面都曾经截获过向太平天国方面偷运武器的船只。同时，清军方面则由于获得西方支持，装备了精良的西方火器。此时，太平军在武器装备上也落后于清军了。

1863年，从天京逃离的石达开及其带领的部队在四川陷入官兵和团练的重重包围，石达开虽然想以自己的一死换来手下的活命，但他的两千多旧部依然被清军全部杀死。也是在这一年的12月，李秀成奉命从苏州回到南京，全面负责被清军围困南京城的防守。李秀成通过分析双方局势，认为不可能守住南京，因此向洪秀全提议让城别走，以图再战。但洪秀全却对他的建议不屑一顾："朕铁桶江山，尔不扶，有人扶。尔说无兵，朕之天兵多过于水，何惧曾妖（指曾国藩、曾国荃）者乎！"此时的洪秀全已经丧失了判断局势的能力，"俱是拿天话责人"，而被封为"忠王"的李秀成却无法反驳，只能按照洪秀全天话指挥作战。李秀成曾试图突破清军对南京的包围，并打通补给线，结果都以失败告终。南京城内的形势越发严峻了。到1864年春天，李秀成向洪秀全禀告："合城无食，男妇死者甚多，恳求降旨，应何筹谋，以安众心。"但洪秀全却无法可想，甚至连他本人也要靠吃野菜团子、蜈蚣、蟑螂等物充饥。1864年6月1日，洪秀全在病了几个月之后，安静地离世了，幼天王洪天贵福登基，他登基之后"军又无粮，兵又自乱，主又幼小……合城文武，无计可施"，于是南京城于7月19日被湘军攻破。李秀成逃出城外，但不久就被发现，并被杀害；洪仁玕时在湖州筹粮，暂时躲过一劫，洪天贵福逃亡至湖州，但官军很快打到湖州，并于1864年8月底占领此地。10月9日，洪仁玕被俘，之后被杀；洪天贵福经过几个月颠沛流离的逃亡之后，也在10月25日被抓，并于11月18日被处决。太平天国至此灭亡。

太平天国虽然最终没有推翻清王朝的统治，也没有吸取西方文明模式摆脱传统农民起义的模式，但这次运动却为清后期的革命志士提供了精神支持。孙中山1902年，孙中山指导手下编撰《太平天国战史》，欲使"洪门诸君子手此一编"；其目的是要利用其书作为"吾党宣传排满的好资料""扬汉之武功"，"俾读者识……汉家谋恢复者不可谓无人"。特别是太平天国以满汉对立作为鼓动革命的口号之一，更是孙中山"驱除鞑虏"的重要来源。

洋务运动

经历了鸦片战争和太平天国运动的清王朝统治者，无论内心是如何想要在祖制的余荫下继续统治下去，现实也已经明确地提出了变革的要求。但是面对着千年未有之变局，要如何变革呢？无论是上层精英还是民间的有识之士，在他们的经验范围之内都无法为这一问题提供万全之策。毕竟，这时的中国在被西方列强接二连三的挫败之后，虽然已经不得不承认西方确有优于东方的长处，但由于长期昧于世界大势的变化，他们无法找出这些长处产生的原因。特别是当时的中国，虽然已经遍地洋人，但却未有一位中国人以了解世界的目的到西方世界去游历，他们不知道西方的制度优势、不清楚西方的社会结构、更搞不明白西方的观念思潮，因此他们看到的西方的强盛，仅仅表现在船坚炮利而已。

西方的舰船和大炮给清朝前线指挥官的震撼是巨大的。与曾国藩齐名的湘军将领胡林翼看到洋火轮船在长江上飞速逆流而上时，慨叹道："此乃吾等无法解喻之物也！"然而，他们对西方的认识也仅止于此。自秦汉大一统帝国成立以来，中国就进入一种以小农经济为主导的超稳定的社会结构之中。小农经济与儒家等级思想相结合，造成一种现象——那就是每个人在社会中都有自己的固定位置，每个位置又有天然的义务和权利。这种位置可以改变，如子可成父，媳可成婆，又如可以通过科举考试完成阶层的流动，但从整体社会而言，人在社会中的位置是不变的。这就使得中国社会处于一种平稳有序的状态之中。这种超稳定结构对农业社会异常重要，小农经济的基础是脆弱的，一遇社会变动如天灾、战乱等就会导致局部混乱，进而引发全国动荡。朱元璋参加农民起义军最终完成改朝换代就是天灾造成流民，流民导致社会动荡，社会动荡导致政府垮台的显例。因此，变动与改革在传统社会中都不受欢迎。特别是鸦片战争以前的中国历史发展实践表明这种社会结构似乎足以养育为数众多的中国人口，那任何对于社会的改变似乎都是不必要的了。而西方的入侵，却明确地告诉我们如果再不改变，中国就面临亡国灭种的危机了。那么，应该改变什么呢？或者说从哪里下手改变呢？

制度，以儒学为基础建立的君主独裁和等级制度是不能改变的。掌握着知识权、话语权和实际权力的士大夫精英阶层无法接受改变制度的想法。现在的人们似乎无法理解士大夫对自"五四"运动以来即施以强烈批判的封建制度和儒学的情感。与西方不同，中国从来就不是宗教社会，中国人对于信仰也多持可有可无之态度，中世纪那种政教合一的社会形态从未在中国发生。然而，中国人虽然缺乏宗教信仰却有社会信仰，这一信仰至迟从汉代即开始形成，并以之延续至今，那就是对儒学的信仰。儒学不是无本之木，它的深入人心首先得到了制度的支持，为了统一思想，汉武帝时即采取"罢黜百家、独尊儒术"的政策，这一政策虽然在统治阶层内部贯彻的并不是非常彻底，如后世学者评价汉代政策时多认为道家和法家的思想在国家政策中发挥了很大的作用，但作为统治基调，儒学却在中国漫长的帝制时代占据主流，这一点是任何帝王都不会轻易改变的。明太祖朱元璋对儒学包括孔孟的态度极差，他曾经因为《孟子》书中批评帝国的话语而命学者删减《孟子》原文，但当有人另立新解企图取代程朱理学科举考试读本的地位时，朱元璋为了维护儒学的正统地位依然要杀其人焚其书。可见，儒学是帝制时代最适宜中国的统治思想。它的礼制和等级思想有利于维持国家的稳定和秩序，它的道德和伦理思想有助于维护官方和民间社会的正常运行。

儒学并不仅仅是制造顺民的学说，儒家一方面提倡忠君爱国之道，另一方面又认定儒学之"理"即天地运行和人类社会运行的规律，一旦皇帝所拥有的权势与"理"相违背时，儒家士大夫有权利和义务以理抑势，使皇权回到正轨。这就是为什么历代士大夫舍生忘死或进谏皇帝，或与外戚宦官做斗争的原因。汉代的"八俊""八及"，唐代的魏征、韩愈，清代的王鼎，都是这些士大夫的代表。

儒学也为士大夫带来了丰厚的回报，对他们而言，儒学既是安身立命之本，也是他们社会地位的来源。传统士大夫自幼浸淫于儒学之中，他们对儒学与社会关系的理解最为深入。同时，中国古代行政建制只到县一级，乡、村的正常运行全靠乡绅以儒家道德与伦理来维持。可见，从中央到地方，儒家为中国社会的稳定发挥了巨大作用，而儒家士大夫的言行则成为时人的楷模与榜样，成为儒家思想传播的载体。因此，制度层面的变动是不可想象的。

外交体制也是不能改变的。清朝继承了明朝的朝贡体系，周边国家如朝鲜、越南等皆为清王朝的藩属国，清王朝不会干涉这些国家的内政，但藩属国须定时朝贡，新国王登基也需获得宗主国的同意和准许，当然如遇国内外战争他们可以获得宗主国的保护，明朝万历年间日本侵朝，明政府派兵入朝作战即为对藩属国的保护义务。这种"天朝与属国"的朝贡体系其实是"华夷之辨"的一种变相表现，而"华夷之辨"在清朝看来即为其外交体制的全部，即使是面对未知的西方世界时也是如此。1793年（乾隆五十八年），英国马戛尔尼使团访华谋求商务利益。但广东巡抚郭世勋上奏时则曰："今英吉利国王遣使涉历重洋，远道祝嘏，具见凡有血气，莫不尊亲，芹曝微忱，自可仰邀垂鉴。"这是将英吉利国王也认定为是来寻求天朝承认和保护的藩属国君主了。然而，马戛尔尼毕竟不是贡使，英吉利也不是朝鲜，三跪九叩的仪式是他们不能接受的，于是乾隆皇帝便斥责道："此等无知外夷，亦不值加以优礼"，至于商务要求，则一概拒绝。这次事件可以说是东西方世界的第一次正式碰撞，中国失去了认识新世界的一次绝佳机会。由此我们也可以看到礼仪对中国传统社会的重要性，也能为后来道光皇帝坚决拒绝外国公使常驻北京找到远因：外国人见了皇帝竟然不叩头，这就是对皇帝及其代表的最高威权的不敬！一旦国人以此效尤，那么皇权的神圣性岂不是要受到挑战！而皇权的神圣化与神秘化是皇帝维系统治特权的不二法门。因此，外交制度只能服从君主体制，决不可因为外夷而加以调整或改变。

那么，究竟要变革什么呢？当时的中国人经过很长时间才找到答案。

重新认识世界

中国再一次面对认识世界的机会时，还是英吉利的闯入，只是这一次不是使团而是兵舰，不是带给皇帝的礼物，而是赚取巨额利润的鸦片。身处中西交涉最前线的林则徐是最早意识到英吉利不同以往藩属国的清政府官员，他也被范文澜先生称为"开眼看世界的第一人"。

应该说，林则徐对西方世界的了解与他多年为官经历密切相关。林则徐20岁即考中举人，27岁成进士，可谓年少得志，更为重要的是林则徐与至交好友、同年同乡多研究经世致用之学，并且加入了在北京成立的"宣南诗社"，该诗社成员包括钱仪吉、董国华、陶澍、贺长龄、梁章钜等清代著名经世学者，诗友唱和为林则徐讲求实际、力图改革的作风打下了坚实的思想基础。从后来林则徐担任江苏按察使、参与漕运改革、改良科举考试、改革河政等为官事迹来看，他不是那种固守传统的学究，也不是故步自封的腐儒，更不是敷衍塞责的冗官，在每一任内林则徐总是辗转腾挪，力图对国计民生有所改善。因此，当道光皇帝意识到鸦片的危害，决定禁绝鸦片时，自然就想到了林则徐。

初次接触到英国人的林则徐应该是充满了惊诧的。长久以来，英国人在国人的眼中应该是性如犬羊，形体怪异的。比如林则徐就相信英国人的膝盖应该是不能随意弯折，并因此走路不稳。而且英国人乃是化外之民，他们应该是在制度、道德、技术等层面全面落后于天朝，毫无文明可言。但现实却是，进入林则徐视野的英国人都是肢体健全的，英国军队是训练有素纪律严明的，英国礼仪虽与中华相异但自有系统，更令人震撼的是英国的技术特别是他们的坚船利炮和快枪火器明显要优于清朝。这对于身处前线的林则徐来说，弄清楚对手成为首要问题。林则徐迅速突破了"夷夏之防"的限制，首先从地理上了解英国这个对手。他组织了一批精通外语的译员搜集了大批的地球仪、航海图、地图集、地理书百科全书和字典等书籍，并以英国人的《世界地理大全》为基础编纂了《四洲志》，这是为了告诉当时的中国人：真实地世界要远远超过了传统认识的世界，除了天朝和藩属国之外，世界上还有很多的大国和不同的文明。

为了更及时地了解对手的动态，林则徐还重视翻译外文报纸，如《澳门新闻纸》《新加坡新闻纸》等，以了解鸦片生产过程、西方人对鸦片的态度和对禁烟的反映。同时，林则徐还专门翻译了国际法的相关内容，西方商人、水手、走私者来华之后多与当地人冲突，甚至发生殴伤、殴死华人之事，在这些事情的处理上林则徐没有一味按传统办法处理而是先了解国际法，以国际通用方式进行处理。这一点也为他赢取了道义上的制高点。与后来的洋务派官员相似，林则徐注重对西方技术的引进。他购买了"甘米力治"号船服役于清军水师，搜罗各国船舶图样计划自造，用捐资仿造两艘战船；林则徐尤其重视对西洋大炮的购买与仿造，他在道光十九年即购买洋炮二百余尊，作为城防利器。又组织高手匠人在广州研究炮学，改进原有大炮的装备部件。

总而言之，林则徐以清中期兴起的经世致用之学为基础，以实际事务为指归，冲破"夷夏大防"的界限，首先将眼光投向西方的官员。然而，林则徐时代的清朝表面上尚能维持天朝上国的尊严，因此林则徐认识西方的紧迫感不强、深入性不够，他与西方的接触更多的是为了完成钦差大臣禁烟的任务，他的作为与其说是迎接西方文明不如说是传统经世致用学说在处理洋务方面的运用。只是相对于连英汉词典类的西书都要一概禁绝的官员来说，林则徐确实迈出了认识世界的第一步。

挣扎的拓进

与林则徐心态相似，但受到压力更大、步子迈得更大、取得成果更

大的是 "洋务运动"，该运动在中央以奕䜣为主脑，地方实力派人物曾国藩、李鸿章、左宗棠等人积极筹划和相应，最终成为近代史上中国自强运动的第一步。洋务运动得到了清政府实权派的支持，掌握中枢的奕䜣、文祥、沈桂芬等都对洋务运动采取支持的态度，而曾国藩等人更是亲身参与。综观洋务派人物的经历，可以发现这些人都与西方有过密切接触，对西方的科技和军事技术有深入了解，他们在实践中体验到科技、器物的重要性。更为重要的是，他们往往经历了从"蔑洋"到"重洋"的转变。

曾国藩、李鸿章等人主要是在镇压太平天国时期接触到西方军事技术。太平军成立不久，即认识到火器的重要性，一直通过各种途径向西方购买或仿制西式枪械，占领南京之后更是多方补充，甚至有不少英美商人越过清军封锁将枪炮走私进南京城。面对太平军的洋枪洋炮，使用刀枪弓马的清军明显在火力上处于劣势，于是曾国藩等人迅速装备火器，以对抗太平军。李鸿章的淮军比湘军走得更远，由于受命保护上海，李鸿章与西方接触的机会更多，也就更便利地购买到新式枪炮。这些西式枪炮在战场上发挥的效力令曾国藩和李鸿章等人印象深刻，面对国内此起彼伏的农民起义和暴动，他们意识到火器将会发挥重要作用。于是，他们突破传统夷夏之辨，开始大规模购买并制造火器。在李鸿章等人看来，西方之所以能在中国的土地上横行无忌靠的就是先进的军事技术，所以李鸿章认为，"中国但有开花大炮轮船两样，西人即可敛手"。从李鸿章的这句话可以看出，洋务派诸人虽然承认西方长技，但这种认识的获得却是被坚船利炮打痛了之后，不得不面对的现实，因此他们的内心是痛苦的，接受的过程也是被迫的，这也就决定了洋务运动是一个对西方既学习又抵制的过程。

1861年1月总理各国事务衙门成立，标志着洋务运动的正式开始。总理衙门负责处理所有与西方相关的事务，包括外交、海关、军事、教育等，并且规格极高，一切仿照军机处办理，以亲王为总领，第一任王大臣即当时权倾朝野的奕䜣。总理衙门原名"抚夷局"，这一名称反映的还是天朝上国与夷狄的理念，英国人在19世纪初期即得知"夷"字的含义，因此在之后的公文中多次强调主权国家的平等地位强烈抗议清政府使用这种侮辱性字眼，因此"抚夷局"改名为总理衙门。

虽然只是名称的变更，但却具有重大意义。甚至可以说是对传统观念的重大突破。总理衙门负责与西方一切事物的交涉，一方面这些中西交涉几乎总是在中方战败之后，城下之盟虽然无奈，但不可避免地带有耻辱的意味；另一方面华夷之辨思想始终作祟。西方驻华官员在与清政府官员接洽时不循官场礼仪，特别是当时中国大部分地区和人士对西方文明完全无知，直以蛮夷视之，大有孟子"未闻变于夷者"的精神，因此国人对"洋务"深恶痛绝。丁日昌说办洋务者是"以父母清白之遗，终日与异类相往返酬答，舌敝唇焦，转使千秋万世蒙一不韪之名，有志之士，如何而不去之若浼乎？""洋务"几乎成了误国害民、自甘堕落的同义词，以至于郭嵩焘出使英国，"自京师士大夫，下及乡里父老，相与痛诋之，更不复以人数"。奕訢因为排行第六，甚至被称为"鬼子六"。

中国历来改革者总是要会受到各种各样的干扰，而所谓"祖宗成法"是其中最重要的一项，当一件新事物、新制度出现时，总是有人从经验出发，用道德的武器对其进行批判，这是小农经济、集权制度的社会性质造成的，也是"死人拖住了活人"的最好的表现。

然而，当时的中国确实太需要洋务了，无论是对外抵抗西方入侵还是对内镇压会党和流民起义，西方技术都发挥了重要作用。特别是清政府发现西方各国在攻入北京后只是签订条约，并没有灭亡大清朝的心思，对西方和西学的警惕稍微松懈。太平天国运动后期，英美各国打破中立，对太平军发动进攻，更使清政府喜出望外。于是，处理洋务事宜得到了重视，晚清思想家、洋务派先驱王韬说："凡属洋务人员，例可获优缺，擢高官，而每为上游所器重，侧席咨求。其在同僚中，亦已识洋务为荣，嚣嚣然自鸣得意。于是钻营奔竞，几以洋务为终南捷径。"虽然因为此原因加入洋务阵营的士大夫们，并不都能在实践中发挥作用，但毕竟为洋务运动壮大了声势，也使洋务运动的名声得到了漂白，对洋务运动来说有推动的作用。

反对洋务运动的群体主要是两派人士，一派可以称之为顽固派，代表人物是倭仁、徐桐等人，他们是传统的代表，笃信程朱理学，多试图以文化、道义上的优势来制度、技术上的落后，因为多发为"以仁义为干橹"

之论，简单地说就是他们认为清王朝之所以战败，是因为官员的道德修养不高，人民的心志不齐，作战的士兵不够勇敢，只要解决这些问题则自然就会获胜。这批人物，以传统标准来看都是清官，其出言发意皆出于志诚；以现代的标准来看则是充满倔强与不屈，甚至有悲壮的意味在，然而这种悲壮却是顽固与蒙昧的产物，无法适应社会的发展，也无力保全大清。

以另一派则称为清流派。"清流派"出现于19世纪70年代后期80年代初，大部分成员均由御史言官和翰林学士组成。他们以"敢于弹劾大臣为贵"，"上自朝廷之阙，下及官方之邪，微及闾阎之困，无不朝闻事目，夕达封章。"这些以科举出身的士大夫，主要针对兴办洋务的大臣，议论臧否，号称"清议"。因时常对洋务放言高论，所以素有"以骂洋务为清流，以办洋务为浊流"之说。但是他们与顽固派存有根本区别，顽固派极力反对办洋务，而清流派则多与洋务有这样或那样的联系，其"清议"的主要是办洋务之人，他们批评洋务，主要是怀疑办洋务的官僚收略纳贿，常与洋人接触，有辱礼仪之邦。因洋务运动在中国已经兴办十余年来，成效显著，故清流派并不全面否定洋务事业。因宗主与地域不同，清流派有南北之分，又以中法战争为界，有前后之分。北、南清流也分别被称为前、后清流。北清流以李鸿藻为首领，陈宝琛、张之洞、张佩纶、宝廷、黄体芳、邓承修、何全涛为健将。中法战争时，北清流遭受打击，甲午战争时，南清流兴起。南清流以翁同龢为首领，潘祖荫、文廷式、盛昱、王仁堪、志锐、张謇、黄绍基、丁立钧等为中坚力量。前后清流主要在中法、中日甲午战争之时，异常活跃，与以李鸿章为首的北洋势力针锋相对。

清流派中的张之洞可以作为由清流派转而洋务派的典型代表，从他的转变上我们可以窥见洋务派人物特点之一斑。"清流派"这一名称本身是针对洋务派和顽固派而来的，清流中人以挽救时局，整饬吏治为己任，本身与洋务派并无太大矛盾，只是清流派主脑李鸿藻为了打击政敌即提倡洋务的冯桂芬，因此在对洋务派诸人的批评中不遗余力，因此表面看来两者似乎有针对性。在对待中学和西学的关系方面，清流派认为顽固派所谓的道不变、器亦不变的说法过于泥古，无益于救助时局，但对于洋务派却又极尽丑诋，所谓"一时尊王攘夷之论，凡稍涉外交识敌情者，咸斥为汉奸大佞，痛诋之不遗余力。"作为清流派中流砥柱的张之洞自然也是如此。然而，事情从他担任山西巡抚时开始有了变化。1882年，张之洞被朝廷任命为山西巡抚，负责管理一方政务。当时的山西由于经历了大规模的灾荒，可以说是百废待兴，如何迅速振衰起废，救百姓于水火中呢？张之洞发现了英国传教士李提摩太关于在山西兴办工业振兴经济的主张，当面请益，并设置洋务局，从此走上了洋务救国的道路。中国近代的文化怪杰辜鸿铭长期作为张之洞的幕僚，他认为清流派以维持名教为己任，1884年中法战争后，天下大局一变，而张之洞的宗旨也转为"非效西法无以保中国，无以保中国即无以保名教"。1887年时任两广总督的张之洞在广州创立枪炮厂、织布局和炼铁厂，后因调任湖广总督，这些项目转到了武汉。从此，武汉的冶金、矿业、军工和纺织等工业逐渐创立。甚至毛泽东还说，"讲到重工业，不能忘记张之洞"。至此，他不但不再对洋务运动进行抨击，并成为当时洋务运动的领军人物和取得成绩最大的人物之一了。

从张之洞的经历我们可以看出，顽固派也好，清流派也罢，之所以大发仁义之空论，是因为他们所读的圣贤之书乃是经过历代政权和儒士删改和筛检而成，其内容主要表现为对人以谦、对己以抑，即以道德标准作为为人、为官的标准，他们虽然为官但多不理政，即使涉及具体事务也多是像海瑞那样以道德代替法律和行政，所谓"凡讼之可疑者，与其屈其兄，宁屈其弟；与其屈叔伯，宁屈其侄；与其屈贫民，宁屈富民；事在争产业，与其屈小民，宁屈乡宦"，道德的标准在小农经济社会的稳定时期或许能发挥一定作用，但清末是急剧变革的时代，列强入侵又带来新挑战，因此传统的应对方法已经不能适应社会的发展。所以，一旦顽固派或清流派人士外放到地方或行政部门，他们就不得不调整思路。从这一点上说，洋务运动在一定程度上适应了时代发展的潮流，稍有见识，即可知此。

洋务实绩

洋务运动分为前后两个时期，主导人员分中央官员和地方实力派官员两部分，中央以恭亲王奕䜣和文祥为主，地方实力派则多为湘军和淮军领袖，如曾国藩、李鸿章、左宗棠等，其他如张之洞则是以谏官转而外放，以清流而转入洋务。这些人共同被称为"洋务派"。湘淮军将领最初接触西洋新技术是在与太平军作战的战场上，又由于当时国外有西洋入侵，国内南有太平军，北有捻军，因此加强军事建设成为当务之急，洋务派提出"自强"的口号，以制造、购买新式枪炮，编练新式陆海军为主要目的。随着太平天国覆灭，捻军和其他农民起义队伍逐步被镇压，以及与西方和平条约的签订，清朝出现了短暂的"同治中兴"的局面，军事建设虽然仍为头等大事，但洋务派有余力以进行经济建设，特别是举办军事工业所需大量经费、煤铁能源、交通运输和通讯等，都促使洋务派将眼光转向民用工业，从而提出"求富"的口号。

湘军元老胡林翼之死据说就与西洋舰炮对他造成的冲击有关。据言胡林翼一日在安庆长江沿岸策马登山，瞻眺形势。他以胜券在握的口气道："此处俯视安庆，如在釜底，贼不足平也！"当他策马下山，驰至江畔，猛然看见江中两艘西洋新式军舰，鼓轮逆流而上，飞快游弋，中国船舶难以望其项背。胡林翼忧心洋人势力，立即变色不语，勒马回营途中忽大口呕血，几乎坠马。此后每当有人与胡林翼谈起洋人洋务，他总是摇手闭目，神情黯然，叹称："此非吾辈所能知也……"不久后便死去。由此可见，胡林翼一则对列强防备心极强，二则对西洋技术极怕，他内心的想法虽未明言，但担心一旦中外开战如何抵御用先进枪炮军舰装备的外国军队是他最为忧虑的，甚至认为中国人根本无法掌握这些技术，他可以说是忧惧而死。

但并不是所有的中国人都这样悲观。曾国藩早在1854年即在广东购买洋枪洋炮，更为难能可贵的是，他认为不但要购买而且要自造，于是："仿募覃思之士、智巧之匠演习试造，以勤远略"，从一个"远"字可见曾国藩对西方人士始终以敌对相待，他认为中国必须自己掌握制造枪炮的方法，方可应付未来的国际和国内局势。而李鸿章比曾国藩更往前进了一步，他指出，一方面我们不能只是购买外国的机器（枪炮舰船之类）还要购买制造机器的机器，另一方面要在人才培养方面适应洋务运动的需要："欲学习外国利器，则莫如觅制器之器。师其法而不必尽用其人。"不用洋人，又用谁呢？李鸿章指出："欲觅制器之器与制器之人，则或专设一科取士。士终身悬以为富贵功名之鹄，则业可成，艺可精，而才亦可集"。可见，李鸿章已经看出传统科举制度不利于科技发展的弊端，并提出相应的改革措施了。另一位洋务运动的先导人物左宗棠则认为："泰西巧而中国不必安于拙也；泰西有而中国不能傲以无也"。但是与清末很多事关改革的建议一样，这些建议没有引起足够的重视。由于以这三位为代表被认为于清朝有再造中兴之功，成为地方实力派人物，他们掌握了管辖地的军政财权，因此得以按照意愿在辖区内兴建了诸多新式工厂。如曾国藩在1861年创建的安庆内军械所，1865年曾国藩支持，李鸿章在上海成立江南制造局，同年又在南京成立金陵制造局。金陵制造局的洋人督办为与李鸿章私交甚好的英国人马格里，其人本为医学生，对军械制造仅懂得皮毛，又为人专横。1875年，金陵制造局为天津大沽炮台制造的大炮在试射时，有2门当场爆炸，炸死官兵7人。李鸿章召马格里来现场查明事故原因。马格里拖了2个月才迟迟到来。结果在他亲自主持下，大炮于再次试射时依然爆炸。幸亏事先有备，未伤及在场人员。经检查鉴定，炸炮原因是造炮的原材料质量低劣，这批材料本是作为平衡船体的压舱铁从外国随船运抵中国的。为了赶生产进度，经马格里批准，将这批劣材料用来造炮，以待合格原材料到货后再更换，不料酿成大祸。以医学生而监督兵工厂本身即为不妥，枪炮乃国之重器，以不负责任的态度对待更是失职。此事正可验证李鸿章所谓要从人才培养制度的改进方面着手，方可培养出有济实用的本土的洋务人才。

此外，左宗棠在福州设立船政局，崇厚在天津设立天津机器局，各省还先后办过20个机器局。以上是洋务运动以发展军事工业为主的"自强"阶段的主要工厂，他们引进了西方的枪炮、轮船、弹丸、雷管等，而且使外国制器之器，也由此进入中国，中国社会也因之出现了大规模的机器生产工厂。此后，洋务运动的后劲张之洞于1890年创办在中国近代产生深远影响湖北枪炮厂，1894年湖北枪炮厂生产出了德国1888式毛瑟枪的改进型汉阳式79步枪，即为著名的"汉阳造"，此枪在抗日战争期间还广为抗日军队使用。

上述军工厂建厂经费出于国库，产品由国家分配，基本上与市场没有发生关系，但却不失其重要意义，那就是在中国的土地上产生了新式工厂，产生了新的社会群体即工人。工人依赖机器为生，按月领取工资，这在中国历史上是一件新鲜事。首先，工人群体是有组织的。中国古来士农工商阶层几乎都是独立作业，他们的生产活动可以由个人完成，因此谈不上什么组织性。而单个工人几乎无法完成一件产品，他们只能各自负责一道工序，而各道工序的配合使工人有了天然的组织性；其次，工人群体更容易接受各种新的观念。工人集中于各大城市和通商口岸，如上海、南京、武汉等，这些城市受到西方冲击最为直接和快速，观念更新也更快，这就使得工人群体观念更新也相应加快；同时，晚清民国期间的报社和其他媒体也集中与城市，而工人阶层为了掌握技术的需要多读书识字，因此他们对于国内外消息掌握更为迅速，也容易激起内心的共鸣，近代以来历次工人运动便表明了这一点；再有，生活方式的更新。传统中国的生活方式是农村式的"日出而作，日落而息"，人们的生活围绕着生产进行而少有其他。虽然如清明上河图所放映的酒楼、戏院、露天表演看似繁华，但实际上这些只是围绕着统治机构而进行的，它们的服务对象多是在城市中任职的官员及其属吏，即使在城镇中生活多年的士大夫，致仕之后也多返回乡里。然而，工人群体的生活却发生很多改变。一方面他们要严格按照作息制度，看着钟表上班，时间观念开始深入人心，这在以前是不曾有过的；另一方面，城市生活给了他们更多的休闲方式，如上海永安百货的职工下班之后打台球、看电影成为常事，城市定居生活的影响，城乡之间的差别开始日渐凸显。虽然洋务派军事工业还没有达到规范城市生活的程度，但其萌芽已经浮现。

军事工业之外，洋务派还发展了民用工业。最初的洋务民用企业产生于19世纪70年代。在这之前，洋务派军事工业所需要的煤铁等原料都依赖进口，成本很高。而中国一向视为利薮的织布业也遭到了洋布的冲击，在此情势下，洋务派官员决定一则要解决军事工业的后勤问题，一则要与洋人争利，因此决定创办民用工业。

民用企业在创办期间也遭遇了诸多困难，揆诸西方经验，民用企业多为私人兴办，但私人企业的创立需要诸多先决条件，例如完善的法律保护私有财产神圣不可侵犯，保护私人正当经营，保护企业不受政府苛捐杂税的侵害，特别是在洋商遍地时期，国家应予本国企业适当的优待与保护，显然这些条件当时的中国都不具备。因此，洋务派如李鸿章等人在创立上海轮船招商局时，曾向民间招股，但应者寥寥。无奈之下，民用企业也多采用军事工业的模式，主要由国家投资，生产部门也多偏向于煤炭、铁路等与军事息息相关的行业，如上海轮船招商局、电报总局、开平矿务局、唐山——胥各庄铁路等。此外，上海机器织布局、湖北织布官局是比较纯粹的面向市场的行业。

商人逐利，商业当然也是以盈利为基本目标，如果单纯从这一角度看，上述民用企业并不算成功。他们的技术落后、成本过高，如开平矿务局开创之初也炼铁，但其成本比从国外进口还要贵上许多。而官僚政治的弊端也渗透到企业的方方面面，贪污腐败、人浮于事的现象普遍存在。然而，这些民用企业却自有其重大意义，甚至可以认为破除了几千年的坚冰。众所周知，自秦汉以来中国政府即自上而下的推行重农抑商的政策，对于商业和商人甚至极尽侮辱之能事，刘邦就要求商人穿裤子两条裤腿必须是两种颜色，隋唐时明确规定商人及其子弟不许参加科举考试，这一规定一致沿用。因此，中国传统社会资本多流转到土地和高利贷两个方面，极少用于商业资本的，这严重制约了中国商业和市场经济的发展。洋务派所创立的民用企业，官领其总，商出资本，一方面向国人做出了表率，让时人意识到商人和商业也得到了政府的认可；另一方面将一部分社会资本吸引到实业上来。为后来中国民族资本的发展扫清了道路，端正了思想，树立了典范，积累了经验。

然而，以今天的眼光看洋务运动却是一场结构性错误的运动。洋务运动最初和最基本的主旨是强军强国，而以商业活动为辅助手段，这不符合经济社会发展的一般规律，甚至会造成严重的后果。洋务派诸人特别是曾国藩、李鸿章、左宗棠等人，他们发展洋务是在战场上受到了洋枪洋炮的刺激，因此他们在洋务运动中首先选择的是军事工业。然而，纵观世界历史，西方诸强国却是以商业、民用技术的革新为基础。英国工业革命兴起的标志是珍妮纺纱机、蒸汽机车等等这些与军事无关的革新，而后技术革新不断进步，不断深入到各领域，民用工业各部门顺应社会发展和大众需求而渐次发展起来。制造业、商业等行业有了充分的发展之后，将民用工业的技术转而应用到军事工业上就水到渠成。在1776年建国之后，美国将工商业的发展作为国家发展的主要方向，军事工业只是工业系统中的一个小的部分。然而，在一战特别是在二战期间，美国民用生产部门能顺利地将生产线和生产技术转化为军事工业，福特汽车公司在二战期间负责为美军制造飞机，公司创始人亨利福特扬言要一小时就有一架飞机走下生产线，在战争后期福特公司做到了这一点。虽然前线消耗巨大，但美国的经济并没有被拖垮，反而利用战争带来的技术革新的契机，经济发展更加繁荣。反观日本，它的明治维新虽然使国家跻身于世界列强之一，但由于经济基础薄弱为了迅速增加国力，日本将经济发展重心放到了军事工业，结果二战之前日本的经济陷入困境，而在发动战争之后，日本经济根本禁不住战争的消耗。因此，以军事工业为主，以民用工业为辅的经济社会发展模式根本无法满足国家正常发展的需要。洋务运动正犯了这样的错误。

洋务运动创办的企业将传统"官本位"的思想带入经济发展部门，使得企业发展脱离了市场经济的规律，这就导致当时的民用企业无法在市场上与外国企业竞争，也使民用企业在脱离行政权力的包庇后，无法获得持续发展。众所周知，商业的发展离不开竞争，竞争的前提是公平。行政权力不能对正常的商业竞争进行蛮横干涉，也不能保护垄断或做出资源倾斜，而企业的创立者或管理者不能与权力发生太多关系，否则必然会产生权钱勾结的现象。然而，这些在洋务运动所创办的企业大多本身即为官办或官督商办，权力在一开始就渗透到了商业之中，这就对工商业的正常发展产生了不利的影响。提起晚清商人，我们总是会不自觉地想到"红顶商人"胡雪岩，所谓"为官需读《曾国藩》，为商需读胡雪岩"，胡雪岩俨然成为清末中国商人成功的典范。然而，从现代的眼光来看，"红顶"与"商人"这两个词根本上就是无法兼容的，它们一旦集中在一个人身上，就会形成阻碍正常商业运行的权钱结合。胡雪岩因为在三天内完成筹集十万石军饷的任务而获得左宗棠的赏识，从此开启了他利用湘军威势和官府庇护，后又获得慈禧亲赐红顶和黄马褂的殊荣，从而开始其巨额财富积累的过程。但胡雪岩并不具备现代商业眼光也不理解现代经营模式，他主要还是以开办旧式钱庄为主。特别是他独霸江浙一带的商业，并不是依靠自身实力的竞争，而是依赖官府的行政命令，可以说他是在政府的帮助下，形成了商业上的垄断状态。因此他也不具备在公平条件下进行商业竞争的能力，当他在上海开办丝厂，与外商进行竞争时，他的这一缺点就暴露出来了。由于与外商竞争，清政府无法对其进行保护，而垄断又为西方商业者最为痛恨，因此洋商共同联合抵制胡雪岩。在这样的情况下，不谙现代商业竞争的胡雪岩破产败家，自在情理之中了。由胡雪岩盛极一时到身败名裂可以看出，官商勾结一方面压抑了国内商业的正常发展，如果没有胡雪岩，可能在江浙大地上会产生更多的优秀商人，另一方面在公平的商业竞争环境下，即使是中国首富在与洋商竞争时也难以获胜。而参与国际竞争，与全世界做生意的能力正是当下我们所亟须的。

洋务运动的影响

我们很难界定一场涉及领域众多、产生影响重大的复杂"运动"最终是失败还是成功，洋务运动也是如此。我们可以追问的是，洋务运动到底给当时和后世的中国社会带来了什么？

洋务运动使中国人意识到现代海军的重要性。

早在1840年，林则徐便意识到对中国的威胁主要来自海上，而西洋之"长技"乃在坚船利炮，因此西式舰船的制造势在必行，但当时举国上下皆是鸵鸟心态，只想将西方影响局限在几个通商口岸之内即可，对林则徐的建议置若罔闻。直到洋务运动正式开始之后，江南制造总局分厂开始造船，福州船政局及船政学堂正式开办之后，建立新式海军才正式提上日程。清政府海军建设还是按照传统行政区划的方式，各重要沿海地区分口防守，共建立了北洋、南洋、福建、广东四支海军，其中北洋海军是李鸿章直接建立并负责，且与淮军类似被其视为私产，因此他着力加强北洋海军的建设，使其成为四支海军中实力最强一支，甚至号称"远东第一"。然而，北洋海军成军之日，正是慈禧太后为庆祝自己的六十大寿、大修颐和园工程之日，海防经费被挪用860万两，三海工程又挪用440万两，因此，1888年北海海军建军之后的六年间，北洋海军不再添置一艘军舰，其弹药及日常保养经费也严重不足。与此相应的是，经过明治维新的日本将中国作为他们在亚洲的头号竞争对手，处处以中国作为赶超的目标。北洋水师成军之后，日本将其视为巨大威胁，将本国海军发展的目标定为超越北洋水师。特别是从1875—1894年间，日本海军以能够击沉北洋海军主力舰定远、镇远两舰为目标扩军备战，从1891年起，日本海军军费猛增至1000万元，占日本政府总支出的十分之一强。从中日双方对海军的投入程度上，我们可以窥见甲午战争中方失利的原因之一。

同时，清政府海军的建制存在重要缺陷。几只水师之间各不统属，没有对全部海防的通盘考虑，甚至在发生海战都无法相互支持。清政府分设南北洋两个督办海防大臣，而各督抚畛域分明，本来设想的将浙江辖区的水师或与江苏合并，或与福建合并的设想竟然无法实现，结果浙江虽非独立水师，也无力置备大船，但却不受别的水师辖制，成了独立王国。浙江水师的情况正可看作清政府水师情况之一斑，即四支水师各自为政，甚至成了主管官员的私产。一旦临战，各省疆吏"自锢其船，拥以自卫，置大局于不顾"，毫无同仇敌忾之心。对这一问题，时人多有批评。张佩纶曾上书指出福州船政局建造的14艘兵船，分防各省，"此兵轮散碎分防，适以资敌，安能折冲？"然而，清政府回复："咨商各督抚，各就该省情形，熟商酌定，再行奏明办理。"各督抚自然不愿将兵船集中一处使用，张佩纶的提议也成为泡影。

于是，清朝水师一败于中法战争，二败于甲午战争，费尽心力建造的近代海军几近覆灭。洋务运动滥觞于军工，新式海军又是鸦片战争以来洋务派用心最多、投入巨大、希望最大的项目，因此，后人多以北洋海军覆灭作为洋务运动失败的标志。然而，洋务运动创立的海军作为中国近代海军之始，其遗产延续下来，为后来当代海军的建立提供了重要参考。

　　洋务运动更重要的意义在于它是中国第一次大规模向西方的学习。中国人从来不缺乏学习的精神，但由于中国在东亚地区特殊的地理位置，中华文明无论在文化还是技术上一直处于地区顶点，向来是外国向中国学习，而非相反。这种情况造成中国人的一种固化思维，即中国乃天下之中心。但洋务运动却告诉我们一个事实，即中国在一定层面上是落后于外部世界的，是有必要向外国学习的，虽然洋务运动只是在技术层面的学习，但在中国人的原有思维上打开了一个缺口，而且随着技术的引入，西方事物开始逐渐在国人眼前展开，时人曾这样描述洋务，"讲制造也，则曰必精算学；言交涉也，则曰必通语言；办教案也，则曰必谙外交；言通商也，则必曰通商情，合交涉、制造、教案、洋务、通商诸务，而一概之以一名词，曰洋务"。"洋务"范围日广，国人对西洋事物的接受度日益提高，以至于出现以西洋事物为优于国产之社会心理。这种心理虽不必符合事实，但它背后隐含的对西方的向往，却正可以成为后来更全面了解西方、更深入学习西方的起点，甚至可以认为洋务运动是近代中国一系列层层深入变革的开端。从这个意义上看，洋务运动在中国近代史上的作用是巨大的。

戊戌变法

　　自鸦片战争以来，中国在与西方列强的历次战争中几乎无一胜利可言，虽然每一次战败总是能警醒一些时代之前列者，如林则徐睁眼看世界，如魏源"师夷长技以制夷"，如洋务派"中学为体，西学为用"，他们都认识到中国不如人之处，并尝试做出改变。但上自清政府下至普通百姓，绝大多数中国人没有亡国灭种的危机感，外来的西方人都被限制在几个通商口岸之中，皇帝与大臣们大多做鸵鸟心态，对外来入侵视而不见；而广大的中国疆域内还在延续着古老的思维方式与生活方式，对国家所面临的境况，对何为近代，何为近代文明闻所未闻。甲午战败犹如一记惊雷震撼了中国的大地，将中国人特别是中国知识分子惊醒了。梁启超曾言："唤起吾国四千年大梦者，实自甲午一役也……吾国则一经庚申圆明园之变，再经甲申马江之变，而十八行省之民，犹不知痛痒，未尝稍改其顽固嚣张之习，直待台湾之割，二百兆之偿款既输，而酣睡之声，乃渐惊起。"这种惊起的结果便是"戊戌变法"。

知识分子的惊醒

知识分子在中国传统社会扮演着重要的角色。首先，知识分子是国家治理的实际执行者，即各级官员的最重要组成部分。有清一朝，隋唐确立的科举制仍然是国家选拔官员的主要方式。因此，中国古代的知识分子实际掌握着国家权力，在中国历史上，无论皇权如何强大，无论外戚和宦官集团如何干政，由知识分子组成的官僚集团始终发挥着影响国家决策走向的作用。其次，知识分子掌握着道德的制高点。传统中国是伦理社会，人与人之间的关系，整个社会的运行依靠的不是法律而是伦理，所谓"三纲五常"是中国伦理社会的核心观念。这一特点在清朝依然如此。伦理的运行是需要维护的，伦理处处体现在国民的生活中，时时维持着国家稳定和社会秩序。谁来如何使伦理能够一代代地延续下去？谁来认定哪些人和事符合伦理要求？一旦有人违背伦理谁又掌握对他们的惩罚权力？自然是那些自幼接触圣贤经典的知识分子了。作为官员的士大夫，身负功名却未任职的知识分子，再加上致仕还乡的退休官员便成为确保伦理运行的主力。宋代范仲淹说："儒者在上位则美政，在下位则美俗。"这正是对古代知识分子作用的充分表达。

当面临国家危亡或政事败坏的局面时，知识分子及官僚集团会结成团体，共同发声以集体的力量影响当局，明末东林党人即其代表，而由知识分子结成的改革集团更是屡见不鲜。王安石、张居正等人在改革或变法之时都不是孤军作战的。从这个意义上说，洋务派正是清朝知识分子结成的改良集团。但历史的吊诡在于，与王安石或张居正相比，洋务派所面临的形势与他们宋代、明代的先辈们全然不同，依照李鸿章的话说就是："时至今日，地球诸国通行无阻，实为数千年来未有之变局。"李鸿章试图对这种变局做出回应，但事实证明洋务运动那种"中体西用"或者说只改技术不改制度的理念已经不能挽救大清朝。于是知识分子中的先行者们如康有为、梁启超、严复等便站出来大声疾呼制度变革的需要，他们被统称为"维新派"。

这里所谓的"制度"即秦汉以来延续几千年的君主专制制度及与之相

适应的维持这种专制制度的封建伦理。与早期的魏源、冯桂芬及洋务派诸人的思路一致，维新派人士也提倡向西方学习，只是他们更进一步，要学习西方的政治和社会制度。然而，洋务派诸人只是学习技术便受到诸多守旧人士攻击，维新派所面临的抵制自不待言。

康有为与严复

康有为

与洋务派诸人相似的是，维新派的领导者康有为也是因为亲身体验了西方文明之后从传统的程朱理学中解脱出来，倒向西方。康有为生于广东，这里自鸦片战争以来即成为首批通商口岸之一，西方对这里的影响远大于中国其他地区，因此多数广东人对西方的理解也并不像中国其他地区的人那样，认为西方是蛮荒之地，西人是野蛮之人。这一点可以从容闳招收第一批留美幼童时，除了广东人外各省均不愿将子弟送到国外可知。正是这样的风气，使得康有为对西方的偏见尚浅，为他后来向西方学习的转变打下了基础。

正如许多中国男性的经历一样，年轻时的康有为试图通过科举考试实现治国平天下的理想。他曾从学于广东名儒朱次琦，这是一位程朱理学名家。两年之后，康有为与朱次琦论学不合，拜别师门，从此自学于白云洞，据梁启超后来的记述，康有为尽读中国之书，此话虽不免夸张，但可以肯定的一点是康有为当时的读书范围并不限于儒家经典，读书目的也不限于科举考试，这使他的视野更为开阔。1882年，康有为进京参加顺天乡试，此次进京他从广州坐船到上海，从上海坐船到天津，由天津陆路入北京，并中途游览了香港。此时香港割让给英国不足五十年，上海开埠39年，而北京作为王朝的首都已逾200年，号称是中国的首善之区。然而，沿途的见闻却让康有为大为吃惊，他发现上海、香港两地在西方人的治理下，无论从城市建设、卫生治安、市政管理等方面竟然远超北京。此前的康有为与大部分中国士大夫一样，认为中国几千年流传下来的都是良法美政，张之洞言："中国学术精微，纲常名教，以及经世大法，无不毕具，但取西方制造之长，补我不逮足矣。……其礼教政俗已不免于夷狄之陋，学术义理之微，则非彼所能梦见者。"这是当时中国士大夫的普遍想法，康有为也是如此。但香港与上海市政之清明，建筑之宏美，街市之清洁，凡百事业，井井有条，而所谓首善之区，尚不如外国海外经营之地，也许西方的礼教政俗与学术义理并不是想象中的那么不堪。于是，康有为在上海购买了大量介绍西方以翻译的西书加以阅读研究。按照梁启超的说法，康有为当时阅读的西方典籍主要是"初级普通学，及工艺兵法医学之书，否则耶稣经典论疏耳，于政治、哲学，毫无所及。而先生以其天禀学识，别有会悟，能举一反三，因小以知大，自是于其学力中，别开一境界"。这就是说康有为当时并未获读西方的政治、哲学类著作，但是通过对西学基础书籍和宗教书籍的阅读，结合中学根底，康有为体会到或者说领悟到了新式的政治和哲学。至此，西学在康有为的学术体系中占据重要位置，也成为他变法改良的理论基础之一。

从康有为的学术经历来看，在二十二岁游历香港之前，他平日用功多在四书五经、唐宋文章之类，虽然也曾用力于《天下郡国利病书》《海国图志》等经世之书，但其目的仍然在科举考试，与当时大多数士人无异。香港之行对他的冲击，一如坚船利炮对曾国藩、李鸿章等人的冲击一样，他认识到西方绝非蛮夷之地，他们的学术思想的精微、治国理政的方法绝不亚于泱泱中华。向西方学习，成为康有为一生未在变异的思想根底。

虽然有了西学基础及求变的动力与决心，但如何付诸行动？这是康有为面临的最大问题。在康有为之前，洋务运动是清政府为应对内外压力进行的第一次改革，它的推动者要么是军机大臣，要么是封疆大吏，太平天国之后督抚权重，中央权轻的政治格局表明，只要不威胁到统治基础，皇帝也好太后也罢，都不会阻挠运动的展开。有了朝廷的支持，各地督抚权力又大，即使有反对派，变革的阻力也不会太大。然而，康有为没有这样的条件，在汲汲探求使中国自立于世界的同时，他还奋斗在科举考试的路上。当时他有的只是他异乎常人的自信与他的长兴里学堂。

康有为二十二岁游历香港，三十四岁讲学于长兴里，著《长兴学记》，在这里他与梁启超、陈千秋、韩文举诸生，研讨求仁之意，研究中国和西方的发展历史，并归结为救中国之法。当年，得益于与诸生的切磋，康有为在梁启超等人的帮助下完成了杂糅今文经学和西学的、体现其变法思想的著作《新学伪经考》。第二年，又完成《孔子改制考》。历来改革，受到的最大阻碍是以孔孟学说为基础的统治阶层意识形态。这两部著作正是从思想上釜底抽薪，将体现孔孟学说的历代儒家经典及孔子本人至圣先师的形象全部破坏，以期为变法思想廓清道路。

《新学伪经考》认为所有的古文经如《周礼》《左传》《毛诗》等都是汉代刘歆的伪作。不唯如此，康有为认为孔子的思想统一于《春秋》一经，而春秋三传之中《左传》为伪作，与孔子思想无关；《穀梁传》虽然记载了孔子学说，但没有充分论述，因此意义不大；只有《公羊传》阐明春秋大义。为什么康有为如此重视《公羊传》呢？首先，公羊派学者倾向于借助《公羊传》解说政治，此传统从汉代董仲舒开始，一直延续到清代魏源、龚自珍等人。不难发现，清代公羊学派发展到鸦片战争前后已经将注意力转向了政治。这为康有为利用公羊学说推行变法思想打下了基础。其次，公羊学派对史实的确认缺乏兴趣，他们更关心孔子作《春秋》的微言大义。公羊学派认为孔子学说不仅体现在经典文献当中，更重要的是保存在师徒口述当中，即孔子与弟子的问答和讲学。根据这一点，康有为坚持认为经书并未记载孔子思想的全部，只有从经书的微言大义中不断挖掘，才能得到孔子的真义。事实上这为康有为任意解说经典提供了理论依据。公羊学认为孔子是所有经典的作者，认为人类历史的发展经过据乱世，升平世、太平世三个阶段，社会制度、国家制度要根据阶段发展重新制定。制定的依据是什么呢？自然是孔子的微言大义；谁掌握了孔子的微言大义呢？当世只有康有为本人了。

《孔子改制考》将传统认为是哲学家、教育家、历史学家的孔子改造成万世教主的孔子。康有为认为上古三代所流传的圣人所订立的制度都不是真实的历史，而是孔子理想的寄托。虽然孔子因为不掌握统治权而无法将其制度应用于现实，但他将据乱世、升平世、太平世的制度流传下来，后世可以依此而行。孔子是改革家，孔子留下的经典著作是改革措施，那么当中国面临内忧外患的危局时，不但不应当抱残守缺，而应当遵循孔子意志，坚定地改革。

从这两部著作中我们可以看出，康有为的思想根底没有脱离儒学。西学于他而言，只能看作是对儒学的补充和增加，虽然具有借鉴和学习意义，但绝不是以西学取代儒学，也不是打着儒学的旗号推广西学。康有为认为西学中的精义，如"民主""自由""共和"等都是儒学中所本有，只是埋在了历史的尘埃中，他所要做的工作只是将上述理念重新发掘出来并加以实施而已。

那么，依照孔子的思想，当时的中国应该如何变革？孔子的思想又与西方的政治文明有什么关系呢？康有为认为，孔子所称颂的上古三代是民主共和政府的实际体现，几千年来中国所施行的专制政体是孔子所批判的据乱世，而君主立宪政体则居于两者之间，是一个过渡阶段。由于对孔子学说理解错误，也缺乏政治勇气进行升平世、太平世的改革，只是笃守据乱世之法，使先进开化的中国成为衰落、守旧、停滞不前之中国。在这样的认识基础上，康有为自然毫不保留地拥抱"自由""平等"等基本价值，并反对专制。考虑到当时中国的实际情况，康有为认为君主立宪制特别是俄国和日本的改革经验具有较高的借鉴意义，正如后来在给光绪皇帝的奏折中所说："职窃考之地球，富乐莫如美，而民主之制与中国不同。强盛莫如英德，而君民共治之制，仍与中国少异。唯俄国其君权最尊，体制崇严，于中国同。其始为瑞典削弱，为泰西摈鄙，亦与中国同。然其与君权变法，转弱为强，化衰为盛……故中国变法，莫如法俄，以君权变法，莫如采法彼得。"中国当行君主立宪制这一观点是康有为一生的坚守，从未发生改变，甚至在辛亥革命之后康有为还坚持中国应采君主立宪制。这是康有为改革的渐进观。

康有为反对激烈的变革，反对革命，但渐进的变革不等同于不彻底的变革。他在给光绪皇帝的奏折中指出："方今累经外患之来，天下亦知旧法之弊……臣以为不变则已，若决欲变法，势当全变。"

中国有句俗话："秀才造反三年不成"，读书人顾虑多，想法多，但执行力弱，这似乎成为文人的通病。但康有为却是一个特例，他的变法思想成熟之后，便利用各种机会向光绪皇帝表达变法主张，并亲身领导变法运动，建立宣扬变法的组织。需要指出的是，中国历代变法都是采自上而下的推广形式，主持者或为皇帝或为重臣，像康有为这样品级低微而行变法之事者，尚属首例。

早在《新学伪经考》和《孔子改制考》两书完成之前的1888年，康有为第二次参加顺天府乡试之时，便向光绪帝第一次上书，此后由于甲午战败、德国强占胶州湾、戊戌变法等事件康有为先后共上书七次。亲政之后的光绪皇帝力图有所作为，对康有为的变法建议很感兴趣，日本、德国对中国的瓜分使他深受刺激，并意识到若不自强则国家将受宰割。因此，光绪皇帝对康有为表达了明确的支持，甚至丧失权力也在所不惜。在康有为建议开国会的第五封奏折上达光绪皇帝之后，保守派如孙家鼐等人规劝皇帝说国会一开则民有权而君无权，光绪皇帝指出他的目的在救中国，若国家人民因而得救，那即使无权也无所谓。皇帝的支持使康有为在官员和士子当中获得了一定的号召力，这为他之后宣传变法思想和创办变法组织提供了便利。

著名学者汤志钧先生指出，维新派主要从事三项活动：上皇帝折，组织学会和出版刊物。上皇帝折是历来改革者的故技。中世纪的中国皇帝不但是象征意义的道德领袖也是世俗世界的权力之源，改革变法这样的大事没有皇帝的支持是不可能的。王安石、张居正都是得到了当朝皇帝的全力支持才得以施展其变法思想。结社集会也是传统文人、官员的传统，早在东汉，由于外戚宦官当权，朝纲不振，东汉太学生便组织起来对抗暴政，此后这一传统成为文官、士大夫集团表达政治诉求的重要方式之一。至明代由于皇帝多不亲朝政，导致大权旁落，官僚集团很难通过上奏折等正常形式干预朝政，因此文人多通过结社的方式议论朝政，通过舆论左右决策，越是到明末国事衰败这种风气越为浓厚。东林学派、复社、几社等都是其中代表。至于清代，有鉴于明朝结社风气之盛，清政府严令禁止民间结社。然而士大夫关心国事、以治国平天下为己任的传统早已深入骨髓，面对国事日衰的局面，他们以文学探讨为名，以国事探讨为实的组织了宣南诗社，龚自珍、林则徐等人即宣南诗社的成员。

康有为将组织变法学会作为推动变法的重要手段。戊戌变法前夕，康有为意识到仅凭皇帝和维新派很难达到改革的目的，因此他致力团结所有支持甚至同情变法的官员与士人。康有为认为："中国风气，向极散漫，士夫戒于明世社会之禁，不敢相聚讲求，故转移极难，思开风气，开知识，非大合群不可……合群非开会不可"，这就是他创办变法组织强学会的初衷。康有为还情调，强学会必须在北京开办，如果在地方开设则地方官就可以将其取缔，而在北京不但可以免于嫌疑，同时也能收到登高一呼四方响应的效果。1895年，强学会在北京正式成立。由于此时的康有为是光绪面前的红人，所以很多京官积极参加，包括刘坤一、张之洞、聂士成、袁世凯等人都捐钱入会，洋人如李提摩太给予赞助，美国和英国的驻华使节协助提供西书及科技设备，李鸿章也欲入会，但是因为签订《马关条约》，名声太坏，被众人所拒。强学会具体事务包括译印图书、刊布报纸，开办图书馆和博物馆。但强学会的这些工作并没有完全展开就很快遭到御史弹劾，罪名是植党营私，结果是封禁。强学会虽然早夭但影响很大，湖南湘学会和南学会、湖北质学会、广西圣学会和江苏苏学会等此后相继成立。此外，上海强学会也于1895年成立。这些学会的出现表明，虽然传统势力依然强大，但越来越多的士大夫意识到中国已经到了一个不变不可的地步了，同时也表明除皇帝和维新派之外，中国社会还存在着其他支持变法的力量。

需要指出的是，强学会虽然被取缔了，但它的宗旨却被官方机构官书局所继承。强学会被查禁之后，沈增植、杨锐、梁启超等人极力主张恢复，他们在李鸿藻、孙家鼐、张荫桓的支持下不断活动，终于使光绪帝下发一道奏折，令总理各国事务衙门兴办官书局。官书局将强学会欲办之事几乎全盘接了下来。书局由孙家鼐管理，具体办事人员多为参加过强学会的官员，按照他的观察，官书局和同文馆"实相为表里，诚为转移风气一大枢纽也"。

加入学会的人毕竟有限，那么如何进一步扩大变法思想的影响，赢得更多的支持呢？康有为认为不二之法在于发行报纸和图书。康有为在其自编年谱中关于报纸事宜有如下论述："以士大夫不通外国政事风俗，而京师无人敢创报以开知识。变法本原，非自京师、非自王公大臣始不可，乃与送《京报》人商，每日刊送千份于朝士大夫，纸墨银二两，自捐此款。令卓如、孺博日属文，分学校军政各类，日腾于朝，多送朝士，不收报费，朝士乃日闻所不闻，识议一变焉"。《京报》并非一般现代意义的报纸，它创办的目的是打探官场消息，报道较单一，消息来源往往也并不确切，然而读者并不少。康有为所办的报纸为《万国公报》，其形式仿自《京报》，内容以西学、西政为主，这份报纸以今天的眼光看来内容实在并不丰富，却在当时引起了广泛注意，甚至吸引了与康有为、梁启超素不相识的夏曾佑、陈炽等人的全力支持。从上述自述可以看出，康有为办报纸主要目的在于歊动士大夫造成维新变法、崇尚西学的一般风气，以造成不得不变法的舆论，达到上达天听、促进变法的目的。但康有为的思想又不止于此，他还要倚靠媒体的力量开化国民："泰西之强也，在开民智也，开民智之故在报馆也。"康有为之所以主张君主立宪，主张渐进的变法，一个重要原因就是他认为当时"民智"不足以实现民主共和。报纸既然有开民智的作用，可见其对报纸是寄予厚望的。

　　强学会开办之后，《外国公报》改名《中外纪闻》成为会刊。《中外纪闻》内容更为充实，类别更为丰富，包括社论、阁抄、译路透社电、选译西报、摘录各省报及世界各国情况论介等，甚至成为营业性的报纸。此后，上海《时务报》、天津《国闻报》、澳门《知新报》及长沙《湘报》等相继出现，这如同给"万马齐喑究可哀"的晚清政治天空捅破了几个窟窿，让更多人了解变法思想和西学。《时务报》和《知新报》的执笔都是康有为弟子，特别是《时务报》主笔梁启超更是将一支生花妙笔发挥得淋漓尽致，不但以崭新的内容冲击着几乎一代人的思想，也以"笔端常带感情"的行文影响了当时许多人的文字风格。

　　《时务报》发行量和影响力日益扩大，受到了朝野上下的普遍关注。于是，我们可以看到在该报发表文章有当权官员如黄遵宪，也有后来革命派的干将如章太炎，主持报纸日常事务的经理是洋务派的汪康年，更其重要的是它的资助者为张之洞。如此复杂的人员，共同致力于宣传变法的报纸，无疑说明一个问题那就是：变法已经成为那个时代开明中国人的共识。同时也表明这场变法吸引了各种势力的参与，运动的走向也已经不再是康有为、梁启超等所能左右了。

除了各种报纸，维新派还翻译出版了大量的西方书籍。

维新派所从事的三件主要工作中，上皇帝折是传统，组织学会是传统之创新，发行报纸刊物则是学习西方的创新。传统中国政治严格来说是黑幕政治、愚民统治，最为广大的群众看到的政治文字多为圣谕广训之类，即使知识分子自幼研习的也多为八股文字、高头讲章，维新派出现之后特别是报纸出现之后，局面为之一变，他们大谈特谈各种政治主张、政治设想和西方的政治思想与观念，并尽力让最大多数人知晓，于是我们不难想象总有人会将维新派的主张与现状作对比，从而对现实做出思考。这会促使新思想的产生。

思想有一个特点就是新思想的产生往往要经过艰难困苦的过程，这一过程甚至需要几代人的努力，但思想具有顽强的生命力，它无法用物质的形式予以毁灭。康有为对中国近代的主要贡献就是他推动了"维新变法"思想的产生，这一思想与洋务派中体西用的思想相比具有质的飞跃，它提出了中国制度改革命题，而且这一命题被后来的革命派所继承，并最终引来了辛亥革命。

严　复

与康有为一样，严复也是亲身接触西方之后才转向变法的。严复自幼入私塾读书，后又师从闽省"为学汉宋并重"的名儒黄宗彝，当1866年14岁的严复因父亲病故，家中乏资无力送其再入私塾读书的时候，恰逢福州船政学堂开始招生。船政学堂是洋务运动求强的产物，为了吸引更多的年轻士子来学习，左宗棠提出《求是堂艺局章程》（求是堂艺局为福州船正学堂初名）规定："各子弟饮食既由艺局供给，仍每名月给银四两，俾赡其家，以昭体恤。"每月四两银子，对一个贫困家庭来说可谓优渥，因此严复毅然投考了船政学堂，并列名第一而录取。

船政学堂的学习对严复的思想和学术影响深远，左宗棠建立学堂并不仅仅为了培养造船和驾船这样的工程师和技术人员，还要选天资卓越的少年学习西方的语言文字，研读西方著作，研究西方数理各科以达到"西法可衍于中国"的目的。当然，左宗棠所提倡的都是西方技术层次的学习，并不涉及政治和社会制度。即便如此，1866年—1871年间在船政学堂的学习，特别是对自然科学的学习，为严复打开了一个全新的世界，他从传统八股、注疏中走了出来，奠定了有别于传统学术的知识系统。

1877年严复、刘步蟾等被送往英国学习，同年通过了英国格林尼茨皇家海军学院的入学考试。从此之后，严复数度往返于欧洲，直接深入近代文明的腹地，这要比康有为参观香港、上海的感受更为深刻。在英国学习期间，严复的近代科学理论有明显提高，而欧洲社会与清朝社会的不同也引起了他巨大的兴趣。为了寻找这种不同的原因，特别是中国落后的原因，严复在专业学习之余，将更多精力投入到对社会的观察中去。他多次到英国法庭现场考察其案件诉讼过程，并将司法作为他西方社会研究的一个切入点。严复选取的观察西方社会的视角是极为独特的，我们现在知道法律是维持社会正常运行的重要途径，在经济方面，法律对资本主义的一个重要作用就是使资本主义企业有了可预期性和可计算性；在人权方面，法律保护人权神圣不可侵犯。可以说西方司法制度是社会发展和人自由平等的基石。但中国法律与西方不同，西方法律具有普遍性、确定性和可预期性等特征，而中国法律主要追求的是法律的秩序价值，传统法律不是要保护而是要惩罚，特别是对违反礼教的人与行为的处罚。法更多体现的是刑的力量，以居高临下的强制力维持着传统的伦理社会秩序。而这种"法"却成为顽固派、保守派甚至不思进取之人安于现状的护身符，他们叫嚣着"祖宗之法不可变"的口号，阻止中国社会的维新变革。正如大多自幼饱读诗书的中国人一样，严复对中国社会的状况自然是相当熟悉的，这种熟悉甚至成为想当然，无需思考也从不会质疑的自觉自愿地使自己的言行举止、思维思路都遵从中国社会的运行规则。正是因为如此，当严复接触到西方社会时，接触到与中国完全不同的社会时，他才感受到巨大的冲击，每次从法庭回来之后严复都会数日若有所失，感触良多。

　　毫无疑问，严复是认为中国应该发生改变，应该向西方学习的，但他同时也知道当时的中国，大多数人如井底之蛙，他们或沉溺于中国几千年光辉灿烂的文明而认为无需改变，或对中国和世界的现状根本一无所知而认为不必改变，即使有洋务派诸人提倡中学为体西学为用的，他们所改变的也只是皮毛，对于西方发展所依附的种种制度可以说是一无所知，正如严复本人所说的那样，洋务派的做法是"盗西法之虚声，而沿中土之实弊"。要变法，最难的不是让井底之蛙认识到井外有天，而是让井底之蛙能鼓起勇气奋力一跃。所以严复要告诉国民，中国必须改变，否则就将亡国亡种，也许唯有如此激烈的言辞才能对当时的中国造成真正的刺激。

　　严复对西学、对西方社会的理解是要高于康有为。康有为的变法思想并没有超出儒学窠臼，他只是在儒学的基础上嫁接了西方思想而已，他所提倡的民主、自由、平等等概念虽然表面上看来源于西方，但他认为这些都是孔子学说中原有的，只是被国人丢掉了而已。从这个意义上说，康有为并不真正理解西学。严复并不如此，他认为中国之所以应该变法不是因为我们把原有的东西丢掉了，而是我们的文化中原本就缺失了一些东西。严复没有从中国经典中找寻变法的依据，而是直接将西方原典输入中国，他译介的西方近代社会科学经典包括《天演论》《原富》《群学肄言》《群己权界论》《法意》等。这其中影响最大的当属《天演论》，其主旨是将生物学进化论原理应用于人类社会，应该说这一理念复合当时中国所面临的局面，并深远影响了近代中国的发展方向。

　　进化论对近现代的东亚包括中国、日本等影响深远。进化论本为生物学概念，但比较特别的是进化论在东亚主要是作为社会进化论而被接受的。以自然运行比附人类社会，本为中国人的传统，所谓"天人感应""理一分殊"都是如此，从这一角度看，"社会进化论"对中国人而言不会太难理解，关键是选择何人何书引进中国，严复选择的是赫胥黎。赫胥黎是达尔文主义的重要人物，号称"达尔文的斗牛犬"，他的著作英文名为*Evolution and Ethics*即《进化论与伦理学》，严复将其翻译为《天演论》，事实上从书名就可以看出严复并不是照本宣科式的翻译，他是以自己的理解在译书。赫胥黎原著开宗明义地指出万物离不开物竞天择的自然选择法则，没有求存之道就会被自然淘汰，人类社会也不例外。人类社会中的优秀人种固然可以在竞争中取胜，但如心有松懈，也难免败亡的命运。赫胥黎强调充分发挥个人意识的同时，更指出要将群体的"智""德""体"的力量集中起来，对抗自然法则，建立一个道德高尚的社会。上述内容正是严复翻译的重点，也是他针对中国社会现状提出的药方。在翻译《天演论》的过程中，严复还将另一位达尔文主义者斯宾塞的思想以"按语"加入其中，更进一步地增强了该书社会达尔文主义的色彩。

《天演论》对当时中国的思想冲击主要体现在两方面：一是"天演"即进化，欲进化则必须对当前的状况做出改变，由此与当时亟欲变法自强的维新派等人的思想合拍；另一方面是"保种"问题的提出。鸦片战争以来，中国突然面临异质文明的冲击，国家民族的存亡正在经受考验，这种压力始终隐藏在知识分子中间；甲午战败之后，这种压力陡然增加，《天演论》所提出的"保种"问题成为时人最为重视的问题。由此《天演论》的冲击是巨大的，胡适说："《天演论》出版之后，不上几年便风行全国了，竟做了中学生的读物了。"蔡元培也说："自此书出后，'物竞'、争存、优胜劣败等词，成为人人的口头禅。"胡适、蔡元培两位的论述告诉我们，严复通过《天演论》告诉国人，中国也好、中国人也罢，并不是永远立于不败地位的永恒存在，由于人类社会国与国之间、民族与民族之间的相互竞争，智力低下、国力衰弱、不思进取的群体是会被淘汰的，而中国正面临着亡国灭种的危机。这种危机始终萦绕在中国人心头，几十年之后中国人之所以接受马克思主义社会阶段论，《天演论》提供的思想基础不容忽视。

提出问题自然是为了解决问题，那么如何使中国富强起来，避免被淘汰呢？严复提出了自己的看法。首先是从西方经验中找出富强之术。严复认为，西方之所以强盛于中国，是因为西方"力今以胜古""以自由为体，以民主为用"和"以群学为要归"。

"天下分久必合合久必分""天下之生久矣，一治一乱"是中国人耳熟能详的循环史观，似乎中国的历史就是一个治乱分合、不断循环的过程，检诸中国几千年来的历史，事实似乎确实如此。有学者指出，君主专制、家国同构、差序伦理是中国传统社会始终如一的特征。严复指出，与中国人以古为尊，缅怀上古黄金三代的思想不同，西方世界以"日进无疆，既盛不可复衰，既治不可复乱，为学术政化之极则"。他们信奉的是进化史观，从古希腊罗马到中世纪再到文艺复兴启蒙运动再到工业革命，这是一个发展变化的图景。严复认为西方各国以进化史观为指导，崇尚国与国之间的竞争，追求社会和人的发展进化，是他们富强的根源。

人的作用在竞争中至关重要。通过对西方社会的观察，严复发现西洋社会崇尚自由平等，人与人之间，特别是君主与臣民之间的尊卑关系相差并不甚大，这与中国社会形成了鲜明对比。由此，他提出"以自由为体，以民主为用"。显然这句话与洋务运动的"中学为体，西学为用"形式相近而内容几乎完全相反。在严复看来，西方社会崇尚自由，民主也是捍卫自由的一种手段；而中国则重视等级伦理，每个个人都是处在伦理当中的一分子，并无个人自由可言。这种差异造成了中西方的不同：中国最重三纲，而西人首明平等；中国亲亲，而西人尚贤；中国以孝治天下，而西人以公治天下；中国尊主，而西人隆民。等等。其实，差别不仅如此。由于传统中国人缺乏个人自由和个体意识，我们不是自我的自我，而总是处在伦理网络当中。这一方面造成了主动性不足，君之民、父之子、夫之妇，只要不是皇帝，就都是处于从属地位，要听从别人的号令。个人对国家尤其如此，既然"普天之下莫非王土"，那么作为臣民只需将个人利益最大化即可，何必干预国家和社会事务呢？

斯宾塞认为，国家之间的竞争最终要体现在国民之间的竞争，这一观点为严复所采纳并运用到对中国的分析中："是故贫民无富国，弱民无强国，乱民无治国……国之强弱贫富治乱者，其民力、民智、民德三者之征验也，必三者既立而后其政法从之"。以此来对照中国的现状则是军队腐败虚弱不堪一击，庙堂官吏自私苟安昏聩无知，草野之间人才消亡殆尽。所以中国如若要富强就必须鼓民力、开民智、新民德。严复的这一主张其实要从根本上解决中国积贫积弱的问题。从社会进化论的观点看，"人"是一切竞争最基本的参与者，也是竞争输赢的最终依据，要让中国在国际竞争中获胜，中国人就必须具备获胜的资本。后来梁启超写作《新民说》也是从"人"的角度出发归结到国家的。新中国成立之后，提倡教育学生要"德智体美劳"全面发展，其中的"体"与民力基本相当，可见强调"人"的因素的思想对近现代中国的影响之深远。

然而，人的改造特别是人群的改造是一个复杂漫长的过程，在严复看来当时的国人劣根性甚重，因此严复与康有为相似也主张渐进式的社会变革。但是当时中国面临的外敌入侵已经容不得我们慢慢改造了，那么怎么解决中国当下所面临的问题呢？严复认为最好的方法是朝廷要痛下决心，采取政治改革之措施，达到迅速振衰起弱的目的。早在甲午战败之前，严复就提出中国应该像俄国学习，收揽大权、练兵筹饷、修路开矿、择交善邻。清朝与沙俄国体相近，而沙俄却是列强之一，因此向俄国学习也是当时变革人士共同推崇的事项一种，康有为进献给光绪皇帝的两本书中就有一本《彼得大帝变政记》。

甲午战争之前，严复还向光绪提出了具体的改革措施。国人大多认为甲午战争中国必胜，因此严复提出甲午战争结束之后，朝廷应借战胜之势除旧布新，有一二非常之举措。戊戌变法之前，光绪帝召见严复，严复在怀揣的《拟上皇帝书》中列举的维新举措包括：联各国之欢、结百姓之心，破把持之局。当然对严复来说最重要的是中国的政体需要得到有效的改造，即在中国确立仿英国的君主立宪制度。

严复有两个观点是其一生的坚持，一是中国需要变法，否则必将面临亡国灭种的危机；另一个就是中国的变法需要的是君主立宪制而非革命派所宣扬的通过暴力手段达到的共和制。严复翻译了穆勒的《群己权界论》、孟德斯鸠的《法意》、西莱的《政治讲义》等西方政治理论著作，在翻译过程中也将自己对政体的理解加入其中。严复将君主分为两种，一种所谓有道之君，一种是无道之君；同时一个君主可以由有道而无道，也可以由无道而有道。可见，在严复看来君主的存在与否并不是专制和立宪的区别，这其实是为中国由专制转向立宪张目。

严复及后来主张立宪的人们多用英国和日本的例子来证明立宪之可能，事实上这种比附却存在很大问题。表面看来，英国与日本与中国一样都有至高无上之君主。但事实上两国长期施行的是分封建国的制度，其君主是"虚君"，实际掌握权力的是各地贵族。国王、女王也好，天皇也罢，都只是名义上的元首，不必要掌握实权，且皇位传承具有天然的正当性，只有王族才能继承王位已经成为国家的共识与传统，分封贵族势力再大，也无法取而代之。而中国的情形与此不同，我们没有"虚君"的传统，皇帝是权力中心与源泉，每次朝代更迭都充满了战争与流血，被赶下王位的统治者及其家族多不得善终。正如孙宝瑄与友人谈论的那样："燕生曰：日本史载其创议变法之人，多出于贵族，其诸侯伯往往自愿献出土地归于皇家。夫变法之事，利于卑贱而有损于尊贵，乃皆不以是介意，是不可及也……而卒不解其人心何以能然，岂地运然？余曰：是仍封建之利也。……且日本自开辟一姓相传，森井所谓君臣分定而不可移。非若中国更兴迭灭，使人心屡涣散而不可结也。"这段论述其实正指出了在中国实行类似英国的君主立宪制所面临的最大的困难。

另一个问题来与，所谓"立宪"即立法，以法治国。帝制时代的中国也有法律，但君主及特权阶层是可以超脱法律之外的，甚至如朱元璋之类的君主可以任意改变法律，这在立宪国也是不可想象的。因此在严复看来，立宪就是要制定君民共守的法律，也就是法律面前人人平等。仅做到这一点也是不够的，因为立宪包括一整套在人民主权原则基础上建立起来的民主制度。也就是说，在中国立宪就是要以西方强国如英法美的政治制度为范本，改造中国的制度，要以他们的政体改变中国的政体。具体措施包括设立议院、三权分立、采代议制多数统治及政党制度、提高国民素质等。作为正式施行君主立宪制的铺垫，严复提出了改革金融，改革诉讼制度，详细测绘各省地图，逐次收回治外法权等四项可迅速收效的提议。其中改革金融是为了应付清朝严重的财政危机，改革诉讼制度是严复一贯重视法律的表现，而详细测绘各省地图则与严复认为中国应采取地方自治的思想密切相关。

总体而言，严复对于君主立宪制度的思想和阐释无论从学理上还是从具体制度上都要明显高于同时代人，甚至康有为梁启超等人也难以望其项背。

说到维新变法，大多数人脑中显现的人物多为康有为、梁启超，甚至会出现悲剧人物光绪皇帝。康有为作为戊戌变法首要推动者，自然是惊醒知识分子的代表，梁启超追随乃师脚步，积极宣扬变法，特别是他的变法文章风行海内，唤醒了不知多少仁人志士，影响了几代人。但梁启超甚至康有为的变法思想，却多可以从严复那里找到源头。在接触到严复翻译的《天演论》之前，康有为并没有形成完整的"三世说"的思想；梁启超的《新民说》也明显受到严复"开民力、鼓民智、新民德"的影响。看看后来的将名改为"适"，字"适之"的胡适，我们就知道严复虽然声名不如康梁，但其影响却是如何深刻和广泛了。

公车上书

当前我们所看到的关于戊戌变法的专著或文章甚至包括各种教材的论述中，多以"公车上书"作为维新派政治活动的重大事件之一，并认为该事件是康有为和梁启超二人领导发动的，康有为在其所著的《我史》中正是如此自认。甲午战败，李鸿章受命议和，割让台湾和赔偿两亿两白银的消息传回国内之后"吾（指康有为）先知消息，即令卓如（即梁启超）鼓动各省，并先鼓动粤中公车（公车指入京考试的举人），上折拒和议，湖南人和之。……时以士气可用，乃合十八省举人于松筠庵会议，与名者千二百余人，以一昼二夜草万言书，请拒和、迁都、变法三者。……至四月八日投递，则察院以既已用宝，无法挽回，却不收。"按照这一记述，康有为发动了两次公车上书，第一次是各省举人以省为单位的上书，第二次则十八省联合上书，联名人数达到了一千二百多人。由于康有为是事件亲历者，他的记述向来被认为真实可靠而普遍引用。然而，考虑到康有为、梁启超当时的身份地位和影响力，似乎很难发动如此规模的政治活动。1970台湾学者黄彰健对康有为的说法提出质疑，后又不断有学者对"公车上书"的发动者、参与者的身份进行深入研究，基本可以认定，光绪同意马关条约之后发生的公车上书是由政治高层发动、京官们组织操作、各省公车参加的，康梁组织的广东公车上书是其中的一部分，其影响不大，而且并不是整个公车上书的领导者。而他第二次组织的十八省举人上书则由于应者寥寥，且和议已成，中途流产。既然康梁没有在公车上书中奠定其维新领导人物的基础，为什么康梁二人在之后的记述中却将自己打扮成了领袖的模样？公车上书对维新派，对戊戌变法来说意义何在？

首先，公车上书的发生说明清政府自上而下已经意识到，时局到了不可不变的地步。公车上书的直接刺激因素是中国败于日本，签订丧权辱国的《马关条约》。中国士大夫对于败于西方尚可自我安慰，毕竟对于英法等国我们知之甚少。但国人对一衣带水的日本，却一向以"小国"视之，长久以来，中国之于日本是先进之于后进。但我们却战败了，这对士大夫来说是当头一击，因此，上自光绪皇帝和慈禧，下到士子举人，都认为到了做出改变的时候了。都察院左都御史裕德等人上奏："自李鸿章与倭奴立约以来，中外哗然，台民变起，道路惊惶，转相告语。于是京外臣工以及草茅新近相率至臣署，请为代递呈词。"首席军机大臣、光绪帝的老师翁同龢为了反对和约甚至不惜与同僚争论："余力言台不可弃，气已激昂，适封事中有以此为言者，余以为是，同官不谓然也，因而大龃龉。既而力争于上前。"其他如文廷式、秦绶章、戴鸿慈、陈兆文等官员，皆力言和约不可签。

和约不可签只是我们的一厢情愿，割地赔款的痛楚使稍有常识之人，都明白当时的清朝必须变法，特别是光绪皇帝。

历史上以冲龄继位并受制于太后的皇帝似乎都有一个特点，那就是一旦手握实权，就力图有一番大的作为，而且目标要大、见效要快，宋神宗和光绪都是这样的例子。宋神宗继位时，被王安石超越唐宗宋祖直奔三代的豪言壮语所吸引，不顾司马光等一干老臣的反对锐意改革；光绪亲政之后，以当代圣人自居的康有为的变法主张成功吸引了他的注意。当然，光绪并不是读了康有为的奏章之后才有变法的想法的，早在甲午之前光绪就对西学产生了浓厚的兴趣，在《马关条约》换约当天，光绪就说："嗣后我君臣上下，唯其艰苦一心，痛除积弊，于练兵筹饷两大端实力研求、亟筹兴革。……毋忽远图，毋沿积习，务期事事核实，以收自强之效。"

甚至一些传统人士也认可了变法的必要性。保守学者王先谦称《时务报》为目前不可不看之报，并热烈欢迎梁启超至湖南时务学堂讲学，孙诒让表示愿与中土志士力持保种保教之念，即无所建树，亦"冀以精神愿力鼓动以脱浪，以力挽气运"，"保种保教"正是维新变法宣传的口号之一。

其次，公车上书奠定了康有为、梁启超两人在维新变法中的地位。从历史的事实来说，公车上书之后，康有为、梁启超确然成为戊戌变法的象征人物，既然没有发动公车上书，为什么会在后来的维新运动中成为领袖呢？那是因为康有为是一位天才的政治宣传家，他在当时所写的反对和议、宣扬变法的文章是所有文字中最为激励人心、传播也是最广的。就在康有为组织的联合十八省上书流产之后不久，康有为考中二甲46名进士，名次不高，不一定能得见天颜。但他此时正将公车上书中的部分变法自强的内容写成上清帝第三书并递都察院要求代奏，又将《公车上书记》在上海刊行。北京、上海两地的同时运作，可见康梁的政治运作能力。《公车上书记》的发行意义重大，据梁启超给其老师的信中说销量达到数万部，若此数字属实，那么可谓风行海上。特别是比起其他存放于军机处外人无由得见的上书，在宣传上更是巨大的成功。甚至他的名声不久即为光绪所知。

当然，康有为还用其他很多方式为变法奔走。他在京城广泛结交各级官员的同时，自己的上奏脚步也从未停止过，他的第三本上皇帝万言书终于到了光绪手中，这与他的努力是分不开的。看似巧合的是，光绪读了万言书不久之后，帝师翁同龢即亲自拜访康有为，虽然当时康有为外出未遇，但康有为得知后立刻回访，两人相谈很久。翁同龢是皇帝面前的红人，慈禧太后对其也欣赏有加，这样的人物竟然亲自造访一位低级官员，唯一的解释就是翁同龢是受了光绪的嘱托去摸一摸康有为的底，比如此人是否忠心为国？是否像坊间所传的那样具有变法的才能？如此等等。根据翁同龢日记的记载，此后康梁维新派的行动，他都在光绪的授意下处处予以维护和支持，可见翁同龢也是欣赏康有为并在光绪面前说了好话的。

通过制造公车上书领导人的身份，康有为在朝野上下赢得了变法领导人的声名，也以超乎同类的爱国热忱和不凡见识打动了光绪皇帝。不得不变法的态势已经造成，又有了强有力的支持，维新派终于要付诸行动了。

百日维新

戊戌变法的核心活动在于百日维新，所谓"百日维新"即光绪于1898年6月11日下"明定国是诏"标志着变法的正式开始，到9月21日慈禧太后囚禁光绪帝杀害六君子为止，历时103天。

1897年是甲午战后瓜分狂潮掀起的一年，这一年德国侵占胶州湾，将山东纳入其势力范围，沙俄将侵略触角伸向了旅顺，将东北大部分地区纳入其势力范围，英国之于长江中下游，法国之于云贵、日本之于福建都展开了瓜分。让中国人至今难忘的"时局图"正是对这一状况最直观的反映。康有为在胶州湾事件之后，迅速进京向光绪进程《上清帝第五书》。该奏折宣称："职恐自尔之后，皇上与诸臣，虽欲苟安旦夕，歌舞湖山而不可得矣。且恐皇上与诸臣求为长安布衣而不可得矣。"康有为的这篇上书还是从皇帝本人和在职官员入手，分析中国目前面临瓜分豆剖的局面，如果不立即实行变法那么将沦为外国的殖民地，皇帝也好，大臣也罢，必受凌辱甚至性命不保。这份奏折被工部大臣所阻挠当时没有送到皇帝手中，但据梁启超记载，当几个月之后光绪帝终于看到的时候，认为"非忠肝义胆，不顾死生之人，安敢以此直言陈于朕前乎？"不但皇帝深受震动，国内报纸将其全文转载，广为传抄，爱国人士对康有为大加赞扬，其中就包括给事中高燮曾。此人乃康有为公车上书后交游之一，在此之前就曾经向光绪帝力荐康有为，这次更是成功说动光绪，光绪意图召见康有为当面问话。然而，清朝祖制四品以下官员不能面圣，因此光绪帝令李鸿章、翁同龢、荣禄、廖寿恒和张荫桓向康有为"询问天下大计，变法之宜"。荣禄以"祖宗之法不能变"的立场基本上否定康有为的变法，李鸿章、翁同龢等则就变法的具体事务如制度局、财政改革等向康有为提问。应该说这次的会面是成功的，除荣禄之外，翁同龢对康有为赞赏有加，并再次向光绪举荐康有为，即使如李鸿章对变法也并不反感。"百日维新"之后，李鸿章奉慈禧命追捕维新派人士，孙宝瑄与李鸿章见面时，李鸿章问孙宝瑄是否是"康党"，孙宝瑄答曰是康党。然后，李鸿章说："吾要能执汝，吾亦康党也。濒阶辞时欲为数十年而不能，彼竟能之，吾深愧焉。"李鸿章在变法之前欲加入强学会，变法失败之后又营救了保举康有为、梁启超的侍读学士徐致靖，可见他对变法、对康梁是同情之理解。然而，荣禄对新政西学并非全然不通，与慈禧太后的关系也并不非常融洽，但是他却成为后来慈禧扑灭百日维新的主力，政治斗争之复杂在此又一次展现得淋漓尽致。

与五大臣会面之后的第五天，康有为又上《应诏统筹全局折》，引述波兰、埃及、土耳其、缅甸等国由于守旧不变，被列强侵略以致国家不保的惨状，认为中国"能变则全，不变则亡；全变则强，小变仍亡"，他认为推行新政，要义有三：一大誓群臣以定国是，二立对策所以征贤才，三开制度局而定宪法。其中，设置制度局最为紧要，康有为看来制度局的工作包括订立各种新章法，下设法律、度支、学校以及农、工、商、铁路邮政、矿物、游会、海军十二局。中国从隋唐以来国家行政机构为三省六部，总理国家政务，至清朝为了加强中央集权，又特设军机处实际权力在六部之上。康有为所提议的制度局实际上是类似于军机处的行政机构，其管理的范围比军机处和传统的六部更为加大，这肯定会触动既得利益集团。《应诏统筹全局折》是维新派政治诉求的集中体现，也是戊戌变法的施政纲领。

康有为似乎习惯于上下其手，即在上书皇帝取得成效的同时，也要在舆论上制造声音。在上《应诏统筹全局折》的同时，康有为"既上书求变法于上，复思开会振士气于下"，联合各省人士纷纷开设学会，如康有为发起粤学会、杨锐发起蜀学会、林旭发起闽学会、杨深秀发起关学会等，并最终由御史李盛铎与康有为共创"保国会"。保国会的影响遍及全国，各省纷纷成立保浙会、保川会等，这些组织遍及范围广大，参会人数众多，似乎大出顽固派之意外，以至于保国会成立不久即遭到弹劾，但它在一些会员中埋下的变革的种子却一直延续到辛亥时期。

1898年6月11日，光绪召集军机全党，"下诏定国是"，颁布《定国是诏》，决定变法。《定国是诏》应为翁同龢所拟，其遣词用句极为平和，并没有维新派亟欲变法的紧迫感，其核心一句仍在"以圣贤义理之学植其根本，又须博采西学之切于时务者实力讲求，以救空疏迂谬之弊"，其要求立即办理者在"京师大学堂为各行省之倡，尤应首先办理"，仅此而已。

光绪的变法应该是为慈禧所赞同的。慈禧虽然一生醉心于权力，但面对中国鱼腐肉烂的局面也深感痛心，她曾经明确表示"变法乃素志，同治初即纳曾国藩议，派子弟出洋留学，造船制械，凡以图富强也"。可以说，只要变法不危及她的地位，她是不会强横干涉的。同时，光绪深知慈禧手握大权，因此在恭亲王奕䜣死后、诏书颁布之前的十二天里，他频繁前往慈禧所在的颐和园汇报变法事项，重要的如以荣禄、刚毅、崇礼为首的内阁人选方案也让慈禧很满意。

任命通晓变法之人才是光绪重要动作。欲变法成功，必须引进懂得西学的人才，侍读学士徐致靖6月13日上折保举康有为"忠肝热血，硕学通才……并世人才，实罕其匹"，要皇帝"置诸左右，以备顾问，与之讨论新政"。这种常伴左右顾问与皇帝最为亲近，徐致靖的本意是要皇帝给康有为一个总理全国变法的官职；另外黄遵宪、谭嗣同、梁启超都在保荐的人才之列。徐致靖的保举给了光绪一个亲自面见康有为的机会，康有为与光绪畅谈一番，将自己的想法充分表达。但令康有为感到意外的是，光绪只认命他为总理衙门章京行走，准允专折奏事。这本是一个十分重要的职务，为很多人所羡慕，但却与康有为的预想不同，甚至对他来说是一种侮辱。梁启超于觐见的次日，致函夏曾佑称："南海召见，面询极殷拳，而西王母主持于上，它事不能有望也。总署行走，可笑之至，决意即行矣。"康有为虽不满职务安排，但抓住"专折奏事"的机会，持续上奏，内容包括政治经济军事文教等各方面，特别是随着局势的演变，慈禧等顽固派对变法干预的增加，康有为一再吁请立宪和开制度局。

康有为之后，光绪皇帝又陆续召见了梁启超、黄遵宪（因病未见）、谭嗣同、刘光第、林旭、杨锐、严复、袁世凯等通达时务的人才，又以值日的方式每日召见年轻的下级官员，并授予上述人员不同之职位。

但与此同时，清政府的人事特别是高层人事又发生了重大的变化。清代是以少数民族统治为数众多以汉族为主的其他各民族，因此清政府为了安抚各民族特别是汉族民心，在设官置职方面有特殊的安排，即中央机构六部之官为复职，即有一汉员，必有一满员。尚书、侍郎如此，司官也是一样。一般说来，司官掌印为满员，办事为汉员。又有笔帖式，满语是文书官的意思，专供笔札，以满、蒙、汉旗人担任（各院寺皆设）。雍正时设立军机处，军机大臣的安排基本也体现了汉满各占一半的原则。在地方上，督抚一级的封疆大吏则由于位高权重，掌握着一省的军政大权，长期以来为满人的禁脔，极少授予汉人。但随着太平天国时期，随着湘淮军的崛起，并成为维持国家统治的支柱，清政府不得不打破禁忌，将总督一职授予曾国藩、李鸿章等人，甚至江南各地区的督抚一度由湘淮军将领包揽。这表明，汉族官员已经事实上成为地方实力派，甚至成为可以对抗中央的力量。这已然引起了满族官员的不满。随着翁同龢在中央的崛起，他们日益感受到汉族官员势力崛起的威胁，甚至发出："咱们天下自做乎？抑教姓翁的做？"

光绪在人事改革中，一方面要受到慈禧影响，另一方面要考虑满人的情绪。因此，趁着此次人事改革的机会，满族势力凭借慈禧迅速占据了中央各个重要部门。如荣禄任大学士，并兼任最总要的直隶总督，刚毅、崇礼等升任大学士，奎俊、德寿、松寿等任四川总督、江苏巡抚、江西巡抚等职。由此，军机大臣由原来的满汉对等各三人，变成了满五人，汉三人，李鸿章、张荫桓又或被剥夺实权，或无力参与政事。因此，原本为引进变法人才而进行的人事调整反倒成了满族大员重新掌权的机会。

如果从洋务运动开始算起的话，清末的改革和变法进行过多次，其中有两次涉及重要的人事改革，第一次是戊戌变法，第二次是清末新政和预备立宪。这两次人事改革都是由中央主导的，其最终的结果都不尽如人意，甚至与接轨西方、救亡图存的目的南辕北辙。究其原因，就是清政府方面人事改革的目的只有一个，那就是收回自太平天国之后丧失的统治特权。清末新政时，立宪派的活动如火如荼，革命派的起义日渐激烈，时人对清政府已多有不满，因此当"皇族内阁"出台之后终于导致立宪派倒向革命派，整个清朝走向灭亡。

对本次人事改革，时人与后人多关注在光绪皇帝破格任用年轻官员上，因此满人重掌大权并未引起强硬的反弹，事实上却一方面开启了后来满人重新揽权的序幕，另一方面大量保守的满族官员进入权力中枢，给变法失败埋下了伏笔。

除了引进人才之外，光绪皇帝还出人意料地将自己最为倚重的大臣翁同龢"开缺回籍"。如果从权力斗争的角度对清政府人物进行简单分类的话，可以分为帝党和后党。帝党以翁同龢为领袖，支持光绪皇帝亲政；后党以荣禄为首，依附在慈禧周围。变法正是用人之际，为何将倚为股肱、自幼陪伴自己长大的人物罢官、撵出京城呢？首先，按照当时在中国的西方人的看法，翁同龢其实并不赞成变法思想。美国驻天津领事给美国国务院的报告中称："翁同龢开缺回籍。……他相当诚实，心地善良，但极端排外，是顽固派中的顽固派。"与此相应的是，翁同龢对光绪欲以中国而行西法深不以为然。翁同龢日记中说道："上奉慈谕……今宜专讲西学……圣意坚定，"然而翁同龢则认为"西法不可不讲，圣贤义理之学犹不可忘"。可见在变法思想上，翁同龢是不同意光绪的。并且，在光绪两次向翁同龢索阅康有为所上书，翁同龢皆答："臣不与康往来。"可见其对维新派之态度。对维新变法看法的不同，使翁同龢与光绪心生罅隙，而他在处理胶州湾事件中与德国谈判处处让步，引起舆论批评，光绪、慈禧对此事也甚为不满；加之在善后大借款中上下其手，有贪污嫌疑，昭信股票的发行背上了黑锅，这就使他不得不面临被罢黜的命运。对于翁同龢，与其关系密切的文廷式有如下评论："戊戌四月，恭亲王薨。不逾月，而常熟开缺回籍。忠王平日亦不悦常熟，而比其薨逝，人尤危之。盖本朝后待师臣，忠王未尝不体上意护持之也。然数年以来，失胶州、失旅顺、失长江之利；东三省隐与俄，广西云南隐与法，江浙属英国，闽属倭；皆欺中国臣民而徇外国人之请。……又行昭信股、西铺税、药牙税……朘削百姓，殆无生路。常熟任枢廷、译署，且兼户部，难逃天下后世之责矣。"恭亲王即奕䜣，辛酉政变慈禧的支持者，他既通中学，又懂西法，既能与西方列强谈判外交，又能在慈禧面前周转弥合。他存在使得帝党与后党能和平相处，又使守旧派与变法派不至激烈冲突，以保持大局稳定。奕䜣之死，翁同龢之罢，使得当时的政局一时之间处于混乱状态，光绪也失去了能让他从容变法、稳步推进的定海神针。于是之后的变法措施便在少不更事的光绪和冲动蛮干的康有为的主持下仓皇进行了。

"诏定国是"之后，光绪接连颁发了有关政治、经济、军事、文教等方面的新政，这其中政治方面的改革措施较少，以"上谕"形式颁布的更少。经济方面，命各地方官振兴农业，颁布《振兴工艺给奖章程》，办理芦汉铁路、粤汉路和宁沪路等；军事方面，命各省陆军改练洋操，以新法练军，切实裁军，力行保甲；文教方面，设立学堂，创立京师大学堂，废除八股改为策论，翻译新书等。

本来在康有为在变法宣传中，曾大声疾呼开议会，但在此时他的论调却发生重大转变，不但不奏请设立议会反而处处宣扬中国民智未开，即使是知识分子能认识到维新变法的意义也是百不得一，至于平民百姓则如童幼婴孩，不但知识缺乏，且民心不齐，组织涣散，无法达到设立议院的要求，只能由"天锡智勇，千载罕逢"的光绪皇帝奉天治民。

"诏定国是"两个多月之后，康有为代内阁学士阔普通武拟定《仿泰西设议院》折，正式提请光绪考虑设立议院事宜。但设立议院在中国毕竟属于首创，牵涉人事众多，而此时的光绪皇帝却并没有如此能力和精力进行这项大的工程，甚至他对变法一开始就缺少必要的耐心和准备。变法涉及政治、经济、文教等众多方面，各项变法措施之间相互支撑，共同达到振兴国家，与世界接轨的目的。绝不是发布"明定国是"的诏书，然后对各负责官员下一道行政命令那么简单。如7月4日下诏：名地方官振兴农业，兼采中西新法，切实兴办。7月29日命各省督抚选择各省在籍绅士，派令管理各该处学堂。8月2日命各省督抚认真劝导绅民，发展农政工艺，并优奖创制新法者。这是不到一个月之内明确提到督抚应办办法之事的一部分，除此之外尚有众多摊派到地方督抚身上的任务。事实上，无论是振兴农业还是派员管理学堂，都难以在短时间内取得成效，但在8月26日"严旨切责两江总督刘坤一、两广总督谭锺麟，因循玩愒，不肯力行新法"。暂且不说刘、谭两人主观上对新法抱有何种态度，即使是两人尽心竭力的遵循上谕，恐怕也无法在一个多月的时间里，完成光绪皇帝的命令。

光绪皇帝缺乏通盘考虑，又无实权调动全部资源，特别是他对于实际行政事务运作经验的缺乏，使他对新政由设想到落地的过程显得过于乐观，也缺乏应有的运作能力，于是在看到从中央到地方新法实施并不顺利的时候，他认为原因在于一是自己的权威不够，一是中外臣工多半墨守旧章。于是，8月10日，光绪借庆祝自己生日之际，将慈禧太后请回皇宫坐镇，举行隆重仪式，再定国是："当兹时事孔棘，朕惩前毖后，深维穷变通久之意，创办一切，实具万不得已之苦衷，用再明白申谕，……庶国是以定，而治理蒸蒸日上，朕实有厚望焉。"然而，这次的努力没有取得什么效果，8月26日点名刘坤一、谭锺麟之后，8月27日又发上谕，对执行变法不力的官员提出了警告。至此，百日维新已经走到了一个进退维谷的境地。光绪皇帝以压抑已久之锐气，挟变法求强之意愿，打破常规，破格启用新人，发布新政。但国中各派势力都知道，真正掌管国家命运的还是慈禧太后，正如梁启超所说，"皇上于二品以上大员，无进退黜陟之权，彼军机大臣及各省督抚等屡抗旨，上愤极而不能黜之"，变法之初，慈禧将翁同龢罢官并赶回老家，一方面是对光绪的敲打，另一方面也是向群臣宣示自己的权威。因此，只要慈禧没有完全放权，那些手握大权的督抚和军机大臣们都不会全力支持光绪。留给光绪的只有两条路，要么使变法诏令成为具文，要么架空或除掉慈禧，真正掌握大权，从而切实推动变法的展开，光绪选择了第二种办法。

康有为变法建议中建立制度局的一项为光绪帝提供了建立自己的行政班子，架空慈禧的机会。在《上清帝第六书》中康有为提出"开制度局于宫中，征天下通才二十人为参与，将一切政事制度，重新商定"，并建立法律局、税计局、学校局、农商局、工务局、矿政局、铁路局、邮政局、造币局、游历局、社会局、武备局等十二分局的建议。制度局掌管议政和订立制度、方针政策，具体由十二分局实施。为了使新政能够在地方顺利实施，康有为还设想以道、县两级分别设立新政局和民政局，作为新政在地方的实施机构。中央有制度局和十二局，地方设置新政局和民政局，以此看来康有为是要在现有的行政制度之外，另外设立一套行政体系，以取代原有的军机处、六部和督抚，而新的行政体系的领导人是光绪和康梁等新党，这一点是慈禧和现有官僚集团无法接受的。康有为指出制度局等提议出现之后："于是京朝震动，外省悚惊，谣谤不可听闻矣。军机大臣曰：'开制度局，是废我军机也，我宁忤旨而已，必不可开也'。王文韶曰：'上意已定，必从康言，我全驳之，则明发上谕，我等无权矣，不如略敷衍而行之'。王大臣皆悟，咸从王言，遂定议。"历来改革，之所以遭遇到极大地阻力，一个重要的原因就是改革必然触及既得利益集团的利益，戊戌变法也是如此。康有为的改革建议多从日本借鉴而来，其中不乏对当时的中国有针砭之效的措施，但对个人权力的保持始终阻止着这些措施的实施，这就难怪严复在论及变法阻力的时候要说："国家承平既久，则无论为中为外，举凡一局一令，皆有缘法收利之家。且法久弊丛，则其中之收利者愈益众，一朝而云国家欲变某法，则必有某与某者所收之利，与之偕亡。尔乃构造百端，出死力与言变者为难。"严复并未将变法的阻力归结为新旧冲突，而是认为无论中西新旧，只要变法涉及私利，自然就会遇到抵抗。国家公利即使是领土、主权受到侵害，当时的中国人和官员可以做到忍辱负重甚至视而不见，一旦涉及私人利益，即使是牺牲一点点蝇头小利以保全公利，也有人会殊死相拼，分毫不让。康有为开制度局等变法建议，给当时的政坛带来的冲击是巨大的，无论是中央军机还是地方督抚都感受到了巨大的威胁，甚至慈禧对此也心生不满。

慈禧的态度对变法的进行、对光绪的皇位都是至关重要的。起初，慈禧对光绪变法是支持的，但有一条底线就是不能影响到她对权力的把持，人事权、军权都是慈禧的禁脔，制度局的设想恰恰刺激到了慈禧的神经。

慈禧之所以放手光绪亲政，是因为她知道国家权力掌握在自己手中。百日维新的第四天，本已归政的慈禧要新任二品以上官员需"恭诣皇太后前谢恩。各省将军都统督抚提督等官亦著一体具折奏谢"，这是告诉新任官员，大权仍然在自己手中，这是针对光绪提拔年轻维新官员所做的回应。只有几个官卑职微的新晋官员的支持，光绪皇帝还是孤家寡人，他的话恐怕出不了紫禁城。有学者指出，慈禧担心的是光绪皇帝有自己的行政班子，而康有为提出的制度局的建议，恰恰击中了慈溪的要害；特别是制度局组织框架中根本没有皇太后的位置，这是慈禧坚决不能容忍的。

自明定国是诏发布、维新措施发布以来，既得利益集团与维新派之间的摩擦便不断发生。6月20日，维新派宋伯鲁、杨深秀弹劾礼部尚书总理各国事务大臣许应骙"守旧迂谬，阻挠新政"；7月8日，守旧御史文悌参劾康有为；9月4日，更是发生了礼部主事王照应诏条陈，被礼部尚书怀塔布、许应骙阻挠，王照执意要求代奏，结果许应骙等反奏王照"咆哮署堂，借端挟制"，下诏求言，允许低级官员就新政提出新建，是光绪自变法之前即实行的政策，也是光绪发现人才，提拔维新官员的重要举措，怀塔布、许应骙的动作正与光绪的要求相反，引得光绪大怒，并将怀塔布、许应骙等礼部六堂官即行革职，同时又将杨锐、刘光第、林旭、谭嗣同四人升至四品卿衔，在军机章京行走。有了康梁的升官，又引入了四小军机，事实上，光绪皇帝基本上弥补了翁同龢被逐之后的空缺，大体上完成了行政班子的组织工作。于是，开制度局的设想似乎有了一线希望，只是他们面前还面临着一个最大的障碍，那就是慈禧。

免除怀塔布等人的官职，已经使得慈禧很不开心，为了试探制度局是否可开，光绪和康梁计划先沿袭康熙祖制开懋勤殿作为议政机构，听闻这个消息，慈禧大怒："小子以天下为玩弄，老夫死无所矣。"当光绪到颐和园请安时，发现慈禧面色阴沉得可怕，吓得他对开懋勤殿一事提也未提。此事对光绪的刺激极大，以致他发出"朕位且不能保，何况其他？"的哀叹。

促使慈禧太后最终痛下杀手的一是维新派主动与袁世凯联系，意图提升袁世凯的官职，使其摆脱荣禄的控制，掌控军权，挟制慈禧，以武力为变法之后盾；一是伊藤博文来华，维新派欲将其作为变法的外援，从而达到以日本之力钳制慈禧和守旧派，推行变法的目的。

光绪皇帝手中无权特别是至关重要的军权，导致维新派始终心神不宁，特别是中央大员和地方督抚对维新政策的敷衍塞责，更使他们迫切想要真正掌握实权。那么如何掌握实权呢？维新派包括光绪皇帝对这一点其实并无深谋远虑的打算。光绪皇帝年轻气盛，又没有亲政经验，他根本不具备将权力从慈禧手中夺过来的政治手段；而康有为更是冲动、冒进，对当时官场的规则并不十分了解。当年强学会成立之后，李鸿章想要纳银入会，竟然遭到拒绝，由此即可见康梁办事不留后手，加上他们提出的变法措施侵害了许多在职官员的利益，更得不到中枢人员的支持。不了解官场规则，不懂得政治手段，更没有耐心和坚忍，这样的维新派所能想到的夺取实权的方法就是主动联系手握军权的将军，通过光绪皇帝加官晋爵的方式争取这些人倒戈一击。于是就出现了光绪召见袁世凯的一幕。

早在六月康有为即谋划夺取军权的活动，袁世凯当时负责天津小站编练新军，曾经就变法事宜给翁同龢递过说贴，又在强学会成立之后纳银入会，在康梁等人看来袁世凯是具有维新变法思想的新式军官，因此，他们将其作为拉拢对象，通过离间袁世凯与荣禄的关系达到发动兵变的目的。康有为专门派徐仁禄到袁世凯部下卧底，根据徐仁禄的汇报，袁世凯对荣禄非常不满，认为荣禄不给他增兵，不放心汉族官员掌握兵权。这一未经任何证实的消息给康有为又增加了离间成功的信心。康有为拉拢袁世凯的办法就是让光绪给袁世凯加官晋爵，使其脱离荣禄的控制。9月11日，康有为通过曾经保荐过维新人士的徐致靖上奏光绪，称："袁世凯年力正强，智勇兼备……独惜所练之兵仅止七千，为数太少，为力过单……必当隆其位任、重其事权，似不宜加以钤束，置诸人下……伏乞皇上深观外患，俯查危局，特予召对，加以恩意，并予破格之擢，俾增新练之兵，或俾以疆寄，或改授堂官，使之独当一面，永镇畿疆。"这封奏折主要说了三件事，第一，要使袁世凯官衔增高，脱离荣禄管辖；第二，光绪应该面见袁世凯，使袁世凯归心；第三，给予袁世凯独当一面的实力，听从皇帝的调遣。此折上奏的当天，光绪即下诏令袁世凯马上进京陛见，这样的速度很难不让人怀疑康有为和光绪已经提前商量好了，徐致靖的奏折只是走个形式而已。更为不明智的是，光绪将徐致靖奏折恭呈慈鉴，这等于是给慈禧提个醒。9月16日，袁世凯面圣后，光绪发出上谕："直隶按察使袁世凯办事勤奋，校练认真，着开缺以侍郎候补，责成专办练兵事务，所有应办事宜着随时具奏。"所谓"随时具奏"事实上就是在光绪和袁世凯之间开通了一条专线，一方面是要展现光绪对袁世凯的重视，使其感恩戴德，另一方面一旦事态紧急，光绪可以直接传达指令给袁世凯。康梁等人闻知这道上谕之后，认为拉拢袁世凯的计划已经基本完成，开始筹备军事政变的方案。但同作为维新人士并参与机密的王照对袁世凯进京却大惊失色，认为光绪召见袁世凯只会使变法遭遇挫折。王照对军事政变的做法本来就不热心，康有为曾委托他拉拢聂士成，王照断然回绝，并认为拉拢军事将领只会引起慈禧的反击，从而置光绪皇帝和变法运动于危险之中。得知袁世凯觐见的消息之后，王照以为这会引起慈禧的疑心，他决定紧急修折建议光绪命袁世凯移军河南以防土匪，从而安抚慈禧。可见，王照对当时政治形势的理解上，要远高于康梁等人。事实证明，在光绪召见袁世凯的前一天，慈禧就已经神色迥异寻常，光绪感受到了慈禧的变化，"召见杨锐授以密谕，命与康有为等设法挽救"。可见，时态的发展印证了王照的担心，慈禧对光绪和维新派的不满即将爆发。

令人不解的是，光绪在密诏发出的第二天依然接见了袁世凯，而康梁等人也没有停下政变的脚步，甚至还联系了会党出身的毕永年。毕永年心怀救国之志，对维新变法人士深表支持，曾加入谭嗣同、唐才常所创办的湖南强学会，并随谭嗣同进京拜会康有为，从此成为维新派人中的行动派。与康有为不同，毕永年对袁世凯始终抱有怀疑，对康梁等人策划的军事政变也不抱过于乐观的估计。康有为给毕永年的任务是进入袁世凯军中为参谋，从而监督袁世凯，或者率领百余名勇士，在袁世凯统兵包围颐和园之时"执西后而废之"。但毕永年认为一方面无法确认袁世凯会听从维新派的安排真正发兵包围颐和园，另一方面毕永年是南方人，所谓"百余名勇士"都是袁世凯的士兵，平日听从袁世凯的命令，不可能在转眼间就成为毕永年的心腹执行机密任务。然而，无论康有为还是康有为的胞弟康广仁都被胜利的前景冲昏了头脑，坚决要执行军事政变的方针。

事实上，袁世凯对光绪皇帝也好，对维新派也罢，并无太多的同情与支持。他曾坚决要求辞去光绪皇帝给他升的官，在京城时也是遍访各达官贵人以示自己并没有和康梁有太多接触，同时，在谭嗣同当面跟他密谈军事政变的第三天，袁世凯给光绪皇帝上了一道奏折："古今各国变法非易……请忍耐待时，步步经理，如操之太急，必生流弊。且变法尤在得人，必须有真正明达时务、老成持重如张之洞者，赞襄主持，方可仰答圣意；至新进诸臣，固不乏明达勇猛之士，但阅历太浅，办事不能慎密，倘有疏误，累及皇上，关系极重。"这段话说的其实已经很露骨了，第一，变法不宜过急和过激，指出的正是光绪不顾现实，要求各级官员和各地督抚迅速见效的上谕；第二，变法尤在得人，指出的是光绪任用康有为、谭嗣同、杨锐等新进官员，却无法得到真正手握实权的老臣的支持；第三，所谓"累及皇上"是告诉光绪，维新派军事政变的企图几乎不能成功，而一旦失败光绪逃不脱慈禧的猛力反扑。此上谕交到光绪手上之后，袁世凯急速回到天津，并面见荣禄，第二天一早荣禄又亲自登门拜访袁世凯，袁世凯将维新派的计划和盘托出，这样维新派军事政变的计划基本上胎死腹中。

与军事政变几乎同时进行的，是维新派争取日本的国际支援。甲午战争后，日本从中方获得了土地和赔款，但也引发了俄法德三国干涉还辽事件，沙俄此举使清政府将自己当成了可以依靠的盟友，于是沙俄趁机与李鸿章签订了《中俄密约》，其势力深入中国东北。沙俄要求日本将辽东半岛归还给中国的原因很简单，日俄都将中国东北作为自己下一步的侵略目标，如果辽东半岛落到日本手中，那么俄国势力就无法进入；而中国保有辽东，俄国就能很轻易地取得这里的利益。这一点俄国人看得清楚，日本人心里也很明白。1897年，德国侵占胶州湾，俄国侵占大连、旅顺，日本眼见盘子里的肉一点点的减少，于是加快实施"怀柔"的对华政策，力图让中国接受日本，使日本势力深入到中国更广大的地方去。他们派员到中国与中央的军机大臣和地方督抚如张之洞等接触，抛出了日本政府资助中国留学生等橄榄枝，最初日本人的行动很有成效，他们成功取得了康梁维新派和张之洞等人的支持，但总理衙门各大臣却并不买日本的账。于是，日本决定投下重量级砝码即伊藤博文来亲自中国活动。

伊藤博文来华之前曾与天皇多次密谈，启程时各大臣均至伊藤住宅送行，可见伊藤博文之行是筹划已久的政治行动，得到了日本政府自上而下的支持。他来华主要有两方面的目的：一是建立中日英三国联盟；二是赞助清廷维新变法。伊藤来华之行，受到了清廷上下的注目，特别是他到底是支持维新变法还是支持维新派？这一点是慈禧所关心的。在与奕劻、崇礼、廖寿恒、张荫桓等进行的会面中，伊藤指出："此次漫游贵国，令人最为惊叹者，乃贵国大皇帝聪明而勤于政事。以余寡闻之人，亦闻大皇帝致力于革除积弊，振兴庶政，励精图治，以求变法。此乃我国深为庆幸之事。"然而，同时会面的廖寿恒言："窃见革新之道，因循轨辙为上"，"今日年老因循守旧顽固者，概行罢斥，而易以壮年新进熟谙洋务者，果如何？"奕劻言："唯我国数千年积习，一朝尽改新法甚难"，在与李鸿章、荣禄等人的会面中，中方人士所言多为变法之难，伊藤对中国变法之态势基本已经有所了解。特别是之后康有为拜访伊藤，更是将维新派政治上的无实权、急躁冒进和缺乏支持的情况暴露的一清二楚。伊藤来华的目的是与中国的实权派搞好关系，因此绝不会支持康梁。后来与光绪皇帝的会谈也匆匆结束，他不知道的是，在他与光绪谈话时，慈禧正坐在屏风之后，一字不落地监听着。

在康有为拜访伊藤的前一天，广西道监察御史杨崇伊上了一道奏折："康有为偕其弟康广仁及梁启超来京讲学，将以煽动天下之士心。……风闻东洋故相伊藤博文即日到京，将专权柄。……伊藤果用，则祖宗所传之天下，不啻拱手让人。臣身受国恩……惟有仰恳皇天后，追溯祖宗缔造之艰，俯念臣庶呼吁之切，即日训政，召见大臣，周咨博访，密拿大同会中人，分别严办，以正人心。"所谓"大同会"是杨崇伊认为的由文廷式组织，海外以孙中山为首，国内以康有为为首的变法组织。杨崇伊的奏折是促使政变发生的关键一步。该折将光绪皇帝的维新运动与孙中山和大同学会联系在一起，看来维新运动就像后来孙中山的活动一样，是要革清政府的命，同时又把伊藤博文访华活动故意拉入维新活动之中，将坊间光绪皇帝要请伊藤作维新顾问的传闻坐实，从而使慈禧意识到维新变法运动是对整个国家体制的颠覆，是对慈禧权力的颠覆。于是，慈禧在收到奏折之后，马上进行政变，收回了权力，囚禁光绪皇帝，并大肆捕杀维新派。

9月21日，上谕"现在国事艰难，庶务待理，朕勤劳宵旰，日综万几，兢业之于，时虞丛脞。……因念宗社为重，再三吁恳慈恩训政"，即国事过于繁杂，光绪帝无力再处理国政，请慈禧再次垂帘听政；同时"工部候补主事康有为……著革职，并其弟康广仁，均著步兵统领衙门拿交刑部，按律治罪"。但康有为早在上谕发布的前一日就离开京城，避难去日本了。9月24日，上谕："张荫桓、徐致靖、杨深秀、杨锐、林旭、谭嗣同、刘光第均著先行革职，交步兵统领衙门拿解刑部治罪。"张荫桓由于与英日两国关系较好，英国驻华公使窦纳乐和日本驻华代理公使林权助加以营救，最终幸免于难；徐致靖则因为李鸿章的搭救，入狱两年后重获自由。而另外六人未经任何审判即押赴刑场处以极刑。至此，轰轰烈烈的百日维新终至失败。

戊戌变法是近代中国在内忧外患的情况下，由励精图治但手无实权的皇帝与担忧亡国灭种而力图变法以改变中国现状的青年士大夫联合进行的变法运动。这项运动最终被以慈禧为首的当权派所扑灭，变法之结果除了京师大学堂、铁路矿物总局和各省已办学堂之外，其他新政举措基本完全废除。

康梁和光绪提出的维新变法之所以受到几乎所有在籍官员的反对，一个重要原因是变法制度触及太多既得利益者的禁脔："诸大臣中，并非皆与皇上有嫌，皆与康有为不两立耳，所以然者，忌之，恨之，畏之。盖康之上书，曾有云：'缓变不如急变，小变不如全变'，又云：'变法尤须变人'，又曰：'衰老大臣精力不足以辅新政'兼之裁冗官，许言事，用新进，凡诸臣之求富贵，保身家之道，将尽行蔽塞之矣，安得不以死命争之？"这种记载与严复所谓改革遇到的最大阻力是私利的观点几乎完全一致。历来改革总是要涉及利益问题，特别是像维新变法这样以西方体制为参照对整个中国体制进行整体规划的大变化，不可避免地要使原本可以在体制内尸位素餐之人受到打击。这些人就是第一批利益受害者。特别是中国传统社会讲出身、论资历，往往是到了耄耋之年才能位极人臣并享有特权，这些人是现行制度的积极拥护者，他们熟悉并熟练掌握了现有的政治运作手段，甚至成为他们安身立命、保持官位的根本。而戊戌变法所进行的改革，正是要破除资历的限制，重新制定规则。这是那些掌权者所不想看到的。同时，历来改革成功与否，要看改革受益者的多寡。对一个国家来说，改革的受益者多则标志着改革的成功，改革的受益者少甚至没有受益者，那这场改革无疑就是失败的。戊戌变法改革的目标是学习西方，特别是日本的制度，按照当时的历史情形看这无疑会对中国产生积极作用。然而，康梁和光绪没有深切考虑利益均衡，一味祖护和提拔所谓维新官员。在变法具体措施的实行上，变法并没有给大多数的人民带来切身利益。特别是光绪和康梁急于求成，具体实施的各地督抚要么敷衍了事，要么敷衍塞责，最广大的普通人民并没有从变法中看到什么好处。这基本上就注定了戊戌变法的支持者不会太多，群众基础不会很广。

维新派内部还存在思想不统一，对变法认识不一致的问题。维新派是对当时具有维新变法思想人士的总称，严复、康有为、梁启超、王照、"戊戌六君子"等可作为其代表。我们现在提到维新派时，多是将其作为铁板一块，似乎他们在思想和行动上具有高度一致性，事实上这些维新派人士对清朝、对变法各怀心思，这也是导致维新变法失败的重要因素。

严复认为彼时的中国应当变法自强，这一点毫无疑问。历来研究戊戌变法的学者与论述维新改革的著作，都将严复作为重要的对象，但有一个问题是值得我们注意的，那就是为什么在变法最关键阶段的"百日维新"中，看不到严复的身影呢？这恐怕与严复与康梁的变法思想有实质的差异有关。严复曾在《直报》发表《原强》一文，提出了标本兼治的变法方案，所谓"标"即收大权，练兵实，治本的核心在于"民智民力民德"三者，而这三者正是中国所欠缺，由于民智未开，民力几尽，民德不高，所以严复认为中国不宜照搬西方特别是维新派所倡导的日本的改革方式，尤其不宜采取激烈的手段进行快速的改革："今民智以下矣，民德已衰矣，民力已困矣。有一二焉，谓能旦暮为之，无是理也。何则？有一倡而无群和也。是故虽有善政，莫之能行也。"严复这段话所描述的似乎并没有特定的对象，但却与光绪和康梁的行为几乎如合轨辙，严复预料的无人应和的局面也不幸言中。也由此可见，严复并不赞成康梁等人"全变"的激烈主张。可能正是因为对康梁等人的变法思路并不赞成，所以在整个戊戌变法期间，严复一直待在天津，极少进入北京，更少参与变法具体事宜。

谭嗣同和毕永年切实参与到了百日维新之中，但他们二人与康梁的变法思路也有重大差别。谭嗣同对以纲常伦理为核心的统治意识形态，他认为："故常以为二千年来之政，秦政也，皆大盗也；二千年来之学，荀学也，皆乡愿也。唯大盗利用乡愿；唯乡愿工媚大盗。二者交相资，而罔不托之于孔。被托者之大盗乡愿，而责所托之孔，又乌能知孔哉？方孔之初立教也，黜古学，改今制，废君统，倡民主，变不平等为平等，亦汲汲然动矣。"他提倡要冲决纲常之网罗，君臣之纲常也在冲破之列。由此可见，谭嗣同认为中国所实行的君主专制制度与西方近代文明并不合拍，在中国进行变法，真正达到国富民强的地步，那么就要打破荀学、乡愿的束缚"改今制、废君统、倡民主"，这与康有为保持君主，建立君主立宪的想法也不甚合拍。毕永年思想的深度与广度皆不及谭嗣同，但是其激烈程度有过之而无不及。毕永年青少年时期即编辑过《卢梭精粹》，又喜读王夫之文章，"反满"之思想深埋心底，对为清政府服务之汉官多有不满。每闻人提及曾国藩、左宗棠等人功绩则曰："吾湘素重民族气节，安得有此败类"？可见其人虽然加入康梁变法运动，但其目的却在于反清朝。同时，毕永年重视民权思想，认为国家"即我群士群民共有之国也"。后来，毕永年与康梁分道扬镳并最终交恶，与这一国家观有重要关系。毕永年之所以会参与维新运动，不是钟情于康梁的变法理论而是更加认同谭嗣同对国家、伦理的看法，因此谭嗣同死后毕永年即脱离康党并很快和与自己思想更为接近的孙中山成为同志。

可见，作为变法核心的维新派，一方面政治经验不足，对于可能成为自己盟友的位高权重的洋务派诸人不能团结并引为己用，甚至给自己制造敌人；另一方面对改革所牵扯到的深度、广度特别是既得利益者集团的回击没有正确的认识，对于变法的方式想的过于简单，虚妄地想象依靠皇帝雷霆一击震醒国人，达到自上而下重整国家的目的。又兼维新派成员本来人数不多、权力不足，对变法的认识又不一致，因此，戊戌变法的失败似乎在一开始就已经注定了。

历史既无法假设又不可预测，历史事件的发生充满着各种偶然和必然。从近代中国发展的进程和趋势看，戊戌变法的发生有其必然性。自1840年鸦片战争之后，虽然清王朝有少数有识之士已经意识到此次"夷狄"与历史上其他之"夷狄"差别巨大，从而发出重新认识世界的呼声，但"天朝上国"的自大观念、制度器物无比优越的虚妄自信始终在绝大多数的中国人心中，不可转移。即使通商口岸洋人已经大行其道，满朝文武却更愿意做鸵鸟状，将洋人尽力限制在几个沿海城市就好。然而，一向被视为附属国的日本"一战而剪我最亲之藩属，再战而陪都动摇，三战而夺我最坚之海口，四战而威海之海军熸矣"，逼我割地赔款，举国皆惊；随后，西方列强掀起瓜分狂潮，中国处于亡国灭种的危机之中，这种危机感稍有心者都感受到了。既然洋务运动失败了，那就意味着"中学为体，西学为用"的理念是有问题的，既然日本学习西方政体成功了，那么我们就要以日本为榜样，采取比洋务运动更为激烈的方式，"西学为体，西学为用"这是当时最为自然的选择。于是，戊戌变法就此发生。戊戌变法的失败，并不意味着中国不应该或不适宜变法，而意味着阻碍变法的力量异常强大，这只能靠更为激烈的变革措施摧毁阻碍力量，于是便有后来的以暴力为手段的辛亥革命。

义和团运动

义和团运动的缘起

义和团运动是中国最基层民众对西方冲击所做出的最激烈反应。西方列强的到来给中国社会造成了严重的冲击，这种冲击对中国和中国人的影响呈现出层级递进的态势。最先做出反应的是中西冲突第一线的知识官僚，如林则徐，他最初意识到我们之前对世界的认识和理解是有偏差的，于是组织人力、物力从地理上破除中国中心论的传统观点，并告诉国人除了中国及中国周边的朝鲜、日本、暹罗之外，还有一个更广大的世界。稍后，思想上最为敏感和开通的知识阶层以鸦片战争中国的战败为契机，提出变革的思想。只是这时期的变革虽然也提到向西方学习如"师夷长技以制夷"，但只是将外来技术嫁接到伦理道德的母体之上，对几千年中国制度与器物的自信尚坚定如故。

随着第二次鸦片战争和太平天国时期一系列不平等条约的签订，西方人在条约保护下深入中国内地活动，而中国也更进一步卷入以西方为轴心的世界体系，以军事技术为主的中西方交流日益扩大，特别是辛酉政变之后当权的慈禧等对西方的态度大为改观，于是以洋务派官员为代表的地方实力派以西方的工业和技术为学习对象，并派遣留学生出国，大力开展洋务运动，西方的影响在中国进一步扩大。甲午战败之后，中国知识分子意识到仅仅是技术的革新无法达到富国强兵的目的，制度改革的呼声甚嚣尘上，于是戊戌变法应运而生。

如果说上述变化都是国家层面、知识层面对西方的反应的话，那么随着中国的大门日渐对西方打开，以传教士、冒险家、商人为代表的西方人在炮舰的保护之下来到中国，他们起初定居在各通商口岸，随后深入到内地；他们与中国百姓杂处而居，并在条约保护下成为享有特权的治外之民；他们处于成为中西方文明交流、冲突的最前沿。然而，习俗不同、语言不通、文化和伦理观点差异更大，他们周围的普通中国人对这些西方人士的到来又做何反应？义和团运动就是中国民间社会对西方人士侵入中国基层社会的最激烈对抗。

民间社会对西方入侵的反应

从名称即可看出，"义和团"带有浓重的民间宗教意味。义和团的发源与民间秘密宗教特别是白莲教流派之一的八卦教密切相关。义和团的显著特点就是读经念咒与拳棒练习的结合，这也是从八卦教等传承而来。如清代王伦起义所依托的清水教即如八卦教一样分为烧香磕头、念咒练气的文弟子和念诀运气、练习拳棒的武弟子，而正是在清水教的记载中，出现了"义和（合）拳"的名称。李萃为王伦弟子，他"曾从临清人李浩然为师，传受白莲教，改名义合拳"。可见，"义和（合）拳"这一名称早在乾隆时就已经在秘密宗教中广为人知了。至1900年前后，与义和团运动密切相关的是秘密结社的"梅花拳"，与八卦教相似，这一结社也分文场、武场，属于宗教化的棍棒武术。之所以不用梅花拳而用义和拳的名称，主要原因是义和团从事打洋教活动，容易遭到官府和洋人的双重捕杀，因此参与到义和团的梅花拳领袖赵三多为了不连累其他梅花拳拳师，故意不用梅花拳的名称。同时"义和拳"从字面上说乃是"以义气相合"之意，从一个侧面表明了运动的意义。故此，赵三多将古已有之的"义和拳"之名又用了起来，成为近代史上民众最为愤怒的反抗运动的代名词。

义和团有一个著名的口号："扶清灭洋"。也是因为如此，不少史学家将义和团运动归结为反帝爱国运动。表面看来"反帝"活动确实是有的，烧教堂、杀传教士都是明证，但义和团员认为的"灭洋""反帝"与我们认为的反抗列强侵略是一回事吗？还是另有其他含义？按照费正清先生的"冲击—回应"学说，义和团应该是西方对中国农村地区特别是鲁西南、鲁西北地区的冲击，但实际上西方对中国冲击最严重的地方却是长江中下游地区，但恰恰是这一地区并无严重的教民冲突，义和团也没有在这里形成气候。鲁西地区经济发展一直落后于鲁东地区，在全国也属于商品经济落后的地区，当地小农经济脆弱，一遇水旱蝗灾就会造成大量流民；由于长期贫困，盗匪横行，因此练习武术保卫家园又成为该地习俗之一。武术的流行使以师徒关系成为当地人际关系的显著特点之一，师徒之间联系紧密，很容易形成组织；该地又有长期的秘密宗教传统，并且出现过宗教与武术拳会联合的农民起义。总体而言，义和团发生的鲁西地区在整个清朝中后期基本上都出于躁动的边缘状态。西方势力深入到这一地区时，该地又多年大旱，当地人多听信了很多关于传教士的不实传言，于是传教士便成为大旱的替罪羊，再引而伸之所有西方事务都成为贫困的原因。这也是为什么义和团要灭洋，要毁灭一切与西方有关事物的重要原因。

义和团的兴灭与清政府对义和团运动的态度密切相关。事实上，清政府内部对西方的态度并不一致。概括而言，以奕䜣为代表的包括曾国藩、李鸿章、左宗棠等开明官员，他们虽然不满于西方对中国的入侵，也不承认中国制度不如西方，却能清醒地认识到西方的强大及中国的不足，既不盲目敌视一切外洋事务又力图通过变革保持中国的独立，因此他们对列强的态度尚属平和。以康梁为首的维新变法派，以西方为榜样，力图学习西方的先进制度和技术，甚至希望邀请伊藤博文来做变法的顾问，可见他们对西方不但不仇视，反而深表欢迎。与上述两派相反的是，清廷官僚集团中有一批顽固守旧派，始终保持着虚幻的"天朝"观念，认为中国万般皆好，祖宗之法乃万世不易之法；洋人是未开化的夷狄之人，西方技术则是奇技淫巧，不可学也不必学。他们多数并未与西方人直接打过交道，也没有真正主政一方，处理过实际事务，多数出身所谓"清流"，除了书本上得来的"礼义廉耻"和"夷夏大防"等伦理之外，对中外形势，中西对比等一概不知。变革官僚与守旧官僚之间的斗争贯穿整个晚清时期，斗争的结果对国家的大政方针发生了重要影响。作为国家实际最高统治者的慈禧，对变革不感兴趣，对守旧也不甚赞成，她权衡事务的唯一标准就是是否有利于保持自己的权力。对列强的态度甚至与西方的战与和，也取决于这一点。中央如此，地方督抚也是如此。太平天国之后，清政府权力下移，各地督抚实权很大，他们甚至可以对抗中央命令，在自己的地盘上形成特殊的政治气候。义和团之所以能在鲁西地区迅速发展的一个重要原因就是山东巡抚毓贤仇视洋人，对打洋教的义和团暗地采取支持的态度；而当袁世凯替换毓贤担任巡抚之后，对义和团严加打压，将他们赶到了河北境内。至于之后清政府扶持义和团，京津一带遍地开坛，声势迅猛。亦即对西方态度开明者，对义和团采镇压扑灭的政策；仇视西方者，对义和团抱同情支持的态度。这种区别为后来的"东南互保"埋下了伏笔。

一个有趣的现象是，从以往的经验看，像义和团这样的大规模农民运动一般会发展成为农民起义，但为什么义和团却反而会受制于朝廷呢？一方面是义和团的特殊组织结构；另一方面列强的入侵分散了义和团的斗争目标。

义和团的组织结构与白莲教等传统民间宗教差别很大。首先，义和团不具备白莲教那样的统一的信仰体系。白莲教是元明清三朝秘密宗教起义最重要的来源，它宣扬弥勒佛降世的理念，之后又要教众拜祭无生老母。白莲教在吸引信徒时，也吸收了道教的一些神秘仪式如喝符、念咒、治病等。白莲教也分为各派，但自明代开始其所尊崇的最高神即为无生老母，各派皆有经书宝卷作为信仰之理论基础。同时，各派内部等级森严，尊卑有序，派别领导人采取父死子继的方式，类似于一个个独立的小王国。由此之故，白莲教教派起义之事不断，特别是山东、河北、安徽、河南交界一带自元末即成为白莲教起义的基地。元末韩山童在皖北、明初唐赛儿、明末徐鸿如等是这些起义的代表。到清代，王伦起义和八卦教起义也都是如此。

义和团信仰庞杂，各不统一，没有一个至高无上的神是或彼岸世界是所有义和团员所共同信仰或追求的。同时，义和团没有详细阐述其宗教理论的经典文献，参加义和团的民众对义和团追求什么，反对什么并无明确的概念。历史告诉我们，以宗教为号召的农民起义都有其神学理论。如与义和团相隔不远的太平天国创建的拜上帝会组织，即以上帝为唯一真神，以《原道觉世训》《原道醒世歌》等著作为理论基础，以上帝子民自居，以战胜阎罗妖及其妖啰鬼卒为中心任务。义和团则没有统一的信仰，他们多以传统的降神附体为行为方式，其所请之神多种多样，如关公、张飞、孙悟空、赵云、猪八戒等，这些神灵的来源应该是流行于民间的戏剧。据记载，同一团内甚至发生两个义和团员争着说自己才是真正的关公附体，两人争论不休到首领那里去理论，结果首领大怒直欲杀掉二人，因为这位首领认为自己才是真关公附体。由此可见义和团内部信仰的凌乱。太平天国为教众描述了尖锐的矛盾与斗争，初期的太平军将士真诚的相信他们是在为上帝战斗，是在为消灭阎罗妖战斗，但义和团员则并无强烈地斗争意识，他们更注重的是如何将降神附体的表演展现得更好以在团内提升自己的地位。这就使得义和团很难像白莲教一样发动教众进行起义。

义和团也没有严密的组织。"义和团"并不具备结构严密的组织，很多人认为义和团是一个团体的名称，但实际上义和团在各地分为多个大大小小名称不一的团体，他们的信仰、行为方式、修炼仪式、斗争对象等有相似之处，但相互之间并无统属关系，甚至彼此之间会有激烈的竞争。美国中国近代史专家周锡瑞指出义和团是"各地土生土长的"，可谓一针见血。

与白莲教或拜上帝会等组织相比，义和团的一个特点就是组织松散，各团之间互不隶属。与秘密宗教不同，义和团是以练拳为主要表现方式，招收团员的一个重要方式是在集市、庙会等人员密集场所进行拳术表演。义和团首领称为大师兄或二师兄，他们带领徒弟先表演念咒，再进行一套流畅的有如神助的拳法，这种表演与传统戏剧中的武行极为相似，这自然对当时的下层民众产生了神奇的效果。同时，在义和团兴起发展的1900年前后的鲁西地区盗匪横行，练习拳术可以强身健体，抵御盗匪侵扰，这自然吸引民众广泛加入。但通过这种途径收入的团员只是以"习武"为目标，当武艺练成之后，多有离开师傅另立门户的，甚至同一团的师徒之间也会反目。可见，练拳使义和团扩大了影响，增加了团众，加快了传播速度。同时也使得义和团更加简单化了，只要会拳术者都可以建立自己独立的义和团。甚至可以说，义和团以丧失了具有宗教意义的严密组织为代价，换来了规模的扩大。然而，一盘散沙难以发挥战斗力，更无法统一思想、建立组织，以完成改朝换代的任务。

义和团不以清政府作为斗争目标的另一个原因在于当时中国社会最直接和最紧迫的危机来自西方，而非朝廷。甲午战争之后基督教对中国社会特别是中国基层社会的渗透更加深入，对普通民众的生活和心态的影响也变大，与之相应的是反对基督教的声音也更大。在民间社会，基督教成为西方的代名词，而基督教的活动对基层社会的生活产生了负面影响，因此也成为义和团运动攻击的直接目标。

基督教在中国的传教活动由来已久，唐元时期，即有传教士来华进行传教活动，明代有利玛窦、汤若望、罗亚各等人进入中国，他们以西方近代技术为传播教义的媒介，成功吸引了一大批中国士大夫的注意，像徐光启即将儒教与基督教教义结合，确立了耶、儒混合的思想。清代基督教继续在中国传，但这一时期传教活动进展的并不顺利，原本遵循利玛窦所订立的"入乡随俗"的传教规矩，中国信徒可以祭孔祭祖，康熙皇帝对利玛窦的做法也深表赞同，甚至1675年在巡视北京教堂的时候题字"敬天"二字由每个耶稣教堂复制悬挂。但当时在中国总理教务的颜珰却要求教徒遵守教廷1645年的教令，同时要求各地教堂摘除康熙题字的"敬天"牌匾，禁止信徒祀孔祭祖，禁止信徒为死人立牌位，禁止用天主教的信理去附和中国古书里的训诫，并开除了两名违反教令的信徒。罗马教廷针对此事进行了30多次讨论，最后宣布支持颜珰。1704年罗马教廷裁决中国礼仪是一种异端，予以禁止，随后罗马教会又多次重申该教令。康熙闻讯后大怒：教皇无权干涉中国事务，随后便开始驱逐、拘禁一些传教士。1715年康熙决定禁止天主教活动。1723年雍正即位后，下令封闭教堂，限令传教士离境，天主教在中国全国范围内被禁止。

　　基督教再次进入中国，是"一手持利剑，一手拿圣经"而来。对世界历史稍有了解的人应该都知道，帝国主义时代军事侵略、经济掠夺和宗教活动是列强进入世界各地的普遍模式。英国学者埃德蒙·韦尔利说："在那个历史时期（1891—1900年），世界政治和传教政治几乎完全混合在一起了。"通过与清政府签订的一系列不平等条约，西方列强为基督教争取到了到中国内地传教、建立教堂等权益，于是大批传教士开始涌入中国，一开始他们主要在通商口岸活动，后来进一步深入到内地，包括义和团最初发生的山东西部地区。我们不否认来华的传教士中很多是以传播上帝福音，拯救堕落灵魂为目的，但也无法否认传教士中大多数是抱有扩大教民数量、扩大教区范围以获得更高权力的私人目的。英国政治思想家J.A.霍布森认为当时的基督教与中世纪唯利是图的基督教极为相似："从上一代强权的基督教到今天帝国主义的基督教之间仅是一步之差。"在义和团席卷华北地区之前，德国强占胶州湾的借口正是两名德国传教士在山东被杀害，而1891年至1895年，长江中下游地区教案频发，帝国主义的枪炮为教案的处理提供了强有力的干涉。英国驻华公使威胁说要动用皇家海军攻打中国，于是清政府为平息列强的怒火，将四川总督和相关官员罢职，将31名教案发动者处以极刑，其他受到牵连的官员也都关押或流放。这种处理方式使得传教士在中国的土地上更加横行无阻，传教士俨然成为凌驾于地方官员和士绅之上的存在。而这种形象正是许多寻求摆脱官府和乡绅控制的中国人所急于寻找的。有一个例子可以很好地说明这一点：孔子学生曾子的后人受到地主狗腿子的压迫，他们求助于德国传教士薛田资，薛找地主进行谈话并让曾子的后人加入了教会，于是地主再也没有找他的麻烦，之后附近十个村庄的人都入了教。在中国的土地上，基督教所拥有的特殊身份是他们吸收教徒最有力的法宝。

　　传教士并不是唯一具有特殊身份的人，一个普通中国百姓一旦加入基督教成为教民，那么他们就会成为教会的保护对象，他们的身份陡然间就与其他民众有了区别，甚至可以说传教士和教民在古老的中国大地上形成了一个新的阶层，我们从历史中经常可以看到这个新阶层的活动。比如在巨野教案中，那些始终未被发现的杀害德国传教士能方济和韩理并火烧教堂的凶手，是被附近的教民所赶走的；在义和团最初爆发的山东冠县梨园屯争夺地基的一派是普通村民，另一派正是教民；长江中下游发生的系列教案中，传教士正是带领着当地的教民阻拦普通民众举行的迎神赛会。可见，教民已经成为一种身份标识，他们在必要时间会为了共同的利益一起活动。教士与教民皆为利益联合体，他们是强势的一方，相应的乡民成为弱势的一方。在乡民看来，教士与教民仗势凌人，欺压良善，自然成为义和团的斗争对象。

众所周知，中国传统社会中乡绅阶层在地方治理中发挥着重要作用。乡绅由已取得功名但还未能做官之人和致仕官员等组成，他们有一个共同的特点，那就是乡绅必然是知识阶层，他们对维系社会运行的礼仪、伦理知之甚深，并尽力加以推行。乡绅是传统社会中的特殊阶层，他们既不属于官也不属于民，但由于有功名在身，因此一方面他们享受免税的特权，享受"刑不上大夫"的特权。乡绅总是能成为当地利益的代表，一旦地方利益受损需要与代表国家的官员进行交涉时，乡绅是最有资格做这件事的，而国家往往也会考虑乡绅的要求。另一方面乡绅承担着维系地方秩序稳定的义务。国家派遣治理地方的官员只到县一级，而一个县衙除了县令之外，幕僚、衙役的数量加起来往往就是几十甚至十几人。要想完成征税、治安、水利等各项工作，没有额外的支持是不可能的。于是，乡绅就承担了官府无法完成的工作。特别是乡绅往往以同宗同族的名义，赈济同族的穷人，这是国家很难做到的。在中国广大的土地上，乡绅阶层已经发展成为国家与平民之间的中间润滑阶层，他们既完成国家的任务也守护着本乡本土乡亲的利益。

乡绅阶层也是地方的头面人物，他们承担着仲裁者的角色。中国古代并非法治社会，特别是农业社会人与人之间发生的矛盾与冲突多是鸡毛蒜皮的小事，远未达到刑事案件的程度。而且一般诉讼一旦告至官衙则肉刑的惨毒、官员衙役的金钱盘剥等是一般民众无法承受的，古语"生不入公门，死不入地狱"表明的正是这种心态。因此，德高望重的乡绅便在乡村冲突的解决中担任了仲裁者的角色，他们是矛盾双方的同乡，甚至还有亲戚关系，往往知根知底，在解决问题的时候能考虑到事实、习俗、人情等各方面因素，从而取得一个双方都满意的结果。职此之故，一旦有矛盾发生，双方会主动寻求德高望重乡绅的帮助。也因此，乡绅的社会地位愈加提高。

传教士的到来给乡绅阶层的地位造成了威胁。中国小农经济基础脆弱，一旦发生天灾容易造成大规模流离失所的情况，因此国家和乡绅都会采取措施赈济灾民。传教士到来之后，凭借教会和西方国家雄厚的财力也参与到了赈济之中。康熙四十三年山东大水，灾民逃往北京，康熙命传教士设粥厂赈济，此二人自愿捐五百两白银。当时城内的传教士自愿加入到赈济工作中；乾隆四十六年江南饥荒爆发，华裔耶稣会教士姚若翰自费斥巨资在崇明岛帮助灾民。不仅如此，在士绅阶层占据传统优势地位的诉讼方面，传教士也逐渐掌握优势。士绅的地位是由他们的功名获得的，但功名由国家赋予也可以由国家剥夺，因此当平民利益与国家利益发生冲突时，士绅还是会压制平民利益，优先考虑国家利益。传教士的特殊身份是由列强和一系列不平等条约造成的，并且得到了中国教民的强化。美国驻华公使指出："当罗马天主教传教士离开通商口岸进入内地时，他们就自称拥有半官方的权位。这使它们能够与省内官员平起平坐：他们否认中国官员对当地基督徒的管辖权，实际上就使这批人摆脱了地方官员对他们的管理，使他们不受法律的惩罚，因而导致认为有利可图的不法之徒趁机加入天主教。"地方官员的大权旁落，士绅的地位更不言而喻。

传教士对中国的法制制度一向不满，认为"黄金和白银"是审案的主要标准和唯一依据，如果将教民交给中国的官府去审判，那么会导致"无辜的教徒"没有正义可言。因此，德国圣言会在山东的传教士认定布道团有必要保护基督徒，甚至到了每有讼案，传教士随叫随到的地步。这种做法加剧了传教士与非教民和士绅之间的矛盾。有一个事例可以清楚地说明这一点。张桥镇是有名的顽匪窝，当地经常发生盗匪抢劫富家大户的案件，以至于县官决定将镇子废除，将所有居民流放。此时，镇子的人几乎全部加入了基督教，于是传教士劝说县官，不再对人们施加惩罚措施。值得注意的是，这里所谓的"富家大户"多为当地士绅，而传教士又直接推翻了县官的决定。而对于顽匪，不论是士绅还是平民恐怕都无好印象，连带着对传教士也产生负面印象。这也必然导致地方官和士绅对传教士和教民的愤慨。甲午战争之后的中国，清政府已经无力应付来自列强的战争，他们所能做的就是约束地方官不允许发生任何与外国人包括外国传教士的冲突，这给了传教士在中国内地肆意妄为的机会。

随着基督教对中国社会的影响进一步扩大，教民与非教民之间的矛盾也日益激化，义和团的发生似乎已经到了不可避免的境地。

义和团最初的活动

山东冠县梨园屯村是义和团初起的地方，其发生的直接原因正是当地教民与村民的冲突。梨园屯村在行政区划上属于冠县，但实际上却并不在冠县范围内，而是处于山东直隶之间的飞地之中，该处飞地共十八个村庄，梨园屯村是其中较大的一个。民国《冠县志》记载这里："地势远隔，风俗特殊……平民与教民杂处，孤悬境外，隐然独立。对一小邑之控制，即使鞭长也有所不及……县城对飞地的管辖是通过在村的绅士、有实力的阶层（团练领袖、绅士、个村村长、会首等）间接地达成的。"义和团兴起前夜，这里的经济状况与以山东西部和直隶东部为代表的华北平原的大部分地区一样，都处于崩溃的边缘。首先，这一带地区的人们以种地为主要经济来源，此外还要从事织布、贩卖、做长短工等来补贴家用。此时由于这一带长期的干旱，农业生产遭到了巨大的破坏；又由于西方商品的输入、内陆水运的衰退和经济重心向沿海转移等因素使得本地的经济状况进一步恶化，甚至自给自足的状况也难以保持。经济的困境如此严重以至于连外来的传教士也要记上一笔："鲁西一带的农户大都居住在阳光不足、潮湿狭隘的茅草屋里，窗户很少。……其食物亦非常简单，每年只有极少机会吃肉，以粗茶淡饭为主。只有新麦打下之后，才吃几顿面条和菜蔬。园内所产菜蔬，并不全部食用，还担去城镇换些粮食以维持生活……平时饭时，水里煮些大蒜、辣椒、大葱，就是一顿。"这是正常年景下自耕农、半自耕农和无地农民的生活，一遇水旱蝗灾悲惨程度还要加重。这使得农民的不安定感和焦虑感日益加深，如有外在刺激则极易爆发。这种经济状况对教会和义和团的发展都有影响，部分农民入教以寻求经济庇护，部分农民加入义和团进行抗争。

梨园屯村自古即有天主教徒，1864年当地大规模反叛被平定之后到1869年教民冲突发生之前的五年间有二十余户入教，成为入教的一个高峰期。1864年，梨园屯一户李姓人家参加了黑旗军、白莲教起义，失败后逃匿回村，遭官府逮捕。教民劝其全家入教后，当地神父即寄信一封给冠县当局，称被捕的李某是诚实的教民，并非叛乱分子，冠县衙门不但释放了他，甚至还赔礼道歉。这成为刺激其他人家入教的一个契机。本来，与官府打交道是当地士绅的职责，但士绅本身对所谓"乱民"即无好感，不想搭救；经济衰退又使其丧失了救助宗族弱者的能力和兴趣。在此背景下，为寻求经济和政治上之庇护，更多农民特别是贫民溢出了传统宗法关系之外加入了基督教。这种入教模式，具有典型意义。

民教之间的直接冲突源于玉皇庙和义学地基之争。玉皇庙和义学本为村中公产，但受到兵灾破坏村中无经济实力将其修复，1868年合村商议将其分为四份，教民一方得义学、玉皇阁占地和破屋一处，并立下字据。由于教民也无财力将分得的房屋建成教堂，于是将其献给传教士梁多明。但教民与村民之间本来就关系不佳，当教民要将玉皇庙改建为教堂时，村民便将此事诉至县衙，由于本就有字据加上传教士顾立爵的干涉，非教民一方败诉。教民既得传教士庇护，于是在乡村生活中处处表现此种优势与威权，甚至将自身装扮成为传统士绅的模样，干涉词讼，横行乡里，这愈发引起非教民的不满。1887年，费若瑟神父来此改建教堂，但遭到地方士绅率人夺走建筑材料和经费，并捣毁教堂。法国公使就此事向总理衙门抗议，山东官府将其作为悬案搁置起来。1891年，随着长江中下游地区一系列教案的发生，民教冲突成为外交重点，总理衙门指示，"各省教案迭出请严饬各督抚迅速筹办"，以此为依据山东当局裁定教民享有玉皇庙地基，裁定一出，非教民本已感觉受了委屈，而教民更扬言要将此前阻挠建教堂之人全部拿办，于是群情汹汹，局势一触即发。

在非教民看来，官府与教会联合起来站在教民的一方，而地方士绅明哲保身无法为村民说话，他们只好祭出民间武力抗争的法宝，于是十八奎应运而生。十八奎明确提出要以武力拆毁教堂，实际上是后来义和团以武力打洋教的先声。在面对有教会和官府支持的教民时，他们感到势单力薄，于是便邀请梅花拳首领赵三多的加入。赵三多收十八奎为徒，并提出义和拳的名号，其基本活动与思想皆为反抗教会压迫。义和拳取"义气和合"之意，虽然它是由赵三多最先提出，但却具有最大的开放性，只要是反抗不义、不和的教会的组织都可以自称义和拳。这为义和拳的广泛传播提供了组织条件。

义和拳进入武力斗争的阶段也是在梨园屯开始的。教民在传教士的资助下重建教堂，并投书冠县县衙要求官府派兵保护教民安全；为展示实力、回应对方挑衅，赵三多率众三千人在梨园屯"亮拳"，官兵退避三舍。十八奎等村民趁势涌向教堂对教民施压，双方发生武力冲突。参加此次行动的，除了本地人之外，还有周边的威县、曲周县村民，甚至威县境内还有教民被杀。

梨园屯教案可以看成义和团兴起的一个缩影，当时中国各地受到列强侵入、经济衰退冲击、教会势力猖獗等影响的地区绝不是只有梨园屯或山东。自古以自给自足的小农经济为特点的中国广大农村地区顽固地保持着自己的传统，由于资讯的缺乏，他们对于西方和西方人几乎处于完全无知的状态，对于传教士和教民他们也认为是离经叛道的存在，无法用正常的生活经验来理解；天灾的到来、灾荒的加重又巧合的与洋教的到来重合。所谓"事出无常必有妖"，朴素的民间智慧往往与愚昧相互纠葛，广大民众不假思索地将自身的遭遇与外来之物联系了起来，再加上生活中矛盾的一步步加剧，民教之间冲突的爆发便只是时间的问题。

义和团运动的进一步扩大是德国强占胶州湾的后果。胶州湾被强占后，民间盛传为了保护教堂，列强派来了洋兵队，这对义和团是一个不小的刺激。美国神父克莱写道："德国人事件在一些地区使传教士深受其害。……除了侵犯他人权力外，侵占胶州不仅对中国，而且对居住在中国内地的外国人会产生严重的后果。""异教徒的帮会分子……把传教士和教徒视为德国侵占胶州的原因"。随着胶州湾事件的发生，民众的反抗情绪被点燃，直隶境内出现了类似梨园屯义和拳的活动，斐省三神父记载："我们直隶省在一两周时间内就被义和拳所侵入。他们从山东来到这里，他们传播很快，如同火药桶爆炸一样。为什么这样呢？这就是由于德国人侵占了胶州湾。……在这里人们都在议论洋人要瓜分中国，他们（教会）已经潜伏在中国各地；（拳民）现在同法国还挑起了新的冲突。"

1898年是胶州湾事件的发生年，同时也是义和团运动"蜂起"的一年。在这一年里，义和团成为平民反抗洋教的组织，只要是对洋教侵入内地不满的中国人无论其原本是梅花拳、神拳还是大刀会成员，甚至没有参加过任何武术组织的，都可以以义和拳为号召率众反抗洋教。也是在这一年，义和拳提出了"顺清灭洋"的口号，这一口号使清政府对义和团的兴起喜忧参半，也成为清政府后来对八国开战的资本之一。

清政府的态度和列强的反应

地方官有守土安民之责，对地方情事相对比较清楚，又掌握实权，他们的决策和态度对民教关系的发展有重要作用。一般而言，山东地方官大多不满于传教士凭借不平等条约进入内地后的所作所为，他们认为教民在传教士的庇护下严重扰乱了传统秩序，山东巡抚张曜曾就教民冲突事宜向总理衙门上奏曰："该民人一入洋教……凡户婚、田产、钱债细故，偶一不遂其欲，不告司而告通事。通事亦系本国民人，以洋人为护符，即出面恫吓平民……是以强者或怒于言，懦者或怒于色，即众怨沸腾……而教士性直，不识诡谲情形，以教民实在受屈，遂与地方官为难。"可见，列强也好，教士与教民也罢，都是旧土地上出现的新事物，无论是地方官、乡绅还是非教民都没有好的应对办法，特别是无论官民皆认为这些事物都是洋枪洋兵在背后撑腰，尚未接触即倍感压抑，地方官尤其难以接受。

1899年，山东爆发神山教案，对于如何处理此事件，教会与清政府之间一直没有达成协议。于是传教士向德国政府发出出兵日照、兰山的请求；德国政府立即出兵占领日照。占领日照期间，德军四处惹事，击毙平民，德国政府和传教士更是肆无忌惮地向清政府索要权益。于是，时任山东巡抚张汝梅致信德国亨利亲王和总督叶世克："保护基督教不应倚仗兵力，以护商为名劳烦兵力亦属非策。……乡民若疾之过甚，即使铁路修成百货也无法流通。……以兵力挟制，犹如抱薪救火。"而继任巡抚毓贤更是对德国人大为不满。

德国占领日照之时，毓贤新任巡抚正是负责处理洋兵和民教冲突的本职官员。外国的强横、上司的逼迫使其倍感棘手。同时，毓贤对义和团员另有想法："伏查东省民风素强，民俗尤厚，当此时局艰难，外患纷沓之际，当以固民心为要图。百姓能知君亲大义为务者不颇不乏人。设有缓急，必有可恃。"

其实无论是毓贤、张汝梅还是他们两位之前的巡抚李秉衡，都对反洋教民众表现出了宽容和让步，力图使民教关系不至于完全偏向有利于教民的方向。张汝梅甚至想将义和团员改为民团。毓贤更是保守派"清官"，对扰乱体制者毫不留情，对土匪的镇压几近严酷，对于戊戌变法则认为是利多弊少，对于传教士和教民更是感到愤怒和郁闷。因此，对反抗"新事物"的义和团，他是抱有同情和理解的。

除了地方官的态度之外，中枢的权力斗争也对义和团运动产生影响。戊戌失败之后，光绪皇帝被囚禁，表面看来此事告一段落。但在变法期间遭到维新派打击的怀塔布等人及拥护慈禧参与镇压维新派的大臣们却始终放心不下，"西太后既老，光绪方壮，若太后一旦死，恐光绪复政，不利于己。故不如西太后在时，绝其根也"，只是担心"一旦废立，国人必有兴师问罪，而外国亦必责问之"。慈禧对废除光绪皇帝也表示赞成，但外国公使方面却始终要维持清政府现行统治避免政局不稳的出现因而反对废立，朝廷重臣如孙家鼐、刘坤一等也反对废立。因此，慈禧和后党始终不敢贸然行事，但他们对列强的干预深表不满。

1899年，崇绮、徐桐、启秀等突然上书要求慈禧让光绪退位，并将端郡王载漪之子溥儁选为继位人选；接着于当年十二月宣布溥儁为大阿哥，正式成为皇位继承人。如此大事，如果不是慈禧授意，实在难以想象。此事一出，举国哗然。各界人士纷纷表明态度，上海电报局经元善及唐才常、章炳麟等东南人士一千二百三十一人通电反对。孙家鼐称病，刘坤一坚决反对，张之洞称此为满洲人"一家私事"不予干涉。从废立一事各方的态度我们可以看出，满洲统治阶层受到了掌握大权的汉族官员及有识之士的孤立，这种孤立随着义和团运动的发展越来越明显。

废立事件发生后，清政府的权力重心发生了变法，载漪作为可能的未来太上皇一时炙手可热，以他为核心的赵舒翘、启秀、崇礼、刚毅等一众对西方懵然无知的保守派大臣成为决策核心。但外国人对载漪并不买账。溥儁被封为大阿哥之后正式通知各国公使馆，但却没有一个外国公使道贺，这其中所表达的态度不言自明。按照载漪和溥儁的想法是要直接取光绪而代之的，退而求其次的当了个大阿哥已经让他们很不满意，而外国公使对废立一事的反对正是溥儁无法当上皇帝的原因之一，现在竟然又不道贺，这让载漪深感耻辱，对外国人也愈加厌恶。也正是在此时，载漪听说义和团有神力可以对抗洋人的枪炮，于是立刻将他的亲信、时任山东巡抚的毓贤和义和团员招致府中，打算利用义和团对抗洋人。值此之故，时人甚至将载漪视为义和团的大头目，把他的政敌即所谓通洋派的一龙二虎三白羊的光绪帝、李鸿章、奕劻作为打击对象。

载漪不满洋人，慈禧更是如此，最直接的原因是她下令捕杀的康有为被英国人所救，梁启超被日本人所救，此二人虽然在中国被通缉但在外国却横行无忌甚至组织保皇会大肆活动。囚禁光绪之后，表面看起来她手中的权力稳固了，但洋人总是对她不满，一方面抵制她废除光绪的皇位，另一方面甚至逼她归政。东南各督抚身边深受西学影响的幕僚更是鼓动地方反对中央，这实在是令慈禧无法接受！如果有那么一群人，他们之前没有被吸纳到正规军中，却能凭借着民间神技对抗西洋，这将是多么美妙的一件事！

义和团运动的高潮

1896年前后，在鲁西北的长清县境内出现了类似于之前的梅花拳的秘密宗教组织——"神拳"。如果说赵三多领导的"义和拳"是义和团运动的初期阶段的话，那神拳的兴起则代表义和团运动达到了高潮。

神拳有两个基本特点可以将其与之后为人熟知的义和团联系起来。第一，神拳毫无隐晦、不避官府的在公开场合设坛口表演神术和武技，并公开收徒。我们所知道的秘密宗教之所以称之为"秘密"，就是因为它们的仪式、咒语等都是秘不示人的，而神拳的公开性似乎从一开始就表示他们并不像其他秘密宗教一样多少存在着反叛的可能。这与后来蔚为大观的义和团一脉相承。

第二，神拳中最重要的仪式就是降神附体，而这也是义和团的根本。传教士傅恒理说："拳会激增的原因在于添了一种新的招数，拳师们说降神附体能免受伤害，并以此来蛊惑民众。"降神附体会使施术者处于一种疯癫状态，甚至旁观者受到影响也会处于一种兴奋而无法自己的状态，这对于主要以道德自律来维系社会稳定的地方官来说自然不是好事。吴桥县令劳乃宣说："尔等当知习武防身原为例所不禁，而义和拳一门，有降神念咒等情，实属邪教，与寻常习武者迥然不同。"

降神附体已经成为义和团的标志被历史所铭记，义和团所请诸神多出自《西游记》《三国演义》《封神榜》等典籍，神明主要有孙悟空、猪八戒、关公、孙膑等，还有小说人物黄天霸、黄三泰等，后来穆桂英、杨家将等都被请了下来。这些人物的来源全是戏剧与小说，他们通过戏剧、说唱等形式在民间得到广泛传播，并为义和团所利用。

那么，义和团至此有没有自己独特的组织结构呢？回答是否定的。义和团最突出的特点就是它没有什么组织形式，任何将拳术与降神附体相结合，并依次为凭借打洋教的群体或个人都可以自称义和团。这一特点贯穿义和团运动的始终。

1899年对义和团抱同情态度的毓贤信任山东巡抚，神拳的发展得到一个契机。此一时期，山东境内的官员普遍流露出反洋教倾向，如神拳发源地之一的茌平县令在调解神拳与天主教徒纠纷时，判天主教徒出钱唱戏，而神拳则利用这一机会"比枪，比炮"。时人以为："那时候神拳正兴，各庄都去，豫（县令豫咸）官还给神拳开了赏"。与此相应的是，平原县令蒋楷则因为数次镇压义和团的活动而招致毓贤的不满。

官方的态度总是会被民间过度解读，甚至一些谣言也会被当作事实来对待。当地民众看到义和团的活动并未被官方制止，就将这一信号视为鼓励，于是义和团活动进一步扩大，村落中拳场数量开始增加，加入的拳众也不断增多。神拳利用集市、唱戏等机会宣传神术，并宣扬打洋人的思想。很多村庄都有了神拳的拳场。似是而非的所谓北京城里传来的消息说慈禧太后不满洋人和洋教，要与外国开战，这也从一方面鼓舞了群众加入义和团。需要指出的是，神拳最基本的组织形式是拳场，这些拳场之间并无隶属关系，每个拳场都有自己的负责人和团员，他们的仪式相近、目标相近，但却是分散的组织。这一时期，以妇女为主的"红灯照"也出现了，这进一步扩大了义和团运动的组织范围。"红灯照"最初出现在山东茌平和京津一带，成员多为年轻女子，她们的目的也是打洋教。

直接刺激义和团发展的是1899—1900年间华北平原的大旱。山东直隶一代百姓以农业维生，一旦遭遇天灾农业生产无法正常进行时，则农民就陷入食不果腹的境地甚至成为流民。更为可怕的是，等待下雨的焦虑心情，成为他们陷入暴力活动的心理基础。人们加入义和团的一个重要原因是"庚子那年天大旱，人们没事干，所以练起了义和拳"，土地干裂，无法播种，加入义和团成为解决生计的一个方法。还是庚子年，大刀会首领韩姑娘被请到巨野县，据闻其为红灯照，法力高强，只要加入她的组织就管饭，于是很短时间就有上千人参加，但好景不长，"过了两三天，下了场大雨，第二天就不见大刀会的人了，都没了，原来那些人是来吃饭的，天一下雨都各自回家种庄稼了"。义和团绝不是和平组织，他们的粮食多是抢夺富户和教民而来，这些粮食成为吸引团员的重要资本。更加激起人们不满的是，民间普遍认为干旱本身即是教士造成的。义和团的揭帖将干旱归罪于教士的活动："劝奉教，不信天，不信神，忘祖仙。男无伦，女行奸，鬼孩俱是子母产……田无雨，地焦旱，全是教堂止住天。"这种将干旱与传教士联系起来的想法，深入人心。对于干旱与义和团发展之间的关系，传教士也有清楚的认识："这是最困难的一个时期，饥荒威胁着人们，干燥炎热的天气使所有人面带倦容。……人们无所事事，只谈论着如何杀洋人和教民。形势越来越险恶，如果一直不下雨，什么样的暴力事件都有可能发生。我们知道，如果上帝愿意，他会普降甘霖来解救我们。"

从汉代开始，中国即有"天人感应"之说，如果久雨不晴或久旱不雨则必定是人世间有人做了有违天和的事，这就需要有人站出来对此进行纠正。当时的中国最为异常、最违背传统的就是洋人洋教的存在，因而此二者自然成为导致久旱不雨的原因，也成为被攻击的对象。

随着义和团人数的不断增多和对教堂、教民攻击次数的增加，他们与当地官府之间的冲突也不可避免，山东巡抚毓贤采取斩首政策，即将为首者如朱红灯、心诚和尚等著名首领捕杀，但这一政策对义和团的发展并无太大阻碍。义和团本来组织上就是分散的，一两个首领的死亡不足以使他们的运动受挫，反而有更多的首领冒了出来。随着打洋教事件的增加，外国公使不断发出威胁，并向总理衙门提出抗议，他们认为毓贤的无能是导致打洋教事件频频出现的重要原因，并威胁出兵山东武力镇压义和团，于是总理衙门撤换毓贤并以袁世凯取而代之。虽然袁世凯认为义和团乃是暴民组织，必须给予镇压，但实际上他的政策与毓贤并无太大区别，他虽然剿灭了部分义和团成员，但并没有对义和团造成严重打击。义和团之所以在袁世凯任职期间发展趋缓，只是因为随着干旱地区普降甘霖在缓解旱情的同时，也减慢了义和团运动的发展。

值得注意的是，在在袁世凯镇压义和团期间，义和团内部提出了"扶清灭洋"的口号，这具有两方面意义，第一，义和团将本身的活动与朝廷的命运联系了起来，给自己的活动披上了合法的外衣；另一方面，这一口号使朝廷中那些强调民心可用，力图利用民众力量抵抗外国的官员们更加坚定自己的主张。

1900年1月，朝廷的一道诏令使义和团再度兴起。朝廷认为"反教"事件中的拳民成分不同，或为保卫家园，或为保护身家，地方官不可一概目之为匪，并且"严饬地方官，办理此等案件只问其为匪与否，肇衅与否，不论其会不会，教不教也"。朝廷的这一态度对义和团的发展起到了推波助澜的作用，于是自山东开始的义和团进一步向直隶等地蔓延。值得注意的是，这种蔓延并不是山东的义和团整体迁移到直隶，而是山东的拳师越界来到直隶，并设立拳坛，招收当地民众入团。

事实上，早在1899年，直隶部分县即有义和团活动，并烧毁教堂，打伤教民。当地官军对这些义和团进行了镇压，不过却没有遏制住义和团向北蔓延的态势。河北固安是较早出现义和团的地方。光绪二十五年冬，由于知县在民教冲突中偏袒教民一方，村民因为官府无法保护他们的利益转而向义和团寻求支持，接受了神拳。义和团在在直隶、天津一带的传播基本上都是这种模式，即拳民由于失去了生活来源，将练拳作为主业，而一旦哪里发生民教冲突，则拳民就会被请入当地，于是义和团就在这里展开。霸州、文安、静海、天津、涞水等地都出现了义和团的身影，而号称"天下第一团"的张德成团也在静海独流镇出现。这是后来天津义和团运动发生的基础。

直隶、京津一带的义和团到处发布揭帖，这些揭帖一方面表达了对洋教干扰民间生活的不满，另一方面也表达了最普通的大众对中外关系的看法。宛平县《坎字团晓谕》："窃有天主教，由咸丰年间串结外洋人，祸乱中华，耗费国帑，拆庙宇，毁佛像，占民坟，万恶痛恨，以及民之树木禾苗，无一岁不遭虫旱之灾，国不泰而民不安。今以上天大帝垂恩，诸神下降，赴垣设立坛场，神传教习子弟，扶清灭洋，替天行道，出力于国家而安于社稷，佑民于农夫而护村坊，否极泰来之兆也。……义和团……道德为本，务农为业，而遵依佛教，不准公报私仇，以富压贫，依强凌弱，以是为非。"另有直隶南部一带的揭帖则曰："考中西条约，凡西人处吾中国者不准干我国政。无知存心狡黠阳奉阴违，始则纵伊教民，欺我士庶；继且挟吾宰抚，虐我编氓。"上述揭帖将义和团运动发生的大部分原因交代了出来，更重要的是它表明义和团与传统的极易发展成为农民起义的秘密宗教不同，义和团是保朝廷的，不是反朝廷的。他们的斗争对象是洋教和教民，目的是使中国人在中国的土地上不受西洋人的欺负。正是这些思想辅之以不惧洋枪洋炮的神术，使义和团运动成为中国近代史的独特现象。

随着义和团运动影响范围的扩大和参与人数的增加，他们与教民的冲突越来越频繁而严重，在外国公使的干涉下，地方官对攻击教民、焚烧教堂的义和团也必须采取措施，并最终导致了对义和团运动发展至关重要的涞水事件。涞水事件并无明确的起因，只是当地义和团召集外地义和团一起攻击教民，这次的义和团集聚了来自各方的团众达到上千人，当然他们之间是不相互统属的。当涞水知县对义和团进行劝阻时，他发现这些义和团根本不理睬官府的威严，执意将教堂纵火焚烧。于是，知县请来了当地练军逮捕了部分团员，让人感到惊异的是义和团竟然集结几千人解救被军队抓获的团员，并打死了领兵的分统和几个官军。如果以此事为契机，清政府对义和团加以剿灭的话，那义和团可能还不会进一步蔓延到京津去，但此时的朝廷分为两派，一派以庆王、端王、刚毅、启秀为代表认为义和团可以成为抵御洋人的依靠，另一派以荣禄、世铎、王文韶等人为代表认为义和团只会加剧中外冲突，使中国陷入混乱。然而，此时荣禄已经患上了"政治病"被排挤出了中央，庆王、端王、刚毅、启秀等形成新的权力核心，他们一方面要求各地驻军对义和团不可孟浪，另一方面只抓捕主要责任人，对一般团员安抚为主。这还是原山东巡抚毓贤政策的翻版。事实证明，义和团推选新首领的速度要比官府抓捕的速度快得多。

1899年，北京有人开始练习义和拳，但直到1900年大批义和团才从北京周围的农村大批涌入京城，初期进入北京的团民赢得了普通民众甚至是下层官吏的欣赏，他们多是农民，没有装备什么先进武器，自带干粮而从不抢夺钱财，特别是他们进入京城的目的时人理解为是："既不图名，又不图利，奋不顾身，置生命于战场，不约而同，万众一心，况只仇东洋人与奉教之人，并不伤害良民，以此而论，似是仗义。"他们举着写有扶清灭洋、替天行道义和团字样的大旗，成群结队的入城，很多城市居民如贩夫走卒等都加入了他们。与山东不同，进入京津的义和团有了各自固定的根据地即"坛"，每个坛都有负责的大师兄，同时义和团有了自我身份的认同，他们开始身着具有标志意义的红黄色服装，头包红巾，这样就将团员与平民特别是教民分隔了开来。但义和团没有一个总的首领，各坛各自为战并不相互统属，这也是朝廷能够容忍义和团在京津腹地迅速发展壮大的原因。

进入北京的义和团攻击的对象主要是教堂和教民，1900年夏义和团占据天津之时即派人上街巡逻，见形迹可疑之人，即指为奸细当场处死。为了分辨教民和平民，义和团发明了很多独特的方法，比如他们认为凡是教民则脑门有一个"十字"，只要一用法力即显露无遗。另一个普遍采用的方法是：将人拉至义和团的法坛上，令其烧香焚表，如果纸灰飞扬起来则其人即不是教民，性命可保，如果纸灰不飞起来，即为教民。事实上，教民和平民根本没有可靠的方法分别，很多无辜者惨死，这里也不乏义和团员恶意报复的成分在其中。随着朝廷排外政策的进一步公开化和纪律的松懈，义和团将进攻目标扩展至一切与西方相关的事物。如店铺招牌不可用洋字，电线杆、铁路等必须破坏，甚至团员会对路人进行搜身，只要发现身上带有类似铅笔、书本等与西方有关的物件，即将其视为教民而处死。

进入京津的义和团与山东、直隶的义和团有很大的不同，标志着义和团运动的发展进入了新阶段。首先，义和团具有了朝廷半认可的官方身份。山东的义和团此时被称为老团，老团在山东当地是纯粹的民间组织，他们虽然不像秘密宗教那样昼伏夜出但除非到了必须展现实力与教民对抗的时候，他们是不会轻易以义和拳的名号聚众亮拳的。对于朝廷和地方政府而言，即使是最同情义和团的官员也不会支持其聚众持械沿路捕人。进入京津特别是北京的义和团则获得了官方的认可，一个最好的例子就是义和团的统一着装，义和团员多数出身贫寒无力购置什么统一的服装，特别是清政府对于集会结社严厉禁止，对于民间武装组织的镇压更是不遗余力，很难想象没有官方的支持下义和团敢于以统一服装横行京津。特别是1900年1月11日上谕："严饬地方官，办理此等案件（指与义和团相关的案件）只问其为匪与否，肇衅与否，不论其会不会，教不教也。"这条上谕其实变相承认了义和团的合法地位。这与后来义和团数量的激增和气焰的高涨密切相关。其次，义和团的斗争范围扩大了。山东老团主要作战对象是与他们切身利益相冲突的教民与教士，但京津地区将民教冲突扩展为中西冲突，事实上就是义和团运动发生了转向：由保护自己的切身利益转向了中西冲突。而这正是朝廷利用他们对抗西方的原因。这种扩大是质的变化。

据时人记述此时的北京义和团，"纵横街市无禁，城中为坛几遍，每坛数十人。……凡附入者，习数十日，能上神，则术成，遂自立坛而为师。呼教民为二毛子，全家老幼杀之无得免……扬言当尽灭诸夷，不受赐。每坛树一旗，大书保清灭洋字"。对教民和教堂攻击的加剧特别是日本书记生杉山彬的被杀，义和团以及像义和团一样仇外的董福祥的甘军与列强的武装冲突不可避免地发生了。

列强武力干涉

西方列强对义和团之类反洋教活动一直持武力镇压的态度。自1856年西林教案至1900年的义和团运动，列强不问民教冲突中责任到底在谁一方，只管以武力为后盾，借教案与清政府谈判获取更多权益。清政府对教案一直颇为头疼，在与列强的交涉中，以曾国藩为代表的清廷官员抱持一个信念即：不可轻易与洋人启衅。以天津教案为例：1860年，法国在天津强占望海楼皇宫故址为领事馆。法国传教士乘机在天津东部建造仁慈堂，1869年又在领事馆旁强占寺庙旧址建造圣母胜后堂(俗称河楼教堂)，并要中国官员参加开堂典礼。次年，天津盛传有人用药迷拐幼孩事件，仁慈堂收容幼孩中有数十名死亡。这些拐卖并虐待幼孩事件，群众怀疑是传教士所为，而被捕拐犯亦供认受教堂门丁指使，事与修女有牵连。于是，士绅集会，书院停课，群情激愤，反洋教呼声高涨。6月21日，天津官员押带拐犯到教堂查看对质，遭到法国驻津领事丰大业的阻挠。午后，群众聚集教堂前抗议，并推派代表找丰大业论理。丰大业要求派兵弹压不成后，携手枪闯入三口通商大臣崇厚官署，咆哮如雷，向崇厚连开两枪未中。归途中又向天津知县刘杰开枪，击中随员一人。秘书西蒙则向群众射击。积忿难忍的群众至此怒不可遏，当场将二人殴毙。随后鸣锣聚众，焚毁法领事馆、河楼教堂、仁慈堂，以及英美四所小教堂，先后打死法领事一人，随员三人，教士、修女十二人，法国居民二人，俄国居民三人。6月24日，法、英、美、俄等七国公使联合照会清政府提出抗议，并调派军舰进行武力恫吓。清政府虽知此案是"由丰领事仓促激变"，仍坚持"严拿凶手，以惩煽乱之徒，弹压士民，以慰各国之意"。最后判处20人死刑，包括府县官员在内的25人充军，赔偿白银50余万两，并特派崇厚赴法道歉，始得结案。

"天津教案"的处理结果丧权辱国，直接负责此事的曾国藩遭到万人唾骂，曾氏也"外惭清议，内疚神明"，不久即撒手人寰。此后发生的长江中下游发生一连串的反教事件之时，英国公使也借口清政府保护教士和教民不力已经发出了派战舰和士兵进入内地镇压的威胁。而清政府还是本着息事宁人的态度，赔偿教堂损失，裁撤地方官员，缉拿反教首领，满足了列强的要求。因此，在1900年之前，各国列强除了德国蓄谋已久的借教案派兵占领胶州湾之外，并没有中外之间大规模的武力冲突。

然而，随着清政府对义和团由剿到抚的转变、随着慈禧集团与列强态度的恶劣，特别是义和团进入到京津之后，西方各国面对日益兴起的义和团再次将武力提到了议事日程。

1899年12月清政府发布上谕称地方官办理义和团事务时，只问为匪与否，肇衅与否，不论其是否为义和团。这实际上是给义和团和列强发出了一个信号，即清政府对义和团一味采取剿灭的措施，这一方面导致义和团数量的增加，另一方面英法德美公使立刻向总理衙门递交照会，反对该上谕。1900年3月，由于对再次发布的上谕不满，英美法德意五国公使再次提出抗议，各国军舰集结于大沽，这是武力威胁的开始。与以往一样，清政府在面对列强武力威胁时，会适当满足一下列强的要求，但在威胁解除之后又故态复萌，清政府虽然发布了措辞严厉的上谕，但实际上并未对义和团进行切实的解决，反而使得义和团人数更增加了，这不能不对西方各国造成刺激。随着镇压义和团的练军协统杨福同被杀、丰台火车站遭到义和团攻击、北京教堂和教民被捕杀等消息传来之时，列强终于不满足于仅仅去总理衙门提出抗议了，他们要求从天津派兵到北京保护公使。这次派兵共有美英法日俄意等军官22名，士兵334名。此批军队进驻北京使得本已对列强充满戒备和敌意的民意更加沸腾，得知这一消息的北京及周边民众对义和团宣扬的"洋人欺负中国"的说法更信了一层，对清政府来说他们费尽心机阻止列强派兵入京的努力失败了，他们中不免有人将这次派兵与三十年前英法联军进京的情形联系起来，这是决不能容忍的，于是清政府对列强的戒备更深了一层，相应对义和团的态度更宽容了一点。随着这一批外国士兵的进京，一连串的义和团的冲突随之发生，铁路随即被切断，清政府命令聂士成率军守卫铁路并与义和团并肩对西方作战。

首批三百多人的部队并没有给外国公使带来多少安全感，事实上如果可能的话，他们甚至愿意派遣本国部队组成远征军剿灭义和团。公使们热切希望能与光绪皇帝见上一面以商讨目前的事态，但随着慈禧从颐和园返回紫禁城及以反西洋著称的董福祥甘军入驻北京城内后，这样的希望可以说彻底破灭了。于是各国公使决定再次从天津调兵进入北京，这次调兵共有各国士兵2000余人，司令官是西摩尔，史称西摩尔联军入京事件。清政府对此极为重视，"著裕禄迅将聂士成一军，全数调回天津附近铁路地方，扼要驻扎。倘有各国兵队欲乘火车北行，责成裕禄设法拦阻。并著聂士成整齐队伍备豫不虞。其大沽口防务，并著督饬罗荣光一体戒严，以防不测"。可见，清政府认为列强进入北京威胁巨大，尤其担忧外军之来不但是为了义和团而来。而且此时的京城，"一二日内，城内拳匪已集至数万，王公世爵，争延大师兄住其府邸，竭诚供奉，内监之入伙者尤众，于是辇毂之下，悉成团匪世界矣"。义和团在北京既获得清朝权贵的庇护，更能发挥打洋教的本色，他们围攻教堂，砍杀教民，整个京城笼罩在混乱之中。一旦外国军队进入，则战争不可避免。

清政府的努力获得了成效，西摩尔联军一路遇到了来自义和团和清军的武装堵截。义和团将铁路逐段破坏，导致联军只能边修铁路边战斗，行进缓慢。更让他们感到难以应付的是，京津义和团是以村庄为单位组成，一个村庄往往集体加入义和团，因此在铁路行经的村庄时联军总是会被袭击。另一方面，西摩尔联军的后勤保障受到了严重威胁，他们本身没有携带多少辎重食物饮用水等都要靠沿途补充，但铁路沿线的市镇、村庄等要么被战争所破坏要么空无一人，根本无法找到干净的食物和水。此时，义和团各团传帖，将附近的几个义和团全部集中起来对西摩尔联军进行攻击，他们的进攻是勇猛不顾死亡的，虽然在洋枪洋炮的打击下，义和团员损失严重，但也给联军士兵造成了严重的打击；随后受命阻止洋兵进京的甘军到来，与义和团联手共同打击西摩尔联军。于是，西摩尔联军被困在廊坊一带无法前进，加之天气炎热，士兵伤亡严重，只能率领部下返回天津，没有完成增援北京公使馆的任务。在这次战斗中，清军与义和团开始联手攻击洋人，其后在攻打宝坻县教堂的战斗中，清军宋庆部武卫军也与义和团联手，这事实上表明清政府决意利用义和团对抗西方列强了。

西摩尔联军的进京给义和团以刺激，他们听闻此消息后，加大了武装的力度，据时人回忆当时的天津铸刀之声昼夜不绝于耳，天津官府为防止事态超出控制范围发布命令禁止铸刀。但北京对义和团的态度由剿转为抚，使得直隶总督裕禄只能对义和团采取放任的态度，甚至派兵勇给义和团护坛。这其实意味着裕禄已经得到来自北京的消息，正式承认了义和团的合法性。此后，义和团在天津到了一发不可收拾的局面。

天津紫竹林租界为英美法三国所属，这里是外国人和外国传教士的安全之地，该地有三国驻军保护租界。传教士以此地为传教的源头，并一路向华北各地延展。美以美会的教堂从天津建到霸州、文安等地，公里会则发展到北京，连遥远的蒙古山西等地的教堂都是从天津发展而来，因此，天津在义和团眼中乃是邪恶的根源。在获得政府的承认之后，义和团规模进一步扩大，他们的主体性意识，扶清灭洋的意识也进一步提高了，他们认为自身担负着驱逐天津洋人、保卫大清的职责。于是，攻击教堂、教士和教民行为不断发生。与山东老团不同的是，义和团在天津甚至取代了官府的部分职能，开始上街巡逻，维持"秩序"；更值得注意的是，天津义和团反洋已经脱离了义和团初始时期民教冲突的范围，上升到了华洋对立。义和团攻击所有具有西洋意义的事物，他们攻击电报局，看到电线杆，烧毁外洋样式的建筑，焚毁西式书本教材，打砸招牌上有洋文的店铺等，这意味着义和团运动已经不满足于仅仅是攻击教堂和教民，他们将鸦片战争以来的对西方的不满，彻底地爆发了出来。

这种爆发表现形态很极端，直接诉诸武力并希图根除西洋在中国的影响。自然而然的，天津的租界成为首当其冲的目标。义和团对租界的进攻是在1900年5月19日开始的，巧合的是由于不满清政府纵容义和团，列强已经向清政府多次提交照会，发出战争威胁并给予了最后期限。5月22日，清大沽炮台司令官罗荣光率先开放袭击列国炮舰，战争爆发，随机大沽炮台失陷并成为慈禧向各国宣战的导火索。由于时间上间隔较短，义和团对租界的进攻忽然成为战争的一部分，获得了合法的位置，而清军也与义和团联手进攻租界。

　　义和团在天津的进攻和西摩尔联军受阻于廊坊使各国公使认识到事态的严重性，他们的不安全感在增加，更加急切地需要从天津调兵保护公使和本国公民的人身安全，于是各国海军司令官会议决定，不论清政府允许与否都将占领大沽炮台并将不使用武力的最后期限定在5月21日，这一决定以最后通牒的方式送达荣禄手中。6月17日列国在受到清军炮击后，占领了大沽炮台。在此前后，面对企图占领天津站和租借的义和团与清军，列强也给予了有力的回击。由于电报、电线等被义和团破坏，北京与天津的通讯中断，对于各国占领大沽炮台一事，各国公使并不知情，6月20日，他们突然接到了清政府的通知要求其限期离开北京，这让所有的公使感到意外。5月21日英国公使窦纳乐给外交大臣的信中还明确说明在各国公使联合会议上："大家认为，仅就目前情况来判断，局势的发展尚未到达需要调兵保卫使馆的程度"。德国公使克林德意图至总理衙门商谈，但遭到清军射杀；就在克林德被杀的当天守卫公使馆的清军也开始进攻使馆，第二天清政府正式对列国宣战。

　　大沽口失陷后，俄、英、德、美援军数千人，闯入天津海河西岸紫竹林租界，对天津城及外围发动猛攻，义和团奋起投入天津保卫战。董福祥率义和团一部进攻老龙头火车站，毙伤俄军500余名（一说112人），数度占领车站。张德成率义和团及清军一部围攻紫竹林，以"火牛阵"踏平雷区，冲入租界。聂士成部清军坚守城南海光寺一带。7月，八里台一战，聂士成身中7弹，腹破肠流仍坚持战斗，直至血竭而亡。14日，联军付出伤亡900余人（一说882人）的代价，并发射毒气炮后，攻陷天津。但实际上守将聂士成一直与义和团有矛盾，认为义和团是拳匪，认为他们只会祸国殃民，导致义和团在聂士成死守天津时偷袭其后方。

8月中旬，联军2万余人由天津进犯北京。8月中从天津进至北京的部队其实只有七国（当中两国只为象征式的掌旗兵）约一万六千人。分别为：日军八千人，俄军四千八百人，英军（主要由印度人组成，还包括香港及威海卫华人）三千人，美军二千一百人，法军八百人（主要由越南人组成），奥军五十人，意军五十三人。次日，进抵北仓，受到清军马玉昆、吕本元等部及李来中所部义和团顽强阻击，再次施放毒气，才攻占北仓。但联军付出死伤635人的代价，毒气炮也被击毁。13日，联军进至北京城下，进攻东便门、朝阳门、东直门。英军率先由广渠门破城窜入。14日，北京失陷。次日晨，西太后和光绪皇帝仓皇出逃。联军入城后，解除了义和团对东交民巷和西什库教堂的围攻，义和团被迫退出北京，转往外地坚持抗击侵略者。西太后在流亡途中，指定李鸿章为与列强议和全权代表，同时发布彻底铲除义和团的命令。义和团运动至此进入尾声，并最终消散。

当八国联军从天津正向北京挺进途中，俄国突然出动大军对中国东北三省发动大规模的入侵，黑龙江省长（将军）寿山兵败自杀。俄军长驱直入，一连占领哈尔滨、奉天（辽宁沈阳），直抵长城的起点山海关，只七十天，俄国便占领了一百一十余万平方公里的中国领土。据时人记载："当京津事急，俄人在东三省开衅，黑龙江将军寿山与战，后自杀。而俄人极残酷，通省死者无数。吉林、奉天均不得详，大抵已为鲸吞之计矣"。

李鸿章到了北京后，向八国认罪，请求停止军事行动，各国的反应冷淡，他们再度密议乘这个机会把中国瓜分。至少有三千万以上无辜的中国人，家破人亡，痛哭无告。

南北情节与东南互保

义和团运动不但使中国北方地区基层民众对列强的不满急速爆发，而且使得当时政治、经济、文化发展极不均衡的南北方之间，特别是保守的清朝权贵政府与较为开明的南方督抚之间的矛盾彻底显现。

1900年之前南北方的差异主要由当时的政治、经济、文化等各方面合力造成的。政治上，咸丰、同治以来形成的"内轻外重"的二元权力结构日益凸显，地方督抚事权越来越大，中央时时需要仰仗李鸿章、张之洞、刘坤一等督抚解决经济、外交与军事问题，这些督抚多以镇压太平天国和捻军起家的湘淮军首领，手握军权，同时又坐镇东南一带掌握着国家经济命脉。他们被保守的清朝贵族视为威胁。

义和团运动兴起之后，北京清朝贵族保守派利用各种手段收权，引起东南督抚的不满。戊戌政变之后，荣禄、赵舒翘、启秀、崇礼、刚毅、徐桐等始终反对变法的人士担任中枢要职；在慈禧试图废除光绪的过程中，载漪权势迅速上涨，围绕在他的周围刚毅、载澜等保守派大臣组成核心权力机关。无论是荣禄势力，还是载漪集团，他们一方面反对任何"利于汉，不利于满"的"变法之事"，另一方面更加注重保护满人的权力，对汉族大员加以防范，如将李鸿章由北洋大臣调任两广总督，重用满族官员等。表面看来，清朝权贵掌握了更多的权力，事实上东南督抚虽然还接受朝廷的命令，但他们与朝廷的离心力进一步加大。政治的分歧，权力的对立，可以说造成了造成中央与东南两个权力中心。

东南经济的发展趋势也与北方大不相同。自鸦片战争以来，通商口岸多开辟在东南，上海之崛起正是依赖于通商口岸之设立，以上海为中心的东南经济文化圈逐渐形成。在此区域内，农业的商品化程度已显著提升，此地居民不仅是商品的生产者也是消费者，他们自觉或不自觉地进入到商品经济的大潮之中，并从中获利良多。特别是1894年甲午战争之后，清廷对民间资本限制减少，东南经济圈发展更见成效。此地除了洋务派所兴建的官办企业和官督商办企业之外，私人创办的企业也日益增多，大量人口卷入到了所谓洋务当中，他们也以此为生。这就导致人们对所谓外洋事物的认识更为深入和客观。反观当时的直隶、山东等地却长期停留在农业社会中，男耕女织的经济生产方式占据主流位置，与东南同胞不同，他们所接触到的洋人，多是给他们的生活带来困扰的、难以理解的传教士而非带来先进生产方式和工作机会的商人。这就使得北方与南方对西洋的观感出现巨大差异。

东南士绅与山东直隶士绅在对待洋务上也存在较大差异。文化经济状况会对士绅思想产生影响，这在双方对学习西方改革现状的态度中得到充分体现。鸦片战争以来，中国社会内部产生了一批对中国和世界有了新的认识，并力图改变中国面貌的具有启蒙意义的思想家和实践者，并进行了三次主要的革新活动。第一次是鸦片战争前后以林则徐、魏源为代表的"开眼看世界"，林则徐从地理学的视角入手告诉国人，我们所以为的世界与真实的世界有很大的差距，中国并不是什么天朝上国，域外还存在着像英法之类的异质文明；而魏源意识到西方的军事技术远胜于清朝时的中国，并提出了师夷长技以制夷的观点。这第二次的变革是洋务运动。经历过战争洗礼的地方督抚们见识到了西方军事的强大和技术的先进，他们自信地认为中国落后于西方的并不在制度而在于技术，因此"中学为体西学为用"成为洋务运动的指导思想，先求强创办军事工业，再"求富"创办民用工业。在此期间，为了缓解财政上的紧张，民间资本也被引入到了开矿办厂的浪潮之中，无形中刺激了东南一带资本经济的发展。如果说李鸿章、张之洞、左宗棠等是洋务运动的实践者，那么王韬、郑观应、盛宣怀等则是洋务运动的思想家，他们鼓吹变法思想，要政府和国人不要在沉湎于已逝的辉煌，要向西方学习，积极改革，发展工商，以自立于世界民族之林。第三次是戊戌变法。北洋海军全军覆没、德国侵占胶州湾，列强掀起了瓜分狂潮，于是以康梁为代表的变法派大声疾呼，欲改良旧制度，在中国实行君主立宪制。光绪皇帝百日维新所颁布的诏书举凡官制、工商、教育、法制等皆欲有所变革。虽然这次变法由于各种原因归于失败，但变法思想却深入人心，特别是其中鼓励工商的法令正是东南经济圈商人翘首以盼的福音。戊戌变法之后，支持变法的维新派及帝党大量逃往东南投身于工商、报业及教育界，他们与当地士绅一拍即合，于是东南社会出现了一种位于官民之间、往往能引导舆论的中间阶层。

三次变革由地理而军事，由军事而技术，由技术而经济、制度，一次比一次深入。可见东南一批具有世界眼光的知识分子已经完全可能寻求更新的，更彻底的改变中国的方法，他们成为支持变革、乐于学习西方的阶层。

北方士绅在历次变法过程中表现都不积极，这一方面是由于当地没有支持变革的经济基础，另一方面也是因为北方向来为清政府统治的高压地区，清政府千方百计减少西洋在这些地区特别是京津一带的影响，这就使得当地士绅无由充分认识西方和西方人。因此相比于东南，北方士绅更为传统而保守。

东南督抚与山东直隶等地督抚在出身、经历和对洋务的态度方面都有很大不同。当时东南督抚以李鸿章、刘坤一和张之洞实力最强影响最大，他们所管辖的江苏（含上海）、江西、安徽、湖南、湖北和广东、广西地区涵盖了当时所谓的东南的大部，同时也是近代维新思想的发源地。李鸿章作为洋务运动的代表人物，在内政方面一向坚持变革，甚至在戊戌变法期间纳银欲加入强学会；在外交方面一向坚持不可轻易与列强开战，在北方义和团兴盛期间甚至一度与革命党人有接触。可见他对于清政府攻击在华西方人，利用义和团与列强全面开战的做法，是无法赞同的。

刘坤一作为湘军元老，代表的是最先崛起的那一批地方实力派，他赞同光绪皇帝的改革，当慈禧意欲废除光绪另立皇帝之时，刘坤一是第一个站出来反对的地方大员，他致电荣禄说："君臣之义久定，中外之口难防。"如果说第一句尚出于忠君传统的话，那么第二句就是对当前时局的判断，即如果废黜光绪，可能导致国家出现混乱，从而招来列强的武力干涉。维护皇权，维护现行政府的不单单是刘坤一，更是东南社会的共识。与之相反的是，义和团揭帖中指责光绪、康有为等维新派人士是受了日本挑唆，要将中国国体变革"日本诱从索罚款，康党结盟朋比奸"；义和团与谋求废立的载漪相互支持，这与要求清君侧、惩治肇祸诸大臣及维持社会稳定的东南民意适成反对。这种对立，正是东南互保形成的社会基础。

中外压力下的互保

19世纪末20世纪初的东南地区是中国经济的核心区，同时也是西方列强在中国的利薮，特别是英国在长江流域的利益居各国之冠，一旦义和团运动蔓延至此，必然会使包括英国在内的各国利益遭受重大损失，因此面对华北一带蔓延的义和团，各国列强紧盯着事态的发展，并力图提前做出反应预先阻止义和团进入东南地区。英国代总领事霍必澜致电英国首相及外交大臣索尔兹伯里说："我相信假若有了和北京政府任何绝交行迹的话，我们必须立刻与湖广及两江总督取得谅解。"以使他们在英国帮助下，维持辖区内的和平秩序。在霍必澜看来，"扬子江流域内任何事变的爆发，是能够引起大的损失，而且可能蒙受相当生命的死亡，那么采取适当的步骤是必要的，局面是严重的"。出于这样的考虑，英国政府授权霍必澜与驻汉口总领事法磊斯向两江总督刘坤一和湖广总督张之洞保证，如其采取措施维持秩序，将得到英国军舰支持。次日，上海舰队派出"仙女"号、"红雀"号军舰分别开赴南京和汉口，原先驻泊香港的"无畏"号驶往吴淞口待命。随着北方局势的进一步恶化，关于义和团的种种神话传说与对洋人的残忍让西方人深切担忧，特别是大沽炮台之战，无论是租界内的西方人还是东南督抚的紧张都达到了顶点，而大沽失陷又使华人对西方的军事干预甚至是占领上海感到可能。东南督抚时刻关注着英国的动向，防备着英国兵舰的侵入。

同样的，其他各国列强也对局势感到紧张，考虑以派兵的方式维持东南各省的稳定，保护本国在该地区的利益。即便没有势力范围的美国也不例外。因此，伍廷芳特意将张之洞的电报交予美国国务卿海约翰，并由其呈递美国总统麦金利。在对此电报的回复中，麦金利说只要东南督抚能够保证当地秩序稳定和外国生命财产安全，则"他就无意派遣任何陆海军到不需要他们的地方"。当然，如果事态发展并不像张之洞保证的那样的话，美国自然会派兵到需要他们的地方。

当时列强虽然以英国势力最为强大，但各自处于竞争的态势，无论哪一国增兵上海，其他各国必然效仿。一旦列强竞相，外国军舰和军队陈兵东南腹地，这是李鸿章、张之洞和刘坤一无论如何不愿意看到的。因此，他们一方面利用外交手段拒绝、抵制英国等派遣军舰进入长江的要求，另一方面努力维持地方秩序，唯有秩序稳定，西人利益不受损害，才有阻止西方派兵的资本。因此，在东南各界的共同推动之下，早在1900年5、6月之交，东南各省已经在谋划"东南互保"的相关事宜。

然而，事态发展的速度之快超出了东南各督抚的预期。6月20日清廷发布上谕，称："近日京城内外，拳民仇教，与洋人为敌，教堂教民连日焚杀，蔓延太甚，剿抚两难。洋兵麇聚津沽，中外衅端已成，将成如何收拾，殊难逆料。"随后，清廷又将上谕以六百里加急的速度发给各省督抚，要求本省"通盘筹划于选将、练兵、筹饷三大端，如何保守疆土，不使外人逞志；如何接济京师，不使朝廷坐困"；并要求"各督抚互相劝勉，联络一气，共挽危局。时势紧迫，企盼之至"。对这道上谕的解读其实不难，显然一方面上谕中清廷并未对拳民即义和团表达出任何的支持，甚至将中外交恶的原因归结为拳民仇教盲目排外；另一方面虽然形势危急，但各督抚被赋予了共保疆土、挽危救亡之责，至于如何进行则有较大的空间。事实上，这道上谕发出之后的第二天，清军及义和团便开始进攻使馆区。各督抚接到上谕之后严格遵行，张之洞与刘坤一及东南主流社会的士绅官商各阶层都未对此表示异议。

然而，6月21日对列强的"宣战诏书"赫然发布，竟然要"朕今涕泣以告先庙，慷慨以誓师徒，与其苟且图存，贻羞万古，孰若大张挞伐，一决雌雄"。这使东南各督抚有些措手不及。按照上谕"招拳御侮"无异于打开了列强进兵东南的大门，也意味着与各国开战，这是东南各界人士不愿意看到的，但不遵守上谕，则迹同叛国。如何处理这种两难的局面？时任上海电报总局总办的盛宣怀站了出来。盛宣怀是李鸿章的重要幕僚，长期督办铁路、电报、轮船等洋务，长期与西方人接触，并且与英美日等国总领事过从甚密。由于义和团破坏电线电路，南北之间及清廷和地方之间的通信基本处于瘫痪状态，上海电报总局成为全国消息传递的中心，盛宣怀自然成为重要消息来源，东南各督抚都要通过他获取清廷消息，通过他相互沟通联络。而盛宣怀正是一位坚定的反义和团者，也是坚决要求维护东南社会稳定的人士。

6月23日，盛氏分别致电两广总督李鸿章、两江总督刘坤一、湖广总督张之洞，建议"须趁未奉旨之先，岘帅、香帅会同电饬地方官上海道与各领事订约，上海租界准归各国保护，长江内地均归督抚保护，两不相扰，以保全商民人命产业为主"，由此明确提出中外互保的办法。宣战诏书达到南方之后，刘坤一、张之洞态度有所松动，盛宣怀及时提出伪诏说，并致电资历最深、胆气最壮的李鸿章："千万秘密。廿三署文，勒限各使出京，至今无信，各国咸来问讯。以一敌众，理屈势穷。俄已据榆关，日本万余人已出广岛，英法德亦必发兵。瓦解即在目前，已无挽救之法。初十以后，朝政皆为拳匪把持，文告恐有非两宫所出者，将来必如咸丰十一年故事，乃能了事。今为疆臣计，各省集义团御侮，必同归于尽。欲全东南以保宗社，诸大帅须以权宜应之，以定各国之心，仍不背廿四旨，各督抚联络一气，以保疆土。乞裁示，速定办法。"李鸿章随即回电："二十五诏粤断不奉，所谓矫诏也。希将此电密致岘帅、香帅。"此电坚定了刘坤一、张之洞进一步推进互保的决心。至迟不晚于6月25日，张之洞、刘坤一均已复电赞同，授命上海道台余联沅出为"与各领事订约"，盛宣怀"帮同与议"，另分派道员陶森甲、沈瑜庆赴沪与议。盛、余二人受命后，迅即约请驻沪各领事于6月26日齐集会议，旋获响应。接下来双方迅速签订了《保护上海长江内地通共章程》和《保护上海租界城厢内外章程》，规定上海租界归各国共同保护，长江及苏杭内地均归各省督抚保护。两江总督刘坤一、湖广总督张之洞、两广总督李鸿章和闽浙总督许应骙、四川总督奎俊、铁路大臣盛宣怀、山东巡抚袁世凯，及各参战国均赞成并加入东南互保的范畴。

东南互保的另一面

表面看来"东南互保"只是地方督抚为了稳定社会秩序、防止外来侵入而采取的临时措施，但在君主专制中央集权制度下，几个地方官员联合起来不顾朝廷诏谕,采取与中央政府要求相反的措施,不得不让人对此事加以特别关注。

东南互保的推动者和参与者们的最终目的还是要维持清政府的统治,无论是参与的督抚还是地方精英都是如此。东南一带向称人文鼎盛,然而传统中国的"人文化成"观念离不开伦理纲常,读书人多是从私塾入手,而私塾是以科举考试为目标,科举考试的内容多为经过筛选的程朱理学,其中最重要的正是三纲五常。读书人浸淫其中,纲常思想已经深入骨髓,"忠君"可谓其生命的准则,不到万不得已是不可能逾越的。1901年的中国,虽然"民权""平等"等西方思想已经在中国大地上绽放出耀眼的花朵,但多数人对此认识不深,即使所谓社会精英也不可能一夜之间将传统抛弃代之以近代思维,因此,在东南互保策划与实施过程中,延宗社、保两宫仍然是重要目的。张謇说:"虽西北不足以存东南,为其名不足以存也;虽东南不足以存西北,为其实不足以存也。"盛宣怀重要幕僚费念慈说:"现在唯有自保东南,联络与国,安集反策,清查土匪,禁市商之把持,禁愚民之迁徙,禁富人之提款,禁流氓之造谣,禁新党之耸听,禁委员之偷惰,以静待动,犹冀北去而南存,为我大清留一虚号耳。"

东南各界为了给大清"留一虚号"同时不背上叛国的名声也用尽了各种手段。东南督抚掌握了大量的军队,当清政府直接指挥的武卫军在北方与列强联军作战时,朝廷多次要求东南军队特别是刘坤一的自强军北上,但都被刘坤一所拒,清廷对此也无可奈何。正是因为有张之洞、刘坤一等人掌握的军队坐镇东南,对东南社会、列强和朝廷都起到了震慑作用,成为东南互保的重要保证。在东南互保正式形成的一个月之后,刘坤一等才将此事上报中央,虽然清廷对他们拥兵不救的做法很不满,但一方面东南社会的安定和免于列强侵占有赖于东南督抚等的努力,另一方面东南的财富和军事力量又是支撑政府的重要因素,细思之下,也只能承认东南互保的合法性。这样,东南互保就成了一种中央认同的地方行为,各督抚不但不会背上骂名,反而成了有功之臣。在与清政府举行的谈判中,各国列强要求清政府严惩支持义和团的官员,并开列了名单,名单中人多为慈禧的心腹和支持者，且多为满人。这些人要么被杀要么流放要么罢官，严重削弱了中央和地方满族的统治基础。一方面地方汉族势力日益做大，另一方面满人大员被清除，这不能不对清廷产生影响，后来皇族内阁的出台与此密切相关。

列强进兵华北之时，北中国面临着被瓜分的危险，这种危险也时时影响着东南各界，因此，东南互保的一个重要目的就是阻止西方列强进一步增兵各租借地和通商口岸，但这一目的却并未达到。

英国是最先表示出派兵意愿的国家。早在1900年6月初英国驻上海代理总领事霍必澜即向本国政府建议，一旦事态蔓延至东南则给予汉口和南京的总督以有力支持以维护秩序，这种建议与英国政府的意向不谋而合，霍必澜与驻汉口总领事法磊斯同时获取授权，向两江总督刘坤一和湖广总督张之洞提供保证：如其采取措施维持秩序，将得到英国军舰支持。不久英国上海舰队派出"仙女"号、"红雀"号军舰分别开赴南京和汉口，原先驻泊香港的"无畏"号驶往吴淞口待命。英国人的行动遭到了张之洞的不满，但刘坤一却想利用英国以对抗他国列强因此实际承认了英国军舰的行动。这就为后来英军及其他列强增兵埋下了伏笔。东南互保相关文件签订之后，东南中外局势虽大体确定却时有波折。7月初，温州、宁波等地传闻有义和团活动，英国军舰上下巡航疲于应付，散居长江沿岸的外国人由于担心自身安全，开始向上海聚集。霍必澜再次向本国政府呼吁，"毫无疑问，义和拳运动正在扩大，而且可能在全国发展成为中华民族反对外国人的暴动"，因此再次要求增兵上海。同时，在上海的英国"中国协会"也要求政府出兵上海保护英人生命财产。于是英国派出海军中将西摩尔与刘坤一就出兵问题进行谈判。谈判的结果出乎英国政府意料，刘坤一竟然同意英国增兵，于是一支3000人规模的部队从香港出发，进驻上海。英国的行为引起了连锁反应。法国的立场是——"如果英国敢这么做，法国就立即照办"。德国政府早就表示："我们的任务至少应阻止英国的独占。"而日本人同样也在策划者自己的上海登陆。此后，英法德日数万军队长期驻扎上海。

"东南互保"关键在一"保"字。保的到底是什么呢？自然是大清和大清的国土。在东南各界人士看来，1900年的中国面临着两个威胁，一是义和团。义和团以所谓的神术"扶清灭洋"，用暴力而愚昧的手段排斥一切西方事物，使得中外交恶；又以邪术煽动权贵，向各国列强宣战，最终京城陷落，两宫蒙尘。因此，在东南人士看来，义和团即为"匪"，是要坚决镇压的。另一个威胁则是各国列强。各国列强始终对中国领土虎视眈眈，一旦找到机会或借口会毫不犹豫地占领新的租借地和势力范围。东南督抚守土有责，各界人士更不愿看到领土被瓜分，在这种情况下如何维持地方秩序，不给列强侵占制造借口成为他们共同努力的方向。东南互保的过程体现了当时中国中外之间、中央与地方之间、民众与朝廷之间、南方与北方之间的种种错综复杂的矛盾与冲突。从最终结果看，东南互保达到了保土保国的目的，保住了东南一带自通商以来所建立起来的近代文明。

纵观整个义和团运动，中国北方民众在自身千百年来的信仰体系与生活模式面临巨大的外来压力时，终于用他们最熟悉的传统模式即集群的、武力的方式进行挑战，他们无法理解西来的文明，只是将其视为侵害自身权利、造成自身困境的原因，他们无法用理论的、批判的方式对此进行反驳，只能以物理的、暴力的方式对其进行物质上的摧毁。这一活动本身反映的是在西方文明冲击之下，中国最广大的农民内心深层的恐惧和反抗。

然而，义和团运动并无明确的组织与纲领，因此很容易被同样对西方不满的政治力量所利用，于是农民运动演化成了国与国之间的不对等战争。当清政府丧失最有力量的东南督抚的支持而与各国列强同时开战的时候，其实胜负早已注定。与两次鸦片战争和甲午战争战败的结果相比，这一次的战败使西方在中国的影响急剧增大，一时之间列强意志成为左右中国政局的重要力量，保守的、仇视西方的官员，在列强的要求下被斩首、被流放、被褫夺官职，这些官员虽颟顸无知，但对大清朝却是忠心耿耿。如此结局，一方面使不少清朝贵族深感寒心，另一方面也给仍然反感西方的官员提了个醒：朝廷宁杀忠臣，也不愿意得罪洋人。于是进一步加重一般官员甚至是旗人权贵对朝廷的离心力。

按照列强的要求，总理衙门改为外务部"班列六部之首"，从此外务部几乎成为列强的传声筒，对中国的内政产生了重大的影响和干涉。而慈禧太后"量中华之国力，结与国之欢心"的指示成为之后中西交往的指导性思想，列强对清廷予取予求，清政府越来越成为洋人的朝廷。

不唯如此，《辛丑条约》规定的战争赔款高达4.5亿两，加上年息总计9.8亿两以上，当时清政府年财政收入为1亿两白银，只能将赔款压力转嫁到每个人身上，各省分摊到各州县，各州县又分摊于各色人等，特别是民族资产阶级在其中更是深受压榨。事实上，进一步激化了人民与清政府的矛盾。

除了政治与经济这些看得见的变化之外，无形的国人心理上的变化更值得关注。义和团的兴起，一定程度上反映出当时一部分中国士绅阶层与平民阶层对西方的总体态度；当义和团获得清政府的认可之后，"中"与"西"的对立由在上位者得以确认。此时，义和团和其他中国人可以堂而皇之地以中国传统的夷狄之辨的态度看待西方及西方事务。这种态度的一个基本特点就是中国人在文化心理上占据优势。当清政府战败，并与列强签订《辛丑条约》之后，这种文化心理优势受到了严重摧残，这其中与我们军事上的惨败密切相关，同时也与朝廷的态度分不开。清政府一则按照列强的名单对位高权重的朝臣大开杀戮，一则完全满足列强赔偿军费、为克林德立碑、停义和团活动之主要城镇科举五年，这一切都给清政府治下的中国人一个信号，即清廷已经对列强完全服帖，不会再以文化或体制或种族的口号宣扬华夏之优势与西方之野蛮。于是，义和团前后普通民众对西方的态度发生了翻天覆地的变化。所谓"当拳匪起时，痛恨洋物，犯者必杀无赦。若纸烟、若小眼镜，甚至洋伞、洋袜，用者辄置极刑"。至联军入后，风气一变为："西人破帽只靴，垢衣穷裤，必表出之。矮檐白板，好署洋文，草楷杂糅，拼切舛错。用以自附于洋，昂头掀膺，翘若自意"。由此可见，传统意识为基础的民族心理至此终归瓦解，所谓崇洋媚外也与此时初见端倪。新旧意识的产生往往相互纠缠，旧民族意识的逐渐消亡，新的民族意识又在觉醒，所谓："北上联军八国众，把我江山又赠送。白鬼西来做警钟，汉人惊破奴才梦"。

清末新政

　　自鸦片战争以来，一次次的内忧外患促使清政府自觉或不自觉、自愿或不自愿的进行了多次改革，改革的方式有的是自下而上进行的如洋务运动，有的是自上而下推进的如戊戌变法，改革的内容由知识而技术而制度，一步步深入。然而，作为大清国最高权力掌控者的慈禧，却从未作为改革的发起人，甚至用铁血手段绞杀了戊戌变法。可见，慈禧对学习西方、振兴国家并无太大兴趣，于她而言只要能在晚年掌握国家政权足矣。然而就在1901年，被八国联军赶到西安、尚未回銮的慈禧却以光绪皇帝的名义发布了新政诏书，要变法改革了，而且这次改革一直持续到清朝灭亡。这其中原因自然很多，以变法示开明讨好西方列强的因素之外，正可说明即使是最顽固、最不想改革的人也已经意识到不变法只能亡国。

　　这一次的变法史称"清末新政"，变法的过程可以1906年为界分为前后两个阶段。自1901年1月29日发布新政上谕至1906年9月1日颁布《仿行立宪上谕》为第一阶段，这一阶段主要改革内容实际上是将戊戌变法时颁布的各项政策、措施重新实施，并无太大新意；《仿行立宪上谕》之后至1911年为第二阶段，这一阶段定宪法、组议院、设内阁等涉及政体的措施都是亘古未有的，标志着新政达到了一个全新的阶段。因此，新政的第二阶段即立宪阶段是我们关注的重点。

有学者指出，晚清以来的改革实际上是中国逐渐认识西方，用现代文明改造传统文明的过程。随着国门的渐渐打开，西方的面貌日益被部分国人特别是官僚阶层及知识分子所认识。列强的强盛与中国的衰弱恰成对比，给头脑清醒的中国人以强烈刺激，于是探寻西方富强之源成为几代中国人的使命。那么究竟什么才是富强之源呢？参与过戊戌变法的梁启超痛定思痛，指出立宪（君主立宪）乃是"政体之最良者也"。但是，立宪政治真的能在当时的中国切实施行吗？

前几年的中国学术界一度热衷讨论一个假定的题目，即：如果清王朝在1905年之后真正行立宪政治了，那么当今的中国会是一种什么状况呢？如果历史可以假设的话，那么可以认定的一点就是：如果中国当时像英、德、日一样实行君主立宪，辛亥革命照样会发生。著名学者李泽厚说，20世纪的中国有两条道路，一条是康梁的君主立宪制，一条是孙中山的暴力革命。在他看来中国当时如果选择康梁的道路会好得多，因为暴力的辛亥革命会变得不必要；与此针锋相对的是恩格斯对早先法国爆发的大革命所做的一段评论："法国的君主制在1789年已经变得如此不现实，即如此丧失了任何必然性，如此不合理，以致必须大革命（黑格尔谈论这次大革命总是兴高采烈的），来把它消灭掉。所以，在这里君主制是不现实的，革命是现实的。"

诚如李泽厚先生指出的那样，当时国内主张立宪和主张革命的两派是同时存在的，他们对时局的认识基本一致，只是挽救时局的方式明显不同。然而，这并不能证明立宪运动就一定能成功，而辛亥革命必然能避免。要知道，清末新政特别是立宪运动并非全然欺骗国民，更非一无是处，但在新政过程中，一方面立宪派对政府的作为并不满意，一味催促；另一方面革命派更是毫不领情，加紧行动。所以当时的现实就是，无论是立宪派还是革命派都将清政府作为了改革或革命的对象，立宪派寻求参与政权甚至由自己领导政府，而革命派则直欲取而代之，因此两派都认定只要清政府存在一日则国家就不会有真正富强的一天，从这个意义上说，辛亥革命成为自然和必然。

可以认定的第二点就是，与传统的有浓厚忠君思想的士绅不同，立宪派作为一支新兴的社会力量，更加关注国家和民族的命运而不是朝廷的兴亡，因此，对清政府来说立宪派既是维持社会稳定的中坚性力量，又会成为埋葬自身的毁灭性力量。

立宪派人士的来源十分复杂，总体来说他们大多具有传统功名，部分又接受过新式教育，其经济状况、社会地位类似于今天所谓的"中产阶层"；多曾担任过政府官职，对政治和政府都有所认识。因此，立宪派为当时社会的精英阶层，也是最为开明的阶层，他们有知识、能思辨，意识到中国面临的危机，认识到西方领先于中国的原因，"以天下为己任"的思想又使他们将挽救国家视为分内之事，因此立宪派人士多有积极进取的精神，要以变谋求国家和民族的发展，此种求变的风气越是开埠较早之地越为明显。随着国家危机的进一步加深，立宪派距离所谓的温和的改良的方式也越来越远了。四川保路运动中立宪派曾这样宣传："这就是违法欺良善，立宪国哪容这等不良官。我们根据法律来问辩，问穷了大家把脸翻。做官人都把法律犯，小百姓一齐要动蛮，不是乱来不敢反，抱定道理守定秩序总要闹出天外天。这等对抗为哪件？还是立宪国民的自由权。"要发动百姓一齐动对"做官人"动蛮，这样的手段其实与革命派就没什么大的不同了。由此正可见立宪派并不禁绝暴力，为着他们国富民强的理想，他们是不惜动用武力的。

从以上两点可以看出，对当时的中国来讲，立宪是沿着洋务运动、戊戌变法等一系列改革运动而来的必然结果，也是中国历史发展的必经环节。但首先，立宪只是晚清中国历史发展的一个阶段，这个阶段只能是短暂的、过渡性的，并不意味着暴力革命可以避免。中国的改革运动都是受外力推动而进行的，太平天国运动推动了洋务运动、甲午战争和德国强占胶州湾推动了戊戌变法、庚子之变推动了清末新政。中国那些追求改革的人士有感国家危亡之急迫，急于从根本上扭转国弱民穷的局面，他们寻求的是最彻底的变革之道，那就是革命——暴力革命。

与当前众多认为革命过于激进，立宪相对缓和的观点不同，立宪派人士无论是从手段上还是从目的上都不比革命派温和。著名近代史专家秦晖先生指出，立宪派与革命派的区别仅在于"排满"与否，即是否要将作为征服者的满人赶出中原，恢复汉家王朝。革命派以"驱除鞑虏、恢复中华"为号召，立宪派以废除帝制、实行立宪为志向。革命派要达到目的，必然采取暴力手段；而立宪派的主张如遇清廷之阻拦，则暴力也在选择之中。可见，后来立宪派与清廷之决裂转而支持革命在情理之中。

从世界法治史上看，清末立宪可谓姗姗来迟。世界历史上第一部成文宪法创制于美国，亚洲历史第一部宪法是日本的明治宪法，这两部宪法都是在民族危机的压力下产生的，并且产生的速度很快。美国1775年爆发独立战争到1787年通过联邦宪法前后只用了12年；日本从1853年被美国军舰叩关到1876年天皇要求元老院议长"制定与我国建国以来的基本特色相适应的宪法"，历时仅23年。反观中国，1840年鸦片战争爆发到1905年慈禧决定实行立宪历时65年，而三年之后才颁布宪法性文件《钦定宪法大纲》。而且这部文件还存在严重的问题，从名称上看，"大纲"二字即不恰当。宪法乃是实在真切的法律，应该具有制裁作用，可以操作，能够使用，所以宪法虽有纲领性却不能是纲领。清政府以"纲领"命名宪法，正可见其对宪法的性质和作用并无真切之理解，也自然对宪政无正确之认识。

事实上，这部宪法大纲的规定与宪政要求的限制独裁君权的目的多有抵牾："大清皇帝统治大清帝国，万世一系，永永尊戴"；"君上神圣尊严，不可侵犯"；"设官制禄及黜陟百司之权。用人之权，操之君上，而大臣辅弼之，议院不得干预。"这与立宪派人士所主张的："立宪之国，除犯剥夺公民之刑外，无论何人皆国家之分子，无论何人皆有参政权"恰成反对。

姗姗来迟而又缺乏诚意的宪法，终究无法消解立宪派对真正改革国家的吁请，更无法消弭革命派排满的激情。于是，1911年的辛亥革命不期而至，刚拉开不久的立宪大幕也怦然倒下。

百年后的今天，由于各种原因，时人对清末新政特别是"宪法大纲"的评价褒贬悬殊，有人认为新政前期是换汤不换药，后期是以立宪欺骗民众，如章开沅、林增平主编《辛亥革命史》即认为："前仆后继的资产阶级革命派领导的武装起义，风起云涌的群众自发的反抗斗争，……促使了统治集团加紧张罗其预备立宪的骗局来亟谋抵制……尔后，大抵革命风潮每升高一级，清廷的所谓立宪也相应地铺张一番"；有人却对立宪给予了极高的评价，如近代史专家袁伟时教授认为："我们在90年代做的工作，大体上是继续做光绪皇帝、宣统皇帝未竟的事业"。中共中央党校前主任杜光对此的解释是："我想（袁伟时）无非是说我们现在的改革开放，不过是要实现清朝皇帝没有实现的宪政民主，继续民主革命的未竟事业。"且不论袁伟时先生和杜光先生所论是否符合事实，以两位先生为代表的同情清末新政特别是立宪却在20世纪九十年代形成了一种潮流。对同一历史事件形成如此针锋相对的看法正可说明清末新政的复杂与多面性。

历史是客观的，但历史研究者却很难做到完全客观，如果将历史与现实相联系，从历史中汲取所谓经验或教训以作为现实的参考，甚至借古讽今则更非专业研究的范围，同时也更容易犯任意剪裁历史的错误。至于视历史为可任意打扮的婢女，对历史毫无尊重，则更不足论。对于清末新政的研究应力图避免类似错误。

新政的开启与推行

毫无疑问，清末新政仍然是被外力特别是列强推动而开始的，更与义和团有前后相继的关系。时人在分析清末新政的缘起时指出："及乎拳祸猝起，两宫蒙尘，既内恐舆情之反侧，又外惧强邻之责言，乃取戊己两年初举而复废之政，陆续施行，以表明国家实有维新之意。"义和团有攻击教民、教士渐进为攻击洋人和一切西方事物，可以作为中国反西方的代表性运动。而慈禧一度成为义和团的支持者，自然成为列强嫉恨的目标。

西方各国按照近代外交体系的惯例，将光绪视为清政府的代表，对慈溪的实际掌权本就不满，经义和团后，他们极有可能以此为契机，逼慈禧还政。因此，如何安抚列强的情绪是当时慈禧考虑的关键问题。为此，她要向列强做出一个姿态，即清政府不会再逆近代化的潮流而动，不会再倒退到依靠神仙方术抵御坚船利炮、以闭关锁国应对交流贸易的地步，一句话就是不会再影响列强的在华利益；同时，慈禧对列强宣战与东南利益不符，引起了民心反弹。义和团运动及之后的战争对国内的破坏也是巨大的，而东南互保也深切说明清政府丧失民心程度之严重，因此慈禧力求满足一心变法的东南督抚和追求改革的东南各界人士。可以说无论对外还是对内，摆在慈禧面前的只有一条路那就是推行新政。

庚子年十二月初十日（1901年1月29日），慈禧太后和光绪皇帝发布《新政上谕》，宣布改弦更张、仿行西法。

上谕首先为变法寻求理论依据和历史支持，指出"世有万古不易之常经，无一成不变之治法。……大抵法积则弊，法弊则更，要归于强国利民而已"，传统社会中的变化总是会遇到各种阻力，这些阻力主要来自两个方面，一是对纲常之道的维持。这里所谓的纲常主要指的是政体，即君主集权制度。其实任何一次变法几乎都不会触及这一层面，但变法总是要发生变化，在政坛中变化既能意味着机会也能带来失败。正如戊戌变法所显示出的那样，以康有为为代表的变法集团正是获得了变化所带来的利益，才能加官晋爵。因此，历来变法总是有反对变法的集团，以纲常之道不可稍有更改的名义反对变法。

二是对祖制的坚持。所谓"祖制"，指的是古代王朝开国皇帝制定的一套制度规范和言行准则，既约束皇室成员，又限定朝廷内外，并成为后世各朝处理、决断事情的依据。这是政治的惰性，更是典型的"死人拖住了活人"。然而，祖制或称祖宗之法却总能成为顽固派阻挠变法的根据，而且由于祖制的特殊性，更加难以辩驳。对于祖制的弊端，龚自珍早已做出结论："一祖之法无不弊，千夫之议无不靡，与其赠来者以劲改革，孰若自改革？"其实祖制之所以难以打破无非是因为在祖制庇护下形成的利益集团不愿意被人摘掉铁饭碗。因此无论以纲常之道还是以祖制为由反对变法，其原因皆为一"私"字。

新政上谕的开首强调的正是变法的必要性，针对的正是上述对纲常和祖制的顽固坚持。同时，也透露出这样一个信息，即这次变法不涉及国体，君主集权的政体同样不容变更，要变的只是"治法"治理国家的方法，说白了就是进行行政性改革。

接下来，上谕特意提到了戊戌变法一事："自丁戊以还，伪辩纵横，妄分新旧。康逆之祸，殆更甚于红拳。迄今海外逋逃，尚以富有、贵为等票诱人谋逆。更藉保皇保种之妖言，为离间宫廷之计。殊不知康逆之谈新法，乃乱法也，非变法也。该逆等乘朕躬不豫，潜谋不轨。朕吁恳皇太后训政，乃拯朕于濒危，而锄奸于一旦。实则翦除乱逆，皇太后何尝不许更新；损益科条，朕何尝概行除旧。执中以御，择善而从，母子一心，臣民共见。今者，恭承慈命，一意振兴，严禁新旧之名，浑融中外之迹。"当时的清朝，要想切实变法最重要的是获得慈禧的全力支持。但是慈禧对变法的态度历来模糊不清，朝廷内外无人能确定慈禧是否支持变法。洋务运动是一次重大改革，对此慈禧从内心深处是冷眼旁观的，因为改革的发起者多为汉族的地方大员，他们的崛起并不利于满族朝廷的统治，而且分化了中央权力；戊戌变法初期，慈禧曾认可变法的必要性，并表示过支持变法，但当变法危及她对权力的掌控时，慈禧毫不留情地用铁血手段将变法镇压下去。1901年时，变法的首脑如光绪皇帝还在软禁当中，康梁仍然是朝廷的通缉要犯。可见只要不是由慈禧发起或指导的变法，下场都不会很好。这一次的慈禧深受刺激因此决心改革了，但大臣们对慈禧的转变并不知情，因此这段上谕就是要表明自己的态度。虽说"皇太后何尝不许更新""严禁新旧之名，浑融中外之迹"等语历历在目，但却并不能打消大臣们对变法的疑虑和恐惧，各地督抚接到上谕之后，为了分担责任竟然几省联名共上奏折，可见，弄清到底是真改革还是假改革成为改革的第一要义。

上谕又言："我中国之弱，在于习气太深，文法太密，庸俗之吏多，豪杰之士少。文法者，庸人藉为藏身之固，而胥吏倚为牟利之符。公事以文牍相往来而毫无实际，人才以资格相限制而日见消磨。误国家者在一私字，困国家者在一例字。至近之学西法者，语言文字、制造器械而已。此西艺之皮毛，而非西政之本源也。居上宽，临下简，言必信，行必果，我往圣之遗训，即西人富强之始基。中国不此之务，徒学其一言一话、一技一能，而佐以瞻徇情面、自利身家之积习。舍其本源而不学，学其皮毛而又不精，天下安得富强耶！

总之，法令不更，痼习不破；欲求振作，当议更张。著军机大臣、大学士、六部、九卿、出使各国大臣、各省督抚，各就现在情形，参酌中西政要，举凡朝章国故，吏治民生，学校科举，军政财政，当因当革，当省当并，或取诸人，或求诸己，如何而国势始兴，如何而人才始出，如何而度支始裕，如何而武备始修，各举所知，各抒所见，通限两个月，详悉条议以闻。"从洋务运动到戊戌变法再到清末新政，又由新政进展至立宪，改革的程度逐步从皮毛深入本源。但值得注意的是，在新政之初，虽然慈禧意识到之前的改革只是枪炮器械语言文字等技艺层面，但对西方富强之本是什么却并无明确认识，只能"以古类今，以东类西"的认为是"居上宽，临下简，言必信，行必果"这些中国古已有之的统治术。事实上，无论如何慈禧也不会主动将"立宪"作为改革的目标。

上谕发布三个月之后，为推动新政，清政府设立"督办政务处"认命奕劻、李鸿章（李去世后，由袁世凯接替）、荣禄、崑冈、王文韶、鹿传霖为政务大臣，为获得地方大员的支持，命刘坤一、张之洞遥为参预。由此，新政正式进入施行阶段。

江楚会奏变法三折

1901年至1905年，新政府连续颁布了一系列新政上谕，内容包括废除科举、兴办新式学堂、奖励出国留学、禁止鸦片、兴建铁路、发展实业和社会福利事业、扩展军队、改革司法和巡警制度等。这些措施基本是戊戌变法时期政策的翻版，在当时的来源则是刘坤一、张之洞所上的《江楚会奏变法三折》。

《江楚会奏变法三折》由刘坤一领衔，张之洞主稿，立宪派张謇、沈曾植、汤寿潜等参与策划。洋洋三万余言，由《变通政治人才为先遵旨筹议折》，《遵旨筹议变法拟整顿中法十二条折》，《遵旨筹议变法拟采用西法十一条折》，《请筹巨款举行要政片》即三折一片组成。系统地提出了兴学校、练新军、奖励工商实业和裁减冗员等改革措施，成为清政府实施新政的蓝图。这三折的出台，历经曲折，颇能反映地方大员们对清廷变法的心态。

《三折》虽由刘坤一领衔，但实际操刀人则为张之洞。张之洞其人对中国内外局势了解颇深，深知改革变法乃当时中国的唯一出路，又是洋务运动后期的干将，因此对新政上谕的到来是表示欢迎的；但与当时的官僚一样，他最关心的还是自身的权势地位，特别是像刘坤一评价的那样，张之洞临"小事勇"，遇"大事怯"。虽然在职权之内进行过改革，但绝不会触及以慈禧为首的权贵集团的利益。张之洞为人一向谨慎小心，在京城中安插着坐京，类似于情报员，只要朝廷有什么风吹草动，张氏总能及时得知。因此，当上谕要求各地督抚就新政提出建议时，张之洞第一时间要搞清楚的是慈禧是做表面文章，还是切实要改革变法。

起初获得的情报让他很感振奋，因为各方面信息都显示慈禧这次是真的要改革了，但进一步的了解却让他有点摸不着头脑，因为慈禧的要求竟然是不得偏重西法。正如新政上谕所言："居上宽，临下简，言必信，行必果，我往圣之遗训，即西人富强之始基"，并非将西方技术与制度作为变法方向。原来，慈禧一向反对西学名目，不愿以西学名目作为变法的方向。张之洞慨叹道："若果如此，变法二字尚未对题，仍是无用，中国终归澌灭矣！盖变法二字，为环球各国所愿助、天下志士所愿闻者，皆指变中国旧法从西法也，非泛泛改章整顿之谓也"，他认为学习西方正当从皮毛学起，进而深入富强之本源："欲救中国残局，唯有变西法一策。精华谈何容易，正当先从皮毛学起，一切迂谈陈话全行扫除。"虽然慈禧的变法主张与张之洞的愿望有差距，但张之洞并没有顶住压力、坦陈心声的勇气，他唯一的应对就是准备两个奏折，一个按照慈禧的心意以整顿旧政为主，一个则以倾向西法为主。

与张之洞相似，大多地方督抚都不敢轻易上奏，为此，张之洞出面联合东南各省督抚互通声气，联名出一道奏折。山东巡抚袁世凯、两江总督刘坤一等积极响应，东南、西南、山东、山西、陕西等地二十余位地方大员共同商议复奏内容。但就在此时朝廷突然下旨，要求各地督抚单独上奏。为减小风险，张之洞等人虽各自上奏，但依然往复讨论，力求大意一致，论调相同。只有两江总督刘坤一坚持与张之洞联名上奏，最终完成了三折。

《江楚会奏变法三折》虽然名为三折，内容上前后贯通是对教育、军事、经济等政策的全面讨论。慈禧对此三折的回应是："事多可行……随时择要举办。各省疆吏，亦应一律通筹，切实举行。"

《变通政治人才为先遵旨筹议折》指出要想整顿中国旧政，兼采西方政治长处，必须首重人才。因此此折针对教育问题，提出育才兴学的四条办法，其实质是逐渐取消科举、大力兴办新式学校。此折基本得到落实。1901年8月29日，诏命自明年始，乡试会试等试策论，不准用八股文程式；同时停止武生童考试和武科乡会试。9月14日，又令整饬京师大学堂，将京师及各省的官学、书院等改名学堂，广兴实学。1903年3月13日袁世凯张之洞上奏，请裁减科举，以兴学校，1905年9月2日，袁世凯、赵尔巽、张之洞、周馥、岑春煊等再次请停科举、广学校。于是，清政府宣布废除科举，下诏"著即自丙午科为始，所有乡、会试一律停止，各省科举考试亦即停止"，至此由隋至清，绵延一千三百余年的科举制度终于废除。

科举考试对传统中国的最大意义在于，它是社会阶层流动的阶梯，科举与功名相连，功名与社会地位相连，一旦考得功名则穷酸书生见了县令就可以不用跪拜，可以免除赋税，也可以加官晋爵，所谓"朝为田舍郎，暮登天子堂"描绘的正是这样的景象。因此，对平民来说科举制是实现社会地位转换唯一的、也是最正当的途径。

科举制规定了中国人的行为规范和伦理秩序。自元代开始，官方将程朱理学为代表的儒学作为科举考试核心内容，因此无数童蒙的学习范围也正在此。程朱理学内容庞杂，大到宇宙生成的理论体系，小到礼仪规范的指导规范，不但规定了社会的运行，还规范了人的行为准则，可以说人类社会的方方面面都囊括其中，成为人们的行为指南。童蒙不断学习和实践着这些指南，直到内化为深层意识，正是通过这种方式，程朱理学构成了中国社会伦理的基础。经过几百年的发展，程朱理学借由科举塑造着中国人的思想和行为，并成为维系中国社会秩序稳定的重要因素。

不但如此，程朱理学对维持统治秩序具有特殊意义。理学本身是为求"理"而生，乃是儒生对抗以"势"为尊的皇权的产物，但我们看到的进入科举教材的程朱理学是被阉割了反抗性，而强调"礼"、强调"等级"、强调"秩序"的理学。这样的理学最大程度地消除了个人的差异，将每个人都置于一种社会地位当中，个人要安于本分，丝毫不能逾越。正如万物生长不能违法自然规律一样，个人也不能违反人伦之理。以此类推，忠孝节义这样的伦理纲常，天地君亲师这样的伦理秩序都不可违背。正是这种特性，使得科举制成为造就传统中国长期稳定最为重要的因素之一；通过科举制，一种文化认同被最大化的推广到民间中去。

科举制的废除不仅是对中国的教育制度也是对传统社会一整套用人行政制度的革命性变革。关于这次变革，后人评价不一。如美国学者罗兹曼等人认为："旧社会主要的庞大的整合制度，已在1905年随着朝廷宣布终止中国的文官科举制度而被废除了，尽管革命的社会意识在这场变革中没有起到什么作用。……终止科举制度的行动，斩断了2000多年来经过许多步骤而加强起来的社会整合制度的根基。这个行动逐渐呈现出来的事与愿违的后果，远比推行这一改革的士大夫在1905年所明显预见到的那些后来来的严重。"在这些学者看来，科举制不单单是一项教育制度，而是社会整合制度，它的存在使得中国社会保持稳定的发展态势，同时也是中国文化的一个重要方面。他们认为，由于科举制度的废除，传统的士农工商的社会结构受到冲击，士与农工商的界限日益模糊，士子多半投身商界，甚至成为作者、新闻业者等，而其中又有很多人成为推动后来的革命与变革的重要力量。因此，科举制的废除既是清朝灭亡的原因之一，也是中国传统文化解体的原因之一。

支持废科举的人士自然不在少数。早在1895年，严复就指出科举制"以八股取士，一锢智慧，二坏心术，三滋游手"。梁启超也指出："变法之本在育人才，人才之兴在开学校，学校之立，在变科举"。此外，许多有识之士都将科举制特别是八股文当成误国误民的罪魁祸首之一，强烈提倡仿照西方教育制度建立新式学堂。事实上，随着西方文明逐渐为更多中国人所认识，人们蓦然发现传统的儒学已经无法为我们的生存提供所有知识，传统的八股文更是对培养亟须的新式人才毫无帮助。因此，废除科举正是顺势而为之事。

总体而言，废除科举制乃是时代发展所不得不为之事。现代文明自然需要社会的阶层流动，教育也确实为流动的途径之一。我们所熟悉的一句话"知识改变命运"说的正是教育对个人社会地位转变的重大作用。但科举制将教育与社会地位相联系的途径是功名，这就与文明的发展方向不符了。善于读书和做文章之人，并不一定善于做官，这几乎是不证自明之事；特别是科举考试的内容在元明两代确定下来之后几乎没有调整，这已经远远不能满足晚清对人才的需求。这就使得科举制最终走到了自己命运的尽头。

《遵旨筹议变法拟整顿中法十二条折》《遵旨筹议变法拟采用西法十一条折》分别阐释"除旧弊"与"行新法"："立国之道，大要有三：一曰治，二曰富，三曰强。"亦即在政治稳定的前提下，实现国家富强。总体而言，《遵旨筹议变法拟整顿中法十二条折》关注于改善用人行政制度、改良司法、革除弊政、调整满汉关系等，上述方面是传统治国理政的基础方面，可以说涉及国本，因此改革措施都是老生常谈，基本上是对已经存在的问题进行改革和调整，除了改良司法一项参照西方司法制度之外，其他各项都是从传统中汲取资源，不以西法变中法，以保持国体和政体的纯粹。

《遵旨筹议变法拟采用西法十一条折》则集中阐释军事改革、经济改革和学习西方的途径三个方面，所应对的是西方军事入侵和经济竞争。晚清士大夫在与西方接触之前，多以为中华万般皆好，直至见识到西方的火轮船、落地开花炮将中国的弓马骑射打得一塌糊涂之时，才意识到中国在军事技术上落后于西方。这种落后并没有对时人的自尊心造成多大的伤害，因为"君子不器"，高超的技术不是孔孟的追求，承认中国军事方面不如西方，向西方学习，将先进的军事技术和练兵方式引入中国，对外可以应付西方武力，对内可以镇压农民起义和革命党暴动，因此军事改革并没有招来太激烈的反对。

经济改革包括三个方面：农业、工业和商业，还特别论述了经济法规的制定。农工商三个方面特别提到要向西方学习，特别是是对工业尤为重视，奏折指出西方国家的富强靠的不是商业，而是工业，因此中国也必须走发展近代工业的道路，要设立工艺学堂、劝工场，并对良工奖以官职。至于制定经济法规则是为了保护中国工商业的发展。1895年马关条约签订之后，列强在华企业数量激增，清廷也放宽了对民间办厂的限制。但中国民间资本毕竟弱小，在市场竞争中难以敌过外资企业。同时，由于"无商不奸""重农抑商"等传统观念的影响，商人社会地位始终不高，他们正常的经营活动也容易受到乡民或地方官府的无理干涉。如19世纪90年代，天津武举李福明开办一家机器面粉厂，官府见生意兴隆，就存心勒索。李福明去官府讲理，结果被扣上"私设磨坊""哄闹官署"等罪名，革去武举功名，"交刑部治罪"。面粉厂被迫关闭。没有法律保护，没有正常的经济秩序，无论工业还是商业都无法取得突破发展。

为快速培养大量人才，奏折提出广派游历和多译东西书的建议。广派游历与留学不同，首先，游历在国外学习的时间比留学短，其次，游历的人员要是王公大臣及宗室后进、大员子弟、翰詹科道、部属各京官等。其目的在于能够迅速获取西方知识，并直接将学习成果用到施政当中。翻译东西书要多译外国政术学术之书，且可以由官方组织统一翻译与刻印。

综观三道奏折，主要体现的是张之洞的变法思想，也没有超越洋务派"中学为体、西学为用"的主张。"中体西用"是改革的宗旨，张之洞始终站在中国文化高于西方文化的制高点，主张中学为主西学为辅，以西学之长补中学之短，学习西方的同时，坚持中国的伦理纲常不变，坚持中国的国体政体不变。此时的张之洞对西方宪政等并无深切了解，也无意了解，因此其坚持"永远不废经书为宗旨"。这种根深蒂固的思想，是他所处的时代造成的，也是个人经历的结果。张之洞一向主张稳健的改革态度，注重修补而反对破坏，他在三折中的主张是他变法思想的集中体现。

三折由于稳健平实的内容，深受慈禧赞许，成为1906年之前清末新政的指导性文件。正如时人所说："惟是中朝宗旨，实以江鄂为南针。江鄂之言不必尽行，而江鄂奏入之后，大局未必不从兹而定。"

立宪之路的开端

1901年清廷力图维新，下诏求言之时，各军机大臣、大学士、六部、九卿、出使各国大使、各督抚等都要就新政事宜复奏，江楚会奏三折即是其中之一，但还有一封奏折虽然在当时并未产生太大影响，却预示了新政的发展方向，那就是驻日公使李盛铎的奏折。在奏折中，李盛铎主张中国应"近鉴日本之勃兴，远惩俄国之扰乱，毅然决然，首先颁布立宪之意，明定国是"；朝廷应命督办政务大臣"参考各国宪法"，"撷诸国之精华，体中国之情形，参酌变通，会同商拟，勒为定章，恭候睿采，请旨颁行，垂为万世法守。"事实上，这道奏折正式以官方名义提出了"立宪"的主张。

何谓立宪？"宪"者，宪法也；立宪即制定作为国家根本大法的宪法，任何人都不得违反宪法规定；宪政与宪法息息相关，宪政研究者迟云飞先生的定义可以做一个很好的参考：宪政是一个政治事务的最终决定权属于人民，并且用法律来限制统治者的权力，保障人民自由权利的政治制度。

立宪在民间的讨论远在新政之前就已经开始了，最早可以追叙到早期改良派人物王韬、郑观应、薛福成等人，戊戌变法时期对宪政也有涉及，康有为梁启超参照日本经验，曾经论述过立宪的意义，但在向光绪建议的变法奏折中，由于担心光绪会误以为立宪会削弱皇权因此并没有在奏折中提出。因此，一时期对宪政的讨论既不透彻也没有引起多大反响。

真正系统而广泛的论述宪政的要到康有为、梁启超流亡海外之后。早在1899年梁启超就发表了《各国宪法异同论》，1900年再发表《立宪法议》正式提出中国应实行立宪制度。1902年梁启超就在《新民丛报》上发表《政治学学理摭言》认为立宪是"过渡时代之绝妙法门也，防杜革命之第一要著也"；康有为发表《公民自治篇》《辨革命篇》等文章，推崇英德法日政体，要求立即推行公民地方自治；国内立宪派的代表人物是张謇。张謇在1894年考中状元，但却不愿居官，转而创办企业和教育，力行实业救国。张謇认为康梁主持的戊戌变法过于激烈，提倡平和、中正、渐变的改革，并著有《变法平议》一书主张效法日本，上设议政院，下设府县议会。1902年，清政府新政诏书提出"庶论公知众议"放宽了对民间办报的约束，此一时期部分报刊已经以立宪作为议论主题。1903年5月《大公报》发表《论中国之立宪要义》一文说："今日中国政府又将出现一新问题……其潮流已隐隐然涌出者，顾为何哉，盖立宪问题是也。"《苏报》发表柳亚子文章言："遍四万万人中所谓开通志士者，莫不喘且走以呼吁海外曰：立宪！立宪！！立宪！！！"

1904年爆发的日俄战争，进一步促进了立宪运动的发展。沙俄和日本由于地缘关系同时将中国东北作为侵吞目标，因此东北成为双方矛盾的焦点。甲午战争后，日本强迫清政府签订马关条约，割占辽东半岛。沙俄迅速向德法提议，逼迫日本退还辽东半岛，甚至不惜以武力为威胁，三国海军同时出现在日本海海面。日本武力与三国对抗不得不将辽东半岛退还中国，但索取了三千万还辽费。1900年，庚子事变期间，沙俄趁机派十几万军队侵占中国东北，此后一直拒绝履行与清政府签订的三年撤兵的协议，反而不断经营东北地区力图将其变为"黄俄罗斯"。日本前有还辽之恨，自然不容许沙俄独占东北，于是多次与沙俄协商分赃，未果。于是1904年2月6日，日本对中国旅顺口的俄舰队发动突然袭击，日俄战争爆发。双方军队以中国东北为战场，而清政府竟然以"彼此均系友邦为由"宣称"局外中立"。最终日本以极大代价赢得了战争的胜利，由东亚强国变成了世界列强。

日俄战争对中国政局产生了重大影响。战争伊始，对于战争的胜负国内便分为两派。支持立宪政体的人士冒了极大的风险宣称日本必胜，因为"俄国虽大，而腐败之气象与我国等"，而日本乃立宪国，"立宪国民每至战阵之场，各以保守天权为务，生死不计也"；清廷以慈禧、李鸿章为代表的不赞成立宪人士一派则以为俄国必胜，因为立宪国权力分散，人人只求自保，一旦上战场则各求保命，不会奋勇向前。其实无论是立宪人士还是反立宪人士，他们都不是从军事角度衡量双方胜败，更多的是一种价值取向。

战争的结果对立宪派和国内舆论造成了极大鼓舞。舆论界宣扬日胜而俄败，"非小国能战胜于大国，实立宪能战胜于专制也"。特别是长期以来，列强都来自西方，日本作为与中国一样贫弱的东方国家，竟然通过几十年的立宪政治跻身世界列强之列，可见立宪实在是强盛必由之路。梁启超就宣称："立宪则强盛，专制则败亡"。可以说，日俄战争之前，国人多致力于追求挽危救亡、富国强民之道，对于"立宪"一事，并无太多关注，日俄战争使立宪思潮从小众潜流成为全民思潮。

日俄战争之后，一方面国内要求立宪的呼声甚嚣尘上，另一方面沙俄国内也爆发立宪革命。趁此时机，张謇向袁世凯进言，劝其做立宪伟业之缔造者。袁世凯审时度势，欣然同意，并联合两江总督周馥和湖广总督张之洞联合上书，请求朝廷立宪。此时朝廷上下要求立宪的呼声越来越高，八位地方总督中有五位上书立宪，多位出使外国的大臣数次请求立宪，甚至原本保守的军机奕劻和瞿鸿禨也赞成立宪；民间立宪声音更是此起彼伏。于是慈禧很快就同意了袁世凯等人立宪的请求，并下旨简派五大臣出洋考察政治，"方今时局艰难，百端待理。朝廷屡下明诏，力图变法，锐意振兴。数年以来规模虽具，而实效未彰。总由承办人员向无讲求，未能洞达原委，似此因循敷衍，何由起衰弱而振颠危。兹特简载泽、戴鸿慈、徐世昌、端方等，随带人员，分赴东西各洋，考求一切政治，以期择善而从"，后又下谕增派商部右丞绍英，随同出洋，是为五大臣出洋考察。明明是为立宪而进行的考察，为什么不说考察立宪而要说考察一切政治呢？有学者指出，其实五大臣出洋考察是为了寻求各国调停，恢复东北失地，考察各国政治只是名义而已。但无论如何，五大臣出洋考察实际效果确实促进了立宪的开展。这次考察的初始即不顺利，五大臣尚未登上火车就遭遇了爆炸。原来，日俄战争前后，正是革命派力量正式形成之时。此时革命派力量尚小，且活动范围多在海外，为了争取海外华侨的支持，革命派要与以康梁为首的立宪派展开激烈辩论。革命派已经确立了以暴力推翻清政府的运动方针，因此对他们来说，清政府越是倒行逆施，对革命派越有利；同时革命派当时不是要一个好的政府，而是要一个非满族的政府，因此他们不能容许清廷在立宪的名义下继续统治，也就要极力阻止五大臣出洋考察。因此，当五大臣在正阳门车站乘车起行时，革命党吴樾引爆炸弹，载泽受轻伤，绍英受伤较重，吴樾则当场被炸死。此事发生后，慈禧也潸然泪下，"慨然于办事之难"。经过爆炸事件之后，绍英入院，徐世昌被任命为新成立的巡警部尚书，于是另择尚其亨与李盛铎会同载泽、戴鸿慈、端方等出洋。吴樾一炸，本以为促进革命，但却也使得部分立宪派人士更加恐惧于暴力革命，如张謇说："是时革命之说甚盛，事变屡见。余以为革命……不若立宪可以安上全下，国犹可国"。

五大臣分两路分别于1905年12月和1906年1月，历时八个月，行程12万多里，先后游历了15国，着重考察德、日、英、美等国情况。大臣们观见各国元首、考察政治、教育、军事、科技等社会政治经济状况，同时按照朝廷要求将考察情况电传回国，并"随时咨送日记等件"，将各国的时政民情及时传递回国，作为立宪的参考。同时，为了从理论上更进一步认识宪政，出使大臣沿途搜集大量政教法制的书籍。

在五大臣看来，美国共和政体虽然兼采欧洲各国政体之长，但与中国的现实相隔太远，无法复制；英国"虚君"制貌似可移植至中国，但实际上，英国"虚君"传统悠久，此时所谓女王只具有象征意义，而无实际权力，这是慈禧所不能接受的。又由于这两个国家兴盛已久，无法从中找到"速胜"之方法，因此，考察的重点便放在了新进崛起的日本和德国。

日本与中国无论是政体、文化、历史还是地理距离上都比较接近，同时日本原本与中国一样受列强侵略，但经过明治维新后三十多年的发展，已然成为世界强国之一。甲午战争之后，中国的有识之士已经将学习的目光从西方转向日本，甚至留日学生人数一度超过了留英美学生。因此，本次考察，日本自然成为重点。光绪三十二年，载泽率团至东京，受到了日本政府的友好接待。前首相伊藤博文亲自向考察团传授宪法精义，并认为，"贵国欲变法自强，必以立宪为先务"；"贵国为君主国，主权必集君主，不可旁落于臣民。日本宪法第三四条，天皇神圣不可侵犯，天皇为国之元首，总揽治权云云即此意"。这样的论述对慈禧等具有莫大的吸引力，既能富国强兵又能维持权力在手，这是慈禧最希望看到的事情。

　　然而，在考察团看来日本的富强还另有老师，那就是德国："日本维新以来，事事取资于德……中国近多歆慕日本之强，而不知溯始穷原，正当以德为鉴"。从欧洲各国发展情况来看，德国也是后起之秀。当英法等国完成工业革命和大革命，开始瓜分殖民地和势力范围之时，德国当时尚处于四分五裂的状态。德国跻身列强成为军事强国也是不到百年的事情，因此，他们的经验对中国也具有借鉴意义。赴德考察的戴鸿慈特别注意到德国军事的强盛："此次臣等在德最久，于德之军政考察尤详。又见各国之所以谋国，无不以军事为第一要图，因详考各国制度，以德国为主，以各国为主，妥筹办法，为我皇太后、皇上缕晰陈之"。应该说，军政改革是清政府改革最为重视的内容之一，为了与列强抗衡，一支强大的军队是必不可少的。德国在军事上的快速发展为当时的中国提供了最好的榜样，也成为考察大臣关注的重点。

　　两路考察大臣归国后，分别向朝廷就考察情况回报上奏，从基本态度上看，两路大臣一致建议朝廷实行立宪，特别是《吁请改行立宪体制》和《请定国是以安大计折》两折更是成为慈禧同意立宪的重要文本，五大臣均赞成立宪，无疑对立宪运动的展开是一大助力。如所知道，清末历次改革总有强大的反对集团，而官僚特别是宗亲集团始终是最难以接受改变的一群。我们不能预设这批人没有国家强盛的理想，但改革总是要触动他们的利益，而利益总是压过理想。但此次倡言立宪的载泽和端方等人，正是宗亲官僚。载泽是皇族近支，其妻乃慈禧之弟桂祥之女；端方护理陕西巡抚时正遇慈禧逃难西安，端方多方护持，深得慈禧信任。此等人物已经赞成立宪，可见立宪已经成为共识。虽然如此，立宪还是面临着一个巨大的障碍，那就是慈禧本人，只要慈禧不点头同意，立宪就无法顺利展开。这个任务是由载泽完成的。载泽回国之后，慈禧多次召见并命其就立宪一事上密折直达天听。在这道《奏请立宪密折》中，载泽首先声明：立宪之后"君权之完全严密，而无丝毫下移"，此外立宪有三大利即，"皇位永固""外患渐轻"和"内乱可弥"，句句说到了慈禧心坎里面，也成为慈禧最终同意立宪的重要原因之一。

官制改革

为了在中枢内部统一意见，慈禧特地要求醇亲王载沣、大学士暨北洋大臣袁世凯及其他军机大臣、政务处大臣等专门召开会议，将考察政治大臣上奏折件共同参看。此次会议参会人员是清政府权力中枢位最高权最重的官员，像载沣、瞿鸿禨等人更是深得慈禧信任，有他们在会场可以保证慈禧的旨意能够顺利传达。

此次会议的核心议题就是是否立宪。袁世凯、奕劻、徐世昌等人主张坚决、从速立宪；孙家鼐、荣庆、铁良等人则对立宪表示担忧："若不察中外国势之异，而徒徇立宪之美名，势必至执政者无权，而神奸巨蠹，得以栖息其间，日引月长，为祸非小。"所谓"神奸巨蠹"这里主要是指袁世凯。戊戌变法之后，光绪始终是袁世凯的心头之患。光绪虽被幽禁，但毕竟正当壮年，一旦慈禧先他而去，难保不会掌握大权，对袁世凯戊戌变法时的"告密"之仇进行报复。在袁世凯看来，立宪之后君权受限，内阁当权，只要他能控制内阁，则光绪就不能轻易将其置于死地。这样，不但不用担心光绪的报复反而自身地位还有所上升。他的这种想法早就被荣庆、铁良等人看穿，因此联合孙家鼐等对立宪持保留态度。载沣和瞿鸿禨代表的是慈禧的圣意，即立宪可以，但不可过速，要求："故言预备立宪，而不能遽立宪也"。要为立宪多留时日。因为这是圣意，因此很快成为各方的统一意见，预备立宪就此在权力中枢达成一致。

1906年8月29日，奕劻等面奏两宫，请行宪政。9月1日，清廷下诏："仿行立宪"："朕钦奉慈禧……皇太后懿旨，我朝自开国以来，列圣相承，谟烈昭垂，无不因时损益，著为宪典。现在各国交通，政治法度，皆有彼此相因之势，而我国政令积久相仍，日处阽危，忧患迫切，非广求知识，更订法制，上无以承祖宗缔造之心，下无以慰臣庶治平之望，是以前派大臣赴各国考察政治。……而各国之所以富强者，实由于实行宪法，取决公论，君民一体，呼吸相通，博采众长，明定权限，以及筹备财用，经画政务，无不公之于黎庶。……时处今日，惟有及时详悉甄核，仿行宪政，大权统于朝廷，庶政公诸舆论，以立国家万年有道之基。但目前规制未备，民智未开，若操切从事，涂饰空文，何以对国民而昭大信。故廓清积弊，明定责成，必从官制入手，亟应先将官制分别议定，次第更张，并将各项法律详慎厘订，而又广兴教育，清理财务，整饬武备，普设巡警，使绅民明晰国政，以预备立宪基础。著内外臣工，切实振兴，力求成效，俟数年后规模粗具，查看情形，参用各国成法，妥议立宪实行期限，再行宣布天下，视进步之迟速，定期限之远近。著各省将军、督抚晓谕士庶人等发愤为学，各明忠君爱国之义，合群进化之理，勿以私见害公益，勿以小忿败大谋，尊崇秩序，保守和平，以豫储立宪国民之资格，有厚望焉。特此通谕知之"。这道上谕标志着清末新政进入了一个新的阶段——预备立宪阶段。

上谕开头首先为立宪寻找理论基础和现实依据。因时损益乃清朝列祖列宗共有之义，时当列强并立、弱肉强食之丛林时代，及时变法更是题中应有之意。那么变法的走向是什么呢？那就是仿行立宪。但由于现实条件的限制，我们无法当下按照西方制度进行全面彻底的改革，必须有一个完备当前制度、提高人民政治参与水平的过程，使之达到可以宪政的程度。因此，从仿行立宪到正式立宪还有几年甚至几十年的时间，具体时间视进步迟速而定。在预备立宪期间，为了能达到西方"取决公论，君民一体"的效果，庶政可公诸舆论，但朝廷对大政方针有最终的决定权，即统治大权不可分割，不可让渡，内阁之权不能影响君权。这也是慈禧同意宪政的底线。

预备立宪的提出，事实上是清政府综合考量国内情况并借鉴外国经验的结果，这一阶段的提出是有一定道理的。宪政之实施，必须要有完备之组织与有良好训练之人民，这两方面在当时的中国都是欠缺的。时至1923年，孙中山在《申报》五十周年纪念专刊上发表《中国革命史》一文，规定革命进行之时期为三：第一为军政时期，第二为训政时期，第三为宪政时期。他认为"由军政时期一蹴而至宪政时期，绝不予革命政府以训练人民之时间，又绝不予人民以养成自治能力之时间"乃是辛亥革命之后国家四分五裂之原因。至清政府宣布预备立宪20多年后，宪政尚无法在中国的土地上落地生根，可见预备阶段之设立是合理和必要的。从中国近邻日本来看，日本宪政的实施也是经过了长期酝酿并几经波折。1868年，明治天皇颁布五条誓文表明了民主与宪政的决心，1881年明治天皇颁布诏书，允诺于1890年开设国会、推行宪政，并派遣伊藤博文等访欧学习制宪工作；1889年以天皇亲授形式发布《大日本帝国宪法》。从宣布立宪到制定宪法共经历21年。这期间，进行了大量的改革与宣传，使从朝廷到民间充分认识到宪政的规则及意义。可见，作为国家之政体，宪政兹事体大，必须经过一个准备的过程。

上谕中特别提到，"廓清积弊，明定责成，必从官制入手"，官制改革其实就是政体的改革而政体改革就是政权组织形式即国家权力的机关及各机关之间的关系的调整。于是在宣布预备立宪的第二天，清政府即颁布了改革官制的上谕，着派载泽、铁良、载振、戴鸿慈、徐世昌、袁世凯等编纂官制，并特设编制馆。经过一个多月的讨论，编制官制大臣载泽上奏了改革方案，主要内容是裁撤内阁及军机处，准备设立新内阁，设十一部；设总理大臣一人；设立资政院。

此方案一出，在朝廷内外引起了轩然大波，引起了猛烈的抨击，而特别集矢于裁撤军机处及设立内阁大臣。

官制改革无论是将现有部门或职能进行裁撤、合并或转换等变动，都必将对现有人员的利益造成影响，因此以铁良、荣庆为代表的满清权贵对此次改革极力反对；反之也有人想要通过官制改革提升自己地位，增加自身权力，这其中表现最为明显，最广为人知的就是袁世凯。

在清政府任命的14位编纂官制的大臣中，袁世凯排名最后，但他却是官制改革中的关键人物。此时的袁世凯一身兼参预政务大臣，督办山海关内外铁路大臣，督办政务大臣，直隶总督兼北洋大臣，督办天津至镇江铁路大臣，督办商务大臣，督办邮政大臣，会办练兵大臣等八项职务，可谓位高权重，官制改革的走向对袁世凯意义重大。同时，负责官制总核定的庆亲王奕劻是袁世凯用大价钱买通的第一个满清权贵，对他不遗余力地加以支持。因此，此次官制改革的种种措施都经过了袁世凯的最后同意。其中最关键的就是设立责任内阁，将军机处并入内阁。

在立宪诸大臣看来，责任内阁是代表君主管理全国行政事务，内阁总理的权力极大。"责任内阁者，合首相及各部之国务大臣组织一合议制之政府，代君主而负责任者也。盖中央政府实一国行政之总枢，一切政策从兹而出焉。……故各国每由君主自擢首相，由首相荐举阁臣，一切施政之方，由阁臣全体议定，然后施行，而得失功罪，则阁臣全体同负其责也。"可见，国家的大政方针由内阁制定，内阁总理成为一人之下万人之上的职务，君主反倒成了象征性的存在。这种内阁制从英国发源，国王是象征性元首，实际权力掌握在首相和内阁手中，因此内阁总理成为袁世凯等人觊觎的对象。中国历来改革总是牵扯到人事斗争，利益总是身处其中的人们考虑的第一要义。对于改革本身对国家对人民有无好处，这一点可以暂不考虑，但对自身利益，对自身所处利益集团有无影响，这是关注的重心。内阁的重要性也被反对改革或反对袁世凯奕劻集团的官员所了解，因此他们多对内阁制表示反对。御史刘汝骥认为，"是设丞相也，是避丞之名，而其权十倍于丞相也"；御史张荫瑞认为，与军机处相比内阁对维持中央集权作用更大，"自设军机处，名臣贤相不胜指屈，类皆小心谨慎，奉公守法，其弊不过有庸臣，断不至有权臣"，所谓"权臣"者，时人多为以指的就是袁世凯。更有甚者，吏部主事胡思敬指出："礼义既衰，邪说方炽，维新党派倡言物竞天择，各磨砺齿牙以争利禄，资格一破，贪缘请托辐辏于公卿之门，君子难进易退，耻与哙为伍，举倦思归。祗此二三攀附势力之徒，依恋阙下，平时既剥丧生民以自奉，临变即卖君父以邀功，九重孤立，谁与图存？"此段文字正是直指袁世凯。所谓"资格一破，贪缘请托辐辏于公卿之门"指维新变法期间光绪皇帝破格提升袁世凯一事，"临变即卖君父以邀功"指慈禧镇压变法之前，维新党人曾联络袁世凯发动军事政变，而袁世凯向荣禄告密一事。可见，由于袁世凯等人对内阁总理皆存私心，特别是袁世凯与奕劻等人结成一伙，瞿鸿禨与岑春煊等人另成一派，双方势同水火；加上其余官员或从维持传统政治体制，或从现行权力分配方面加以推波助澜，官制改革最重要的内阁及内阁总理一事遇到了各方面的阻力。更重要的是，虽然载泽、奕劻、袁世凯等人极力赞成设立内阁，并都认为内阁总理是自己的囊中之物，也向慈禧保证除了内阁之外，集贤院、资政院、都察院、审计院、行政裁派院等"直隶朝廷，不为内阁所节制，而转足以监内阁，皆所以巩固大权，预防流弊"。但有长期统治经验的慈禧却根本不愿意冒险。因此，一方面反对声浪太大，另一方面为了防止权力分化，在1906年11月16日发布的裁定官制的上谕中，慈禧要求："军机处……自毋庸复议。内阁军机处一切规制，著照旧行"；此外，内务府、八旗、翰林院、太监皆维持原状，这就是所谓的"五不议"。事实上，这五点特别是军机处不变，则国家政体基本维持现状，中央官制不会有太大突破。

在中央官制改革的过程中，热心设立内阁的袁世凯等人除了个人私利之外，还有一个重要目的即以西方三权分立为样板，为中国宪政打下基础。袁世凯重要幕僚张一麐说："自预备立宪之书上奏，先从编纂官制入手，而轩然大波起矣。先是，京朝士大夫皆以为北洋权重，时有弹章。追编纂官制局设于海淀之朗润园，孙宝琦、杨士琦为提调，周树模副之，编纂员十余人，皆各部院调入者。余与金君邦平从项城入都，故亦与焉。各员多东西洋毕业生，抱定孟德斯鸠三权分立宗旨，立法机关即议院，资政院及各省谘议局章程，皆当时所草。对于司法独立说帖尤多，行政官以分其政权。舌剑唇枪，互不相下。官制中议裁吏、礼二部，尤中当道之忌。"如果当时的中国能够切实施行"三权分立"，自然会有助于国家体制的改革，但却无法抵挡既得利益集团的反扑，最终无法实现。为了使改革设想顺利实施，袁世凯曾面见慈禧，要求将反对立宪之老臣即行开革，慈禧当时大怒并将弹劾袁世凯与奕劻勾结的奏折出示给袁世凯，此事使袁世凯深感事不可为与自身的安危，因此请求将除了直隶总督之外的八项兼职全部开去，并将其掌握的北洋六镇中的四镇交陆军部。他也请调出京，逃离了风暴中心。

中央官制改革最终以对各部、各大臣重新调整为结束，各部为外务部、吏部、民政部、度支部、礼部、学部、陆军部、法部、农工商部、邮传部、理藩部、都察院、大理院。各部长官的认命打破了有清以来各部尚书侍郎满汉各一的原则，在上述各部39位长官中，满族占了18人，事实上这成为后来皇族内阁的发端。这一官制的出炉事实上显示了清末立宪的第一次尝试归于失败。

慈禧太后在最后时刻阻止了清帝国的宪政转型，但她无论如何想不到仅仅两年时间，她与光绪帝相继去世，而他们母子去世不到三年，清帝国还是被逼上了宪政改革之路，还正是从建立责任政府开始。可惜的是，1911年的责任政府演变成了皇族内阁、权贵内阁，其十三名阁员中竟然有九人出身于皇室或满洲贵族，这些少年权贵并非没有能力，并非均为草包饭桶，但在政治改革即将实行宪政的时候，权贵阶层对权力的垄断无疑激起了众怒。多少年来，研究者多认为这就是晚清政治变革失败的根源，是大清王朝进入历史的起点。

立宪派的活动

如果说清末几次重大改革，都是以中央和地方督抚为主要参与者而民间人士参与极少的话，那么这次的立宪改革就有一个突出的特点就是当时中国中等社会积极参与并推动了立宪的展开。

中等社会一词，近代之前的文献中是未曾出现过的。中国古来不存在我们现在所谓的中等社会或"中产阶层"，传统社会主要由"士农工商"组成，从社会阶层层面说只存在两个阶层那就是由"士"组成的上层社会和由"农工商"组成的下层社会。"士"的组成成分比较单纯，主要指那些通过科举考试获得功名，甚至获得官职的社会精英及致仕后回归故里的乡绅。"士"特别是那些有功名却未担任官制的、生活在广大民间的士大夫团体，在中国传统社会中发挥着巨大的作用，对普通民众来说，他们身份特殊，具有半官方的性质，他们掌握着道德伦理的制高点，担负着维护社会秩序的重要责任。同时，还要承担一部分官府的职责比如协助收税等；另一方面，作为官府与民间的缓冲，他们承担了来自官方的直接压力，使普通民众免受公权力的直接威胁。同时在民众受到不平等待遇时，士大夫要仗义执言，争取民众获得相对公正的待遇。

"农工商"作为没有功名的平民，地位较低。由于传统重农思想，农阶层享有一定权利如参加科举考试等等，工与商阶层向来地位不高，甚至受到一定的限制。至于三教九流中的"九流"更是等而下之，属于"贱民"之列。由此可见，传统中国社会，社会阶层按照职业和享有的权利划分。以此为标准则士为上层社会，其权力和社会财富占有量较大；农工商及其他皆为下层社会，不存在所谓的中间阶层。

随着中西社会冲撞，西方文明一步步深入，中国这一古老的机体上出现了越来越多的改变，其中显著的一点就是中等社会的出现。

近代史专家陈旭麓先生在其《近代中国社会的新陈代谢》一书中首先提出中等社会的概念，他引用晚清人杨笃生的话来分析当时中等社会的组成："湖南无兼并之豪农，无走集海陆之巨商，无鸠合巨厂之大工业，诸君占中等社会之位置，唯自居于士类者成一大部分，而出入于商与士之间者附属焉，出入于方术技击者附属焉。"此处将当时的中间社会的来源分为三类，需要指出的是，其中所谓的自居为士类者，除了传统的士大夫之外，还有自戊戌变法教育制度改革以来各种新式学堂培养出来的具有新知的学生和留学生。他们在中国的立宪运动中发挥了重要的推动作用。

"出入于商与士之间者"是指西方商品经济冲击中国之后，投身商界的士大夫们。士大夫投身商界早在明朝中后期即广泛出现甚至成为一种潮流，彼时中国虽然依旧秉持"重农抑商"的国策，但一方面国家管控不严，对商业并不特意打压，另一方面，人口发展与科举定额之间缺口巨大，大量士人虽有功名却无官职，而富商的生活状态又吸引着这些较为贫困的读书人，因此士人经商成为风气，也刺激商品经济达到了一个兴盛的状态。特别是在山多地少的安徽、经济中心的江浙等地，出现了后来广为人知的徽商、江浙商帮等。晚清士人经商的原因更为复杂，其中重要的一点就是要与列强商战，为国家和人民争得更多的权益。

早在洋务运动时期，洋务派官员在求强之外，提出求富的观念，其目的之一就是要与洋商争利。李鸿章指出："古今国势，必先富而后能强，尤必富在民生而国本益固"；思想家郑观应更是直接提出"商战"的思想，提出"欲攘外，亟须自强；欲自强，必先致富；欲致富，必首在振工商"。这一思想对当时亟欲挽救危亡的士大夫们造成了一定的影响。甲午战争之后，在与日本签订的《马关条约》中允许列强在通商口岸开设工厂，也就此放开了民间设厂的限制。此后戊戌变法及新政当中，对工商业限制越少鼓励越多，因此越来越多的士大夫开始投身商业。这其中最著名的当属状元商人张謇。张謇在政治上同情戊戌维新派，后转而秉承"实业救国"的理念创办企业20余所，为中国近代工业的发展做出了巨大贡献。在清末立宪运动中，张謇积极参与，通过各种方式推动立宪运动。正是张謇通过多次给袁世凯写信才推动袁世凯转而支持立宪。在之后民间支持立宪运动中，张謇成为领袖人物。

出入于方术技击者泛指用一技之长以取得较为富裕生活的人，如曲艺表演艺术家、书画家、医生等。他们参与社会活动较少，对当时的政局也没有大的影响。

中间社会成员大多支持立宪。"自居士类者"中的具有新式知识的学生和留学生，特别是留日学生对立宪推动极大。他们译介大量宪政图书传入国内，并参与《新民丛报》《时报》《大公报》《中外日报》等立宪刊物的宣传，不断推动清廷立宪的步伐；在五大臣出洋考察的随员中，陆宗舆、唐宝锷、关赓麟、舒清阿等都是留日学生出身。他们协助五大臣考察宪政的同时，不时以宪政思想影响这些满清权贵，特别是载泽，"为留学生所迷，极力推陈出新"。可见，这些留学生是立宪的重要推手。"出入于商与士之间者"也多采取行动，建立组织支持立宪。1906年时，张謇、汤寿潜及郑孝胥等人在上海成立预备立宪公会，参加者多为江浙闽三省对宪政有兴趣的人士；1907年，湖北有宪政筹备会，湖南有宪政公会，广东有自治会。同时梁启超的政闻社在海外成立。这些组织的成立表明，在中国开化较早的地区，宪政已经成为中等社会的民心所向。1907年，清廷发布《著各省速设咨议局谕》："……但各省亦应有采取舆论之所，俾其指陈通省利弊，筹计地方治安，并为资政院储材之阶。著各省督抚均在省会速设咨议局，慎选公正明达官绅创办其事，即由各属合格绅民公举贤能作为该局议员，……凡地方应兴应革事宜，议员公同集议，候本省大吏裁夺施行。"这一上谕为原本分散的立宪派的结合提供了机会，为立宪派公开发声推动立宪，提供了法律依据。

按照清廷设计的立宪路线，在中央设立资政院，类似于现在的临时国会，资政院于1907年正式成立，由孙家鼐、溥伦担任总裁。在各省设立咨议局类似于现在的省议会。当时全国共二十二省，除新疆地方官以人民教育程度落后请求缓办之外，全国共设立二十一个咨议局。按《各省咨议局及议员选举章程折》的规定，各省议员数量以科举学额的百分之五为标准，被选举人需具备一定条件，主要包括服务地方、学历程度、功名资格、任职经历、资产金额（五千元以上之资本金或不动产）等；选举采取复选制，初选时先由选民选出候选人，再由候选人之间互选。按照光绪上谕，各省咨议局，"即著各督抚迅速举办实力奉行，自奉到章程之日起，限一年内一律办齐"。但在过程中，咨议局的成立遇到了很大的阻力。一方面，宪政于中国乃全新事务，除了少数一直关注立宪的人士外，不但大多数民众对立宪及立宪程序不了解，即使是高层官员对此也毫无认识。因此，他们对朝廷建立咨议局的诏令大多置之不理，直至中央再三催促，才多方搜罗人才，将此事付诸实施。

因此之故，预定在宣统元年四月间的选举投票很多省份拖延至六七月间方才实行，投票情形也难以令人满意。一方面，投票人数极少。如广州的投票设立八十九个投票所，有六十处竟仅得一票，最多者为十六票。可见，梁启超所谓国民素质尚未达到立宪之水平乃真知灼见。另一方面，投票为多方操纵，难以体现民选性质。美国驻华公使说："各地的选举未能刺激起人民的热心，合格选民仅有极少部分真正投了票。官府对议员选举的影响非常大，有些省份，迹近指派，此中以东三省最为明显。"贿选在此次选举中在多地成为公开的秘密，如杭州"每票酬劳五十两，牺牲三百金，议员即操券可得"，安徽休宁等地也与此相似。虽然如此，也有如江苏、直隶、湖南等办理相对较好的地区。最终当选的议员主要来自以下四种人：一是原科举系统下的士绅阶层；二是就读新式学堂者及留学生；三是曾担任过政府职务者；四是富有之家。在选举过程中，原各立宪团体利用集体的力量左右选举，使其成员多进入咨议局，如张謇成为江苏咨议局议长。职此之故，咨议局成员多为具有立宪思想者。

经过此次选举，各省咨议局相继成立，议员陆续选出，至此，分散的立宪派有了整合的可能，并以咨议局为平台，开始了推动立宪的各项活动。

如果说军机处与新式内阁是朝廷关注的重点的话，那么立宪派关注的重点则是开国会。在清廷宣布预备立宪的初期，时处民间的立宪派欢欣鼓舞，所谓"七月十三日预备立宪之满诏下……乃庆祝立宪回，倡之于学界，应之于政界、商界……龙旗耀目，演说如雷。……举国若狂，不可思议"。张謇、郑孝胥、汤化龙等立宪派意见领袖奔走相告，甚至远在海外的康梁等人也认为中国完成了一大历史任务，进入到了一个全新的时代。但清政府的一系列立宪活动却给立宪派当头浇了一盆冷水。预备立宪以行政改革为开端，行政改革以改革官制为出发点，但中央官制改革秉承"五不议"的原则，实际上只是对原有体制的修补，根本无法满足宪政要求；地方官制改革正是一摊浑水，成为袁世凯等大员争权夺利的机会。同时，由于清政府对宪政始终心存疑虑，认为宪政会削弱中央集权，造成权分于民的局面，迟迟不愿按照宪政要求进行改革，甚至一度有走回头路的迹象，立宪派人评论说："清廷怀疑实行立宪，恐不利于彼满族，欲将预备立宪上谕，借故取消。一般人士群致不满，起为国会之请愿运动，以图对抗。"事实上，此时的清政府对立宪确实心存疑虑，但并没有要彻底取消预备立宪的举措，只是君主立宪从来就未在中国的政治版图上留下任何影响，中央集权的观念又根深蒂固，因此，清政府始终视君权为不可侵犯，始终不知如何应对新兴的民权，也就无法很好地处理君权与民权的关系。

在此情况之下，立宪派加紧活动，要求朝廷速开国会。在立宪派诸人看来，国会乃立宪最重要之事。一方面国会代表国民权力，它是国家的最高立法机构和监督机构，体现的是民意。在立宪第一步的官制改革中，清政府其实并没有考虑民权问题，作为类似于法国大革命的"第三等级"立宪派自认为他们代表的是中等社会的利益和诉求。而国会是将国民权力实施的最好机构；另一方面，国会要监督政府。在立宪派看来，"政治之所以不良，实由政府不负责任，政府所以不负责任，实由无国会"。由于立宪派多出身旧式乡绅，骨子里有忠君卫道的传统，因此他们并不主动谋求推翻朝廷；同时他们多身家富有，大多从事工业或商业等，由此他们期望社会稳定，不希望发生剧烈的社会变革特别是暴力革命。同时，也希望政府做出改革，在维护国家权益的同时，也为国内工商业的发展提供更好的法律与政策。但当时的清政府显然不能达到立宪派的要求，因此，立宪派希望通过国会的成立，立宪派成员通过选举进入国会之后，促进政府做出改革。特别是立宪派无论在财富还是社会地位上已经取得一定成就，他们力图在政坛上站稳脚跟，用政治的力量保护自己。综上所述，速开国会成为立宪派最主要的目标。

立宪派之外，清政府官员也从不同角度论证了开国会的重要性。黑龙江巡抚程德全，认为速开国会不但不会伸张民权反而可以达到国家人民连为一体的效果："今日舍国会外，更无联国家与人民合为一事之长策……是宜广选英贤，径开国会，以救时难而支危局"；湖南即用知县熊范舆、法部主事沈钧儒等联名上奏，认为"国家不可以孤立，政治不可以独裁，孤立者国必亡，独裁者民必乱……非人民参与政权，则国本不立，无以靖内讧而孚舆望，此近世以来代议制度所以竞行于各国也"。可见，虽然同为要求朝廷开国会，但很显然立宪派和官员的出发点是不同的，立宪派更多的是想从被中央集中的权力中分出一部分，以之为民有，简单一点说就是将部分权力从"国有"改为"民有"，同时用这部分权力监督政府，使其不至于"恶"。官员所考虑的则是"非为伸张民权"，而是从维护清王朝统治的角度论证国会的重要性，而且论述的内容没有超出传统中国政治中所谓"下情上达"的范围。这种观念差异从一开始就注定了立宪派请开国会的活动将遭遇坎坷。

早在光绪三十四年春夏之交，就发生过"各直省人民始有伏阙上书之举"。此次上书，尚在咨议局正式成立之前，由预备立宪公会发起，湖南宪政会、湖北宪政筹备会、广东自治会与河南安徽直隶山东山西四川贵州等省立宪派人士，各派代表齐集北京，将速开国会的请愿书交至都察院要求代奏，当时清政府以光绪皇帝身体不适由于拒绝接受。立宪派的请愿活动，促使清政府迅速完成了三件大事：颁布各省咨议局及议员选举章程，并要求一年内完成咨议局组织工作；颁布《钦定宪法大纲》；公布了九年预备立宪清单。

《钦定宪法大纲》是中国近代的第一部宪法。该宪法虽然参考了1889年明治天皇颁布的《日本帝国宪法》但却删除了其中限制君权的条文。如《日本帝国宪法》"国家统治之大权，朕承之于祖宗，传之于子孙。朕及朕之子孙将来须循此宪法条款实行而无惩""天皇为国家元首，总揽统治权，依本宪法规定实行之"。同时规定，"天皇依帝国议会之协赞，行使立法权"。虽然日本1889年宪法依然用法律的形式对天皇的统治权进行了规定，但从上述引文可以看出，天皇的权力是受宪法限制的，议会具有一定的立法权，日本众议院由民选的议员组成，天皇的行为要得到国务大臣的辅助。这些都体现了立宪主义的因素，君主独裁的色彩有所减弱。《日本帝国宪法》的颁布执行为日本的进一步发展提供了良好的基础。但清政府的《钦定宪法大纲》与日本宪法相比，则有不足。该大纲丝毫没有体现宪法对君权的限制，议会的权力更是受到严重限制："凡法律虽经议院议决，而未奉诏命批准颁布者，不能见诸施行。"慈禧对司法权也好不放弃，宪法大纲规定君上"总揽司法权"。而传统的行政、人事等权力更是权归于上。本来与美国式民主共和制相比，脱胎于日本和德国的中国君主立宪就更加强调君权而轻视"三权分立"。但立宪政治毕竟与独裁政治有一个根本区别那就是法律特别是宪法要凌驾于所有的人和权力之上，要依法律规定治国，而不可依君主喜好废法。《钦定宪法大纲》在制定的过程中，没有领悟到宪政真谛，反而将宪法当成了维护君权的护身符。

在宪政编查馆资政院会奏《宪法大纲》的同一天，清政府颁发《九年预备立宪逐年推行筹备事宜谕》，该上谕认可在宪政编查馆资政院上奏的宪法大纲，及议院未正式开办之前的筹备事宜，同时重申立宪"大权统于朝廷，庶政公诸舆论"的原则，并要求各地方督抚、部院堂官等按宪政要求切实筹备。至于开设议院，则"应以逐年筹备各事办理完竣为期，自本年起，务在第九年内将各项筹备事宜一律办齐，届时即行颁布钦定宪法，并颁布召集议员之诏"。也就是说，清政府给包括立宪派在内的全国人民许下了一个承诺那就是在九年之后完成立宪的所有前期工作，并颁布正式宪法——取代《宪法大纲》——设立议院，完成宪政政治。这道上谕颁布之后，立宪派的请愿活动稍稍得到平息，特别是随着光绪慈禧的先后离世，立宪派的这次请愿活动暂告平息。此后，随着各省咨议局的相继召开，立宪派诸人很多被选为议长、议员，他们获得了合法身份，更积极地推动速开国会活动。

从1909年10月到1910年11月，国会请愿活动先后共进行三次，第一次参与者达到十二万余人，第二次达到三十万余人，第三次则人数更多，由此可见速开国会是当时人心所向，也可见立宪派社会影响之大，任何一个清醒的政府都应该对这样的社会呼吁予以应有的重视。然而，这三次请愿活动皆以失败告终。

1910年1月的第一次请愿以江苏咨议局和张謇为发起人，联络江浙、两广、安徽、奉天、吉林、山西等十六省咨议局代表至上海共商，再派代表至北京，但清廷回以幅员辽阔，各地人民知识程度不同，立宪筹备工作又为完成，因此要"俟将来九年预备业已完成，国民教育普及之时"再开议会。按照清政府九年预备计划，"人民识字义者，须得二十分之一"方为教育普及之时，但众所周知这一目标的实现需要大量公共设施和教育机构的建设，清政府当时既无财政支持，又无明确实施步骤，甚至在1949年新中国成立时，人民识字率尚不及此，因此这在当时几乎是不可能实现的任务。立宪派自然也认识到这一点，因此再次发动请愿活动。

6月，直隶咨议局议员代表、商会代表、教育会代表、东三省绅民代表及南洋二十六埠中华商会代表、澳洲华侨代表等十个团体，号称二十余万人签名的请愿活动开始，代表们向都察院呈递，但清政府再次各种理由拒绝，并严令毋得再行渎请。1910年9月，各省先后举行集会游行，国会请愿代表团多次向资政院和摄政王上书，资政院通过了陈请速开国会专折。18个督抚将军都统由东三省总督锡良领衔联名奏请立即组织内阁，翌年开设国会。清廷只得宣布将预备立宪期限缩短为5年，并着手组织责任内阁。这时，江浙立宪派认为目的已经达到而停止请愿活动，两湖、四川、东三省等则坚持一年内开国会，并在省内发动请愿游行。

国会到底对立宪派意味着什么呢？张謇在送第一次请愿的代表们入京的《送十六省议员诣阙上书序》中说的明白："今世界列强亡人之国，

托于文明之说，因时消息，攘人之疆域财政而尸其权，而并不为一切残杀横暴之劳扰，使亡国之民魂魄不惊而詟服于其权威之下。故无形之亡国，国不必遽亡而民亡。……幸而先帝……诏定国是，更立宪法，进我人民于参与政权之地，而使之共负国家之责任。……闻诸立宪国之得有国会也，人民或以身命相搏，事虽过激，而其意则诚。我中国神明之胄，而士大夫习于礼教之风，但深明乎匹夫有责之言，而鉴于亡国无形之祸。"从这段论述中我们至少可以看到立宪派的两个目的：第一，自立于列强林立之世界。当历史发展至二十世纪初年的时候，世界各国除了自古缺乏完善政体的国家之外，多数国家已经进入到了立宪时代。因此，中国的君主独裁制度在外人看来是落后而愚昧的，由此种制度带来的种种国家规范和礼仪也成了被攻击被嘲弄的对象，如长辫子、跪拜、男女关系等都是如此。中国一时之间成了落后国家，成为各国人士茶余饭后消遣的话题，这不能不对历来以"先进"自居的中国人以极大的心理压力。这一压力对当时和之后中国人对待中西文明的态度影响极大，民国时期，钱玄同甚至提议废除汉字就是一个显例。在文明和文化的角度上，一个国家及其人民无法与别国平起平坐，始终遭受所谓优等文明对劣等文明的嘲弄，那这个国家及其人民也始终无法"站起来"，甚至沦为别国之附庸。这就是所谓的以"文明之说"而使国亡之于无形。那么，如何赶上世界潮流，使中国重回文化领先地位呢？立宪是一条便捷的道路。立宪派认为只有速开国会才能真正实现立宪，才能摆脱君主独裁，才能与列强平等对话；第二，争取参与政权。立宪派人士非传统文官集团，他们一方面多参与生产经营，富于实业经验，另一方面多出身传统士绅，心怀治国平天下的信念，又认可"天下兴亡，匹夫有责"的理念，召开国会，以合法途径参与政权，参与治国理政，是他们意识深层的需求。同时，国内各种矛盾尖锐激化，革命大有一触即发之局势。第二次国会请愿失败之后，梁启超在《论政府阻挠国会之非》一文中说："故使政治现象，一如今日，则全国之兵变与全国之民变，必起于此一二年之间。此绝非革命党煽动之力所能致也，政府迫之使然也。"全国之暴力革命，是立宪派不愿意看到的，他们之所以力求速开国会，除了挽救危亡、争取利益之外，还有一个重要目的就是防止暴力革命。立宪派认为只有速开国会，让人民参与到政权中去，使国家与人民连为一体，共担忧患，共求改革，才能缓解矛盾，实现平稳改革。但清政府似乎并没有领会立宪派的苦心，也不了解他们的担心，三次请愿，几十万人，只落得个提前四年的决议。这种做法只会将原本支持政府的立宪派推向激烈，甚至转向革命。武昌起义之后，立宪派人士、湖北咨议局议长汤化龙协助革命党人便是一个显例。

后慈禧光绪时代与皇族内阁

1908年11月14日，光绪皇帝去世，慈禧太后也于当日发布懿旨，宣布以醇亲王载沣之子溥仪入继大统，其成人之前由载沣监国、行使军国政事，为摄政王。第二天，慈禧也撒手人寰。这位政治女强人的去世，使清朝政府这辆满身疮痍、蹒跚而行的破车失去了唯一的黏合剂，陷入了更加危险的境地。

对于慈禧在晚清的作用，后世学者评价诸多，总体而言对她的批评远大于赞扬，有学者指出："虽然她绝不是一个无能的人……也不能掩盖如下一个事实，即不论从王朝利益还是从国家利益的角度看，她都不是一个政治上谨慎持重的人，也不是一个目光远大的统治者。不说别的，单是她幕后操掌大权期间定期表现出来的刚愎自用和恣睢暴戾行为，以及她的身份和手腕所造成的派别倾轧和腐化堕落的这种罪恶现象，就进一步削弱了本来已处于风雨飘摇之中的王朝。"这一论断，显而易见是从后世的特别是现代文明的角度来看慈禧。传统中国的政治基本上是完全依赖一个人即最高权力者的政治，国家与社会的兴衰取决于他的统治能力，因此传统中国的盛世多以皇帝命名如"贞观之治""康乾盛世"等，皇帝个人的道德修养、治国能力是决定国家走向的关键因素。对于晚清的中国来说，是否维持社会稳定，是最高权力者的首要问题，从这个角度看，慈禧在内忧外患的情况下尚可称为成功。她始终维持着满族的权力不坠，始终维持着中国社会没有经历大的社会动荡。同时，她利用各种手腕，将满汉权力保持平衡，朝廷各派势力也保持平衡。清政府虽然摇摇欲坠，但始终不至于倾覆。应该说，这种局面的取得与慈禧本人的能力密切相关。同时，她有能力将权力维持在个人手中，并用这权力影响国家政策。比如，一方面她不反对有限改革，在她的同意之下，立宪运动正式展开，为之后立宪派的发展提供了条件，也暂时缓和了立宪派与清政府之间的矛盾；另一方面她始终对改革保持警惕，她不允许设内阁，开国会，不允许任何对她的权力、对满族权力形成威胁的活动。特别是在汉族地方督抚权力日增，中央与地方已是"外重内轻"的局面下，慈禧始终能对这些督抚加以笼络和控制，这虽然不符合现代政治文明，但慈禧个人的能力却是毋庸置疑的。

慈禧死后，载沣任摄政王，隆裕成为太后，晚清政局由慈禧光绪母子组合转为载沣隆裕叔嫂组合。

载沣与隆裕的组合与慈禧相比，更是等而下之。当一个王朝风雨飘摇之际，需要的是一个强有力的统治者，痛下决心，掌握权力，冲破阻力，力行改革，使国家度艰难时期，但这种改革者是可遇而不可求的，历观古今中外，这样的人物除了秦穆公、俾斯麦之外，再也少见。载沣也好，隆裕也罢都与他们相去甚远。载沣遇事优柔寡断，时人多以他为忠厚，但忠厚正是无用之别名。他的胞弟载涛说他"他做一个承平时代的王爵尚可，若仰仗他来主持国政，应付事变，则决难胜任"。载润也认为"载沣生性懦弱，在政治上并无识见"，他的搭档隆裕更是如此，"隆裕为人，庸碌无识，较之慈禧，则远远不如。例如，慈禧对于政治虽然残暴自私，但尚有个人见解，对于王公大臣，亦有一定的笼络手段。而隆裕则一切皆为其宠监张兰德所操纵，个人毫无主见"。由此可见，载涛和隆裕要么无用要么无识，但二人偏偏又钩心斗角。光绪死后，隆裕想要效仿慈禧垂帘听政，但慈禧留下旨意任命载沣为摄政王，隆裕的梦想化为泡影，她的一腔愤恨全倾泻到了载沣身上，因此常常与之发生龃龉。此等人物生逢乱世偏又执掌大权，只能是加速国家的衰亡。

年仅27岁的载沣与跟他几乎同时登上国家权力巅峰的溥伦、载泽、载润、良弼、铁良、善耆等被称为少壮派亲贵，他们年龄相当，施政心态相似，又同样的缺乏政治历练，正是在他们当政的时期，清朝走向终结。

少壮派权贵同时登上权力巅峰，与预备立宪时期袁世凯、奕劻、载泽争夺内阁总理大臣之位相关。按照立宪国原则，内阁总理大臣权力极大，袁世凯对此志在必得。当得知慈禧无意设立此职位之时，袁世凯曾面见慈禧试图说服她，但袁高估了慈禧对他的信任，结果慈禧不但坚决不同意设立内阁大臣，反而将袁世凯训斥一顿，并将其他官员弹劾袁世凯与奕劻勾结，意图专权的奏折展示给袁。这件事导致了两个结果，一是袁世凯意识到自己成了众矢之的，他立刻仓促离京，最终中央官制改革的结果对他不利；另一方面，使慈禧意识到，汉族地方实力派权势过大，而像奕劻一样的满族老臣竟然也被其收买。因此，慈禧开始提拔、任用满族的少年官员。为了在立宪的同时巩固皇权，大量皇族开始进入决策层。1906年官制改革之后，中央政府11个部，各部尚书、大臣共13个，其中满人7、汉人5、蒙古1，满人中有4人为皇族。而蒙古族与满族可谓一家，因此，满汉比例达到8:5。1907年，载沣在军机大臣上学习行走，1908年实授。这一趋势在慈禧死后，愈演愈烈。1909年载沣以摄政王摄行海陆军大元帅，其弟载洵为筹办海军大臣，又认命另一个弟弟载涛管理军咨处即总参谋部。这样形成三兄弟把持朝政的局面，1910年，毓郎补授军机大臣，1910年载泽、溥伦为纂拟宪法大臣。

少壮派权贵在锐意改革，强国强兵的愿望上几乎达成一致。但改革是一项复杂的工程，如何改革？改革最终走向何方？却是这些权贵们没有考虑到的。在他们看来，既要改革更要保住皇族政权，最好的方法就是学习德国。1901年载沣以谢罪大臣的身份前往德国，此时的德国皇权极盛，载沣羡慕不已。德国亲王威廉亨利授予他秘诀曰："欲强皇室，须掌兵权，欲强国家，须修武备。"修武备需要长时期准备，但掌兵权却现时可以办到。于是，在自己和两个弟弟掌握了军权之后，载沣又开始限制地方督抚的权力，试图将权力收归中央，但很快便遭到了抵制，难以实现。于是，载沣便开始对当时汉族地方实力派、执掌北洋君权的袁世凯下手。

袁世凯与光绪皇帝的恩怨，天下皆知，身为光绪的异母弟弟，载沣当政又给这段恩怨增加了复杂性。载沣甫一上台，康梁等人在海外即发起倒袁运动，发表《光绪帝上宾请讨贼袁启》和《讨袁檄文》，控告光绪为袁害死，要求载沣"为先帝复大传"；在国内，有感于袁世凯的权势滔天，一些官员也发起了倒袁运动。江春霖先后三次上书朝廷要求对袁世凯加以裁抑。赵炳麟也认为袁世凯包藏祸心，树植私党，挟制朝廷，应将袁罢斥。在宗室内部，善耆、载泽等人也认为袁世凯权力过大，对朝廷造成了威胁，纷纷劝说载沣严办袁世凯："从前袁所畏惧的是慈禧太后，太后一死，在袁心目中已无人可以钳制他了，异日势力养成，消除更为不易，且恐祸在不测。"这样的论断恰恰一语成谶。

出于掌握军权的考虑，载沣是想要驱逐甚至杀掉袁世凯的。但他政治的不成熟和性格的缺陷在此事再一次显露，他将此需保密、果决之事商诸奕劻和张之洞。将此事商之于奕劻，无意于与虎谋皮。奕劻阴险狡诈贪婪，所爱唯财而已，早已被袁世凯用大量金钱买通，并与之皆为联盟，因此多方为袁开脱。在载沣提出将袁世凯降旨开缺，不予深究时，奕劻还要求不如令其自行告病，甚至以担心北洋军造反为由阻止载沣对袁世凯下手："杀袁世凯不难，不过北洋军如果造起反来怎么办？"奕劻将与载沣的谈话，告知了袁世凯，因此才有了头天袁世凯因足疾续假，第二天开缺之旨发出这样的巧合。至于商之于张之洞，同样愚蠢。为了限制地方督抚权力，慈禧将势力最大的袁世凯和张之洞以明升暗降的方式同时调入军机。此二人一直积不相能，因此调入张之洞也是为了牵制奕劻、袁世凯一派的势力。但归根结底，张之洞与袁世凯都代表了汉族地方实力派，在遇到中央与地方权力相争的时候，两人自然会联合起来。如东南互保时期，袁世凯也是积极参与者之一。载沣对袁世凯下手，就是对汉族实力派下手，这自然不是张之洞愿意看到的。因此，张之洞认为"主少国疑，不可轻于诛戮大臣"。由此，杀袁世凯的计划流产。而因病开缺则为后来袁世凯再回中央留下了借口。

1909年1月2日，载沣拟定上谕，将袁世凯罢黜回原籍："不意袁世凯现患足疾，步履维艰，难胜职任，袁世凯著即开缺，回籍养疴，以示体恤之至意"。5日，袁乘京汉铁路专车离京，回籍"养病"。袁世凯的开缺对当时官场造成了极大地震撼，特别是汉族官员对此反应极大，他们认为袁世凯是满族专权的牺牲品。

此后，少壮派权贵揽权的步伐一步紧似一步。1909年3月，宣布清理财政；4月，派财政监理官分赴各省调查情况；5月，设立币制调查局，拟统一币制；12月，宣布收回司法权，规定"有再请暂用就地正法章程者，以违制论"；1910年5月，任命载泽为盐政大臣，统一全国盐政；8月，把北洋六镇的兵权收归陆军部统辖，此前还规定督抚无权调遣军队，即使遇特殊情况亦先电请陆军部以统一军权；12月，成立海军部；1911年1月，重新参定外省官制。另一位汉族实力派张之洞也未能逃过被排挤出权力中心的命运。"及袁世凯既罢，无人掣肘，自料可伸己志。已而，亲贵尽出揽权，心甚忧之。"军谘府之设，争之累日不能入，又因与载沣意见相左而辗转招致美国公使的压迫，"之洞生平多处顺境，晚岁官愈高而境愈逆，由是郁郁成疾"。袁世凯被罢黜后不到一年，张之洞病逝。后世学者多将袁、张事件联系起来，称少壮派亲贵"赶走袁世凯，气死张之洞"。此二人的遭遇，特别是对清廷忠心耿耿的张之洞被气死，不能不使其他汉员督抚同病相怜，兔死狐悲。可以说，各阶层各地方对清政府的离心力已经越来越强。

经过一系列动作，载沣等人似乎掌握了中央权力，但他们还面临着一个更为重要的问题，那就是来自民间的立宪派和革命党的压力。革命党在此时尚未成为心腹之患；体制内的权力之争，可以通过政治"手段"来完成，但立宪派这样来自民间、又获得众多官员支持的力量却需要慎重对待。对于立宪派提出的开国会、设内阁等要求，即真正实行立宪政治的要求，亲贵们慎之又慎，难以抉择。

立宪派对开国会寄予厚望，但亲贵们却从中嗅到了大权旁落的危险，因此他们坚持先设内阁、再开国会，对于由立宪派发起的国会请愿活动，进行镇压。1910年，进行了三次请愿活动的立宪派获得了朝廷宣统五年开国会的保证，因此江浙等地立宪派解散请愿队伍。但东北和直隶请愿活动依然继续，进行第四次请愿。咨议局遂电资政院再奏明年即开国会，并电各省协同力争。

奉天学界率先推举出刘焕文、舒继祖作为赴京请愿代表。12月2日，学界三十余人前赴咨议局，与议长等商定行期。谈及第四次请愿前途渺茫时，学生金毓黻即抽刀截指，李德权持刀割股，此次请愿多有断指、割股、血书等激烈行动，媒体各界予以报道，引起全国人民的同情与共鸣，再次掀起了请愿大潮，但清廷命令直隶总督陈夔龙不准代奏请愿代表的请愿书，陈夔龙立即照办，声言再聚众要求，就是"意存扰累治安"，定要查拿严办，甚至发动数百名军警前往镇压。24日，学部又通电各省严禁学生请愿。陈夔龙更加嚣张，调兵包围学堂，勒令开课。政法学堂有个平素勤学安分的学生，极为愤恨，用刀断去一臂，次日殒命。1911年1月2日，朝廷又严令各省督抚"随时弹压""从严惩办"，最终这次国会请愿活动在清廷的武力镇压之下，归于失败。

对于清政府不开国会的行为，不但立宪派无法接受，清廷官员也有表示反对者。1910年10月，以东三省总督锡良、湖广总督瑞澂为首的18位督抚将军们联合致电军机处代奏，认为时局危险，已经没有三年可以拖延，要求立即组织内阁，第二年开国会。但朝廷始终坚持宣统五年再开国会。并以上谕的形式将先立内阁后开国会的决定发布出来。

那么，内阁是否能成为当时社会的强心丸呢？

按照立宪国家的法律规定，责任内阁制是资本主义国家的一种政府组织形式，内阁一般由议会中占多数席位的政党或几个政党联盟的领袖人物组成，国家元首不论是世袭君主或选举产生的总统，不担负实际政治责任。一切政治上的政策与行为均由内阁负责，元首只是名义上的国家领袖。因为元首只是名义上的，因此皇族成员不可成为内阁成员。但内阁的组成明显与少壮亲贵们加强集权的想法南辕北辙，因此，他们打破了内阁的种种限制，炮制了所谓的皇族内阁。1911年5月8日，清廷正式批准了《内阁官制》和《内阁办事暂行章程》，同一天认命庆亲王奕劻为内阁总理大臣，大学士那桐、徐世昌为内阁协理大臣，梁敦彦为外务大臣，善耆为民政大臣，载泽为度支大臣，唐景崇为学务大臣，荫昌为陆军大臣，载洵为海军大臣，绍昌为司法大臣，溥伦为农工商大臣，盛宣怀为邮传大臣，寿耆为理藩大臣。同时裁撤旧有的内阁、军机处和会议政务处。细数以奕劻为首的内阁，成员共13人，其中汉员4人，其余9人皆为满人，这9人中又有7人为皇族，其中1人为觉罗，6人为宗室，奕劻、善耆为亲王。这是一个名副其实的"皇族内阁"。这不但违背了立宪原则，甚至与清朝传统的满汉"对等"的祖制也不符合。因此，此内阁一出，立刻引起轩然大波，"国内外报纸，屡肆讥讽。以全国政治之中枢，而受外论之抨击，已有妨国体"。

历来由专制而立宪的改革，总是皇族让出部分权力，像清政府这样露骨的扩大权位的做法，中西皆无，而且与改革初衷背道而驰。因此这引起了国内各界特别是立宪派的严重不满。奉天、吉林、黑龙江、直隶、江苏、安徽、浙江、湖北、四川等19省的咨议局议长、副议长及议员等40多人连衔上奏，力陈皇族内阁是不谙政体、不顺人情、大失人心之举，表示坚决反对。他们指出，皇族内阁"违反君主立宪制公例""失臣民立宪之希望""实非国家之福"。然而，这一奏折却遭到严厉斥责："尔臣民等均当懔尊钦定宪法大纲，不得率行干情，以符君主立宪之本旨。"这一举动事实上将原本为中间阶层的、对革命派加以抵制的立宪派推向了革命。

事实上，自1894年在夏威夷建立兴中会以来，孙中山的革命活动一直未在国内引起共鸣，拥有资产和社会地位的立宪派控制着社会舆论，又通过请愿等各种活动获得了广泛的同情和支持，只要他们抵制革命，那么以孙中山为代表的革命派就注定要孤独下去。如果清廷能够真实立宪，那么诚如载泽所言内可消弭革命，外可争雄于列强。但官制改革的失败、皇族内阁的出台、国会成立的拖延等倒行逆施的措施却使"立宪"成为一场闹剧，将原本对清廷抱着一丝希望、力图避免暴力革命的立宪派彻底失望。载沣等人并不懂得，立宪派代表着最广大的中间阶层，他们的投向对朝廷或革命党都至关重要。自1908年，拼命反对革命梁启超的也开始调转笔锋，以毫不留情的态度攻击清政府。也正是在国会请愿活动被镇压之后，请愿骨干们和工商界头面人物纷纷以不同方式与孙中山等共商对策。这其实已经预示着革命已经迫在眉睫了。

辛亥革命

　　"革命"一词最早用于形容王朝更迭，具体指的是商汤和周武王用暴力手段推翻夏桀和商纣的统治。《易·革·彖辞》中有"汤武革命，顺乎天而应乎人"的名言。此后中国历史便开始了几千年来王朝更替的局面，所谓"天下大势，分久必合，合久必分"，这里所谓的"分"与"合"虽然是指割据政权与大一统王朝，但也反映了中国历史发展的两个特点。第一特点是朝代更迭频繁。虽然每个开国皇帝总是制定各项政策，留下各种祖制以保持铁桶江山不被外姓人夺了去，但几乎历代王朝都要经历创建—兴盛—衰败—灭亡的过程。清朝也难逃这个逻辑，努尔哈赤、皇太极打下江山，创建了以人数较少的满族统治以汉族为人口主体的各民族的制度。至康熙、乾隆时，清朝出现史称"康乾盛世"的时期，政权稳固、社会繁荣、疆域开拓，清朝国力达到鼎盛。但嘉庆皇帝一上台便感受到了国库储备不足的压力，同时经济停滞不前、科举名额供不应求、社会矛盾激化，等被"盛世"之名所遮盖的问题，一齐来到了嘉庆的面前。这在事实上说明了在乾隆末期，清朝已经开始走下坡路了。及至道光朝西方列强打来的时候，清朝已经进入衰落期，等待着清朝的其实只有被改朝换代了。事实上，这种王朝发展历程，不是清朝独有，也不是清朝自身问题造成的，而是历来君主集权王朝共同的问题。二是循环发展。黑格尔曾经认为中国历史的发展是新瓶装旧酒，是没有真正意义上的历史的。黑格尔的说法虽然与大多数中国人的认知有冲突，但无法否认的一点就是，中国两千多年的君主专制历史，除了体制上的修修补补之外，确实没有为人类社会的发展提供新的制度和新的意识。新的王朝还是延续着被他们推翻的旧王朝的路子，用黑格尔的另一句话来说就是：人类从历史上获得的唯一教训就是人类没有从历史中获得任何教训。

显然，清政府的执政者们也没有从历史发展中获取任何教训。载沣执政时期，清帝国处处显示着衰世之相，清廷统治也越来越不孚众望，改革屡屡被压制，革命的步伐却越来越近了。但与传统革命相比，清朝爆发的辛亥革命却以几种具有现代文明的方式，打破了以封建王朝取代封建王朝的历史循环论，为中国历史的发展带来了新意。

第一个不同是，革命者的目的不是建立封建王朝。之所以以鸦片战争作为中国近代的开始，一个重要的原因是中国人初步具备了世界视野。传统王朝以中国为天下，不论皇帝、士人还是平民，从未意识到除了君主专制制度之外，尚有其他国体。随着国门打开，国人首先认识到中国并非天下之中心，其次认识到中国的技术特别是军事技术和经济落后于西方；在抵抗侵略、追求富强的过程中逐渐推本及源，认识到中国体国经野之制度也不如西方，欲从根本上实现富强则需改变中国现行体制。这个认识过程充满了痛苦，但毕竟使中国人知道了世界上还有君主立宪制、民主共和制和社会主义制度等国体和政体，它们都优于君主独裁制度。由此出发辛亥革命的领导者们，并不是为了当皇帝而革命的，他们追求的是君主共和。

第二，辛亥革命怀有政治改革的目的。辛亥革命的领导者和参与者多为社会中间阶层。他们或为资产阶级，有一定的社会地位、财富和名望；或为新式知识分子，多有功名和正式职业；或为新军。这一组成不同于传统的由流民或下层民众组成的农民起义队伍，农民起义多以争生存为目标，如陈胜吴广起义即是如此；而辛亥革命的参与者们生存无虞，他们以改革国家和社会为目标，是怀抱政治改革目的的。立宪派在辛亥革命前后发挥了重要作用，他们感于国权民权日丧，列强不断侵逼，因此要求清政府改革，实行立宪制。但满清权贵不但不分权于民，反而逆时代潮流而动，加强中央集权，立宪派和平改革愿望落空，只得采用更激进的暴力手段实行革命。孙中山在1894年之前也曾向李鸿章上书，提出政治改革的建议，但书上后如石沉大海，这使他断绝了改良的念头，一意革命。可见，辛亥革命虽然以暴力推翻清王朝，但其目的却不是取而代之，而是要进行政治改革，推翻清王朝只是实行改革的前提条件。

第三，现代性的组织与宣传方式。随着新知识的引入和新目标的产生，新的革命组织和宣传也由此产生。众所周知，传统农民起义多以宗教和会社为号召，汉末五斗米教、元末之明教以及其他如白莲教、天理教、天地会、哥老会等都具有严密的组织与教义。但上述种种，都是传统组织方式，宣传上也具有迷信色彩，与近代西方政党等差异颇大。辛亥革命之前，随着中国与西方接触增多，特别是留学生、华侨等在国外生活多年，受西方影响较大。天地会等组织虽然在华侨中有一定影响，但互助之意义大，政治之意味少。于是，革命派人士纷纷组建兴中会、华兴会、光复会等以革命之政治目的为号召的新式组织，这些组织的宗旨不涉及宗教，会员具有共同政治信仰。同时以报纸杂志为主要宣传手段，如《国民报》《浙江潮》《江苏》《湖北学生界》等。从组织和宣传手段上，我们甚至可以看出近代政党的影子。

新的时代孕育新的革命，随着国内矛盾进一步激化，革命团体加紧活动，一步步促成了辛亥革命的到来。

孤独的革命家

清末革命与"孙中山"这个名字始终联系在一起。应该说，在孙中山之前虽然有太平天国这样例如推翻清王朝的运动，但它们都是传统的改朝换代的革命，不应该归入近代的、政治变革意义的运动；以康梁为首的改良派反对推翻清政府，之后的立宪派更是力图在维持社会秩序的情况下，实行自上而下的宪政。甚至在规劝清政府立宪的上书中指出，"立宪"是平息国内革命的重要手段。因此，只有在孙中山致力革命、成为专职的革命家之后，近代意义的政治革命才正式开始，也就是毛泽东所说的："中国反帝反封建的资产阶级民主革命，正规地说起来，是从孙中山先生开始的"。

然而，孙中山的革命活动在一开始却并不顺利，他幼年曾接触过反满思想，但很长一段时间却又钟情于温和的改良；当改良希望破灭之后，他将主要精力用在动员他最熟悉的人群——华侨上，但很明显华侨无法抛家弃子，奔赴故土，成为国内革命的主力；孙中山又没有良好的渠道与国内民众进行联系。同时由于清政府的通缉，于是我们可以看到孙中山大部分时间在游历各国，宣传革命思想、筹集革命经费，虽然在国外取得一定成功，国内却应者寥寥，甚至从政府到士大夫都将其发动的革命起义视为"匪类"所为。

当孙中山在国外致力革命之时，国内的变革一直在进行着，从戊戌变法到清末新政都国内士绅阶层发起的改良运动，由于传统忠君思想和对暴力破坏的担心，革命始终不被接受；因此，从1894年上书李鸿章到1905年建立同盟会，是孙中山革命生涯的艰难时期，他虽然也获得了部分革命党人的支持，但来自国内外的反应却表明他是在独自战斗。

孙中山1866年11月12日生于广东省香山县（今中山市）翠亨村，因在日本曾化名中山樵，后被人称为孙中山（有意思的是在孙中山本人的文字中，他从未将此三字连用）。该地与香港、澳门很近，与洪秀全的老家也只有100多公里，此地还散落着一些太平军老战士，幼年孙中山曾听过他们讲述太平军故事及"反满"革命，这可以说是他与"反满"最早的接触。与传统中国文人不同的是，孙中山的哥哥孙眉远赴夏威夷讨生活，并取得成功，成为一名成功的商人，因此孙中山在老家读了几年经史子集之后，便在12岁时去夏威夷投奔哥哥了。他之后的读书生涯都是在诸如英国基督教所办的意奥兰尼学校、奥阿厚学校等西式学校中度过，正是因为如此，孙中山对西方的政治、历史等了解要多于同时代的大多数中国人。对他影响更大的是当孙中山在夏威夷时，此地正展开反对美国吞并夏威夷群岛及推翻当地土王专制统治的活动，这不能不对孙中山革命思想的形成埋下种子。

孙中山的求学生涯并不限于夏威夷，由于孙中山对基督教产生浓厚兴趣，并有意皈依，这惹怒了他的哥哥，于是孙眉便将其送回广东，之后，孙中山便先后在香港的拔萃书室、皇仁书院和广州博济医校读书。在博济医校，孙中山认识了郑士良，此人具有反满情绪，且与华南一带的会党联系颇多，这是孙中山首次与会党产生联系。孙中山最后就读的一个学校是香港的西医书院。在这里他结识了香港议政局议员何启，此人对孙中山之后在香港的活动提供了诸多便利。从西医学校毕业之后，孙中山曾经在澳门、广州等地行医了一段时间，但变革中国的思想始终盘踞在孙中山的思想中，只是杀头破家的危险与知识修养，使他更倾向于改良而非暴力革命。在甲午战争爆发之前，孙中山找到了一个好机会向李鸿章递交了自己的改良计划，这就是《上李鸿章书》，孙中山甚至想远赴天津面见李鸿章。这封上书的内容非常平和，其所表达的"培育人才"等思想不出早期资产阶级改良派诸人的范围，李鸿章对这些建议并无太大兴趣，特别是随着甲午中日战争的爆发，李鸿章也无暇面见孙中山。眼看改良的、联系高层之路不通，孙中山转而向下联系会党和华侨，走向了革命。

从1878年远赴夏威夷至1894年创建兴中会的这一段人生经历当中，我们可以看出孙中山与当时致力于改革中国的其他先行者们的不同。

首先，孙中山的教育经历以西学为主，没有接受系统的儒家教育。这一经历是一把双刃剑，一方面，他可以轻松摆脱"忠君"的伦理束缚，尽快转到推翻皇帝的革命事业上来，避免了"秀才造反三年不成"的尴尬；同样也使他对革命的目的非常明确，也知道如何实现这一目标。另一方面，特异于众人的学术体系，使他备显孤立，难以融入中国社会主流。中国传统知识人向来以儒家教育为根基，特别是在19世纪中期的中国，只有儒学才被大众认可，儒学不但是一种知识更是一种修养，一种伦理规范。儒学一面与文化、修养相连，一面与功名、官职相关。只有掌握儒学的士绅才是社会上层，是文化和权力的代表，为民众所仰望。而孙中山的西学却不被人认可，无法为其提供身份上的优势。这就导致他起事之处被报界冠以"匪"字，也使得他在海外华侨中始终得不到全心的支持，更使得他很长一段时期内得不到身具功名的立宪派的支持。

其次，孙中山长期的海外经历为他的革命活动提供了便利。孙中山自

12岁游学夏威夷便与海外华侨长期生活在一起，这使他对华侨的理解比一般人来的深入。华侨之所以闯荡海外，多是出身贫苦，在国内无法谋生。但清政府法律明文规定，不许内地人民居住岛屿或出国谋生，华侨一度被视为弃民。乾隆时，荷兰人在马六甲一带杀害华人万余，事报乾隆帝后，乾隆认为华侨抛弃祖宗陵墓，潜逃至鬼蜮，死不足惜。因此，华侨在国外备受欺压，呼吁无门，急切渴望得到国家的支持和保护。国内知识分子对华侨这种急切心情所知不多，他们对华侨也不加重视，而孙中山华侨子弟的身份容易为华侨所接受，他也了解华侨的甘苦，因此华侨成为革命的资助者，他们捐助了大量的革命资金，为革命事业做出了极大的贡献。

1894年11月24日，孙中山的革命事业正式开始，他在夏威夷创建了兴中会。夏威夷兴中会的誓词极好地反映了孙中山的思想，那就是："驱除鞑虏，恢复中国，创立合众政府"，这三条纲领贯穿了孙中山整个革命生涯。前两条纲领明确表示了"反满"的斗争方向，这在当时虽然激进，但并不超前。两广一带会党遍地，白莲教、天地会等早已祭出反清复明的大旗。孙中山提出的"驱除鞑虏"可能更多的是考虑到将自己的事业与国内反清运动结合起来，这也是受会党首领也是他的朋友郑士良影响的结果。至于"创立合众政府"显然受到了美国国体的影响，这确实是超前的，当时国内尚以"洋务"为新，甚至在十年后的新政中尚未敢提出建立合众国，此时的孙中山即具有此种觉悟。兴中会在夏威夷的活动并未引起华侨的热情，虽然很多人愿意为他们似懂非懂的革命押上几块钱，但却极少人敢于投身真正的革命实践中。这也就是为什么当孙中山回香港谋划广州起义时，只有几个人跟随他的原因。

1895年1月下旬，孙中山抵达香港，与杨衢云、陈少白、陆皓东、郑士良等积极筹建革命组织。2月21日，兴中会总部在香港宣告成立，通过了修订的《兴中会章程》。这个章程更加猛烈地抨击了清政府的腐朽反动统治，深刻指出清政府"政治不修，纲维败坏，朝廷则鬻爵卖官，公行贿赂，官府则剥民刮地，暴过虎狼"，导致了"盗贼横行，饥馑交集，哀鸿遍野，民不聊生"的中国社会现状，从而更加明确地把斗争矛头指向清政府，公开揭示了兴中会的反清宗旨。这个组织的成员也以海外华人和商人、教师、军人、会党分子等为骨干，因此从组织成分上来看，兴中会更类似于中国传统的由下层民众组成的秘密会社和秘密宗教，而与宣南诗社、强学会、立宪国会等由士绅阶层组成的团体不同。这种不同正如孙中山的身份一样具有两面性，一方面兴中会致力于革命，而不谋求欸动高层，采取自上而下的改革；另一方面，它的吸引力，特别是对当时社会有重要影响的士绅阶层的吸引力明显不足。

随着甲午战争清方战败，孙中山认为革命时机已经成熟，于是决定发动第一次革命起义，地点则选择在了广州。正如许多学者指出的，广州具有发动革命的独特优势。首先，孙中山的革命事业受到华侨特别是广东华侨的支持，在华侨的家乡发动起义，更容易引起华侨的同情和支持；同时，武器与人员从香港进入广州更为便利。其次，广东民族主义情绪浓烈，早在清朝建国之初进入广东时，便遭遇到广东人的激烈抵抗，这种传统一直延续着；而广东三合会人数众多，在革命派看来，只要起义大旗一树，会党即会群起响应。于是，经过六个多月的准备与策划，在争取了香港商人、清朝水师军官、三合会成员等支持之后等之后，起义定于1895年10月26日举行。然而，由于兴中会组织并不严密，参与计划的成员纪律性不足，广州和香港之间协调不利，导致起义之前计划泄露，原本用于起义的武器和人员被港英政府捕获，香港警方迅速将革命派的活动通知广州，于是在广州的六名革命党人被捕，孙中山逃亡澳门。这次流产的起义使清政府第一次意识到民间尚有革命派对其统治造成影响。

清政府逮捕了孙中山的挚友陆皓东，他本来有机会逃跑，但为了销毁革命党名单而耽误了时机。陆皓东遭受了严刑拷打但始终未出卖同志，并且利用审判的机会向清政府发出了革命党人推翻王朝的声明，他的这一声明也可以看成是孙中山等人"造反"的第一次准确地说明。陆皓东承认他与孙中山同样，"愤异族政府之腐败专制，官吏之贪污庸懦，外人之阴谋窥伺"，他们认为满人对汉人进行了残酷的压迫，因此要唤醒国人，光复汉族，"要知今日非废灭满清，绝不足光复汉族。故吾等尤欲诛一二狗官，以为我汉人当头一棒，今事虽不成，此心甚慰。但一我可杀，而继我而起者不可尽杀"。这可以看作革命党人对清王朝的战斗宣言。也正是如此，与此事相关的所有人员都被清政府列为通缉犯，孙中山名列首位，赏格也是最高的1000元，其他如杨衢云、陈少白等各为500元。

广州起义表面看是失败了，兴中会遭遇沉重打击，香港、广州两地的组织几乎处于停滞状态，由于武器、人员的损失，此后五年的时间内革命派再也没能发动起义。但广州起义意义重大，它不同于当时全国各地的由散兵游勇、流民百姓组织的、无政治目的的反抗活动。广州起义结合了新式知识分子、会党、华侨和民众，有明确的不同于以往的政治目的，这使得它成为清末社会变革、国家命运的新的因素，也成为清王朝覆灭的一环。对孙中山本人来说，广州起义使其在革命派中的地位迅速提升。1895年的中国，"反满""革命"等名词，尚未存在于人们的意识当中。而清政府却以反对朝廷的"革命"派领袖的名义将孙中山列为要犯，这就使得1905年之后那些对清政府彻底失望的、不得不革命的人们自然的将其视为革命的领袖。

1895年之后，由于受到通缉，孙中山活动的区域集中在日本，此后的五年间，孙中山及其战友与同情中国革命的日本人如宫崎寅藏、平山周等人致力于发动华侨、联络国内会党，甚至寻求与菲律宾独立军合作，力图在国内再次举事。但这五年间，革命事业发展不尽如人意。特别是戊戌变法失败之后，康有为、梁启超流亡海外，开始了与孙中山争夺华侨革命资源的行列中。由于康梁二人身具功名，康又自称拥有光绪皇帝的衣带诏，因此华侨普遍倾向于同情康梁。孙中山曾多次试图联合康梁但都被康有为拒绝。同时，国内局势相对平稳，没有可乘之机。原本支持孙中山的毕永年虽然组织了一大批会党，但缺乏华侨财政支持无法发放军饷，会党很快就转到由康有为支持的唐才常的自立军中去了，毕永年也由于对革命失望而出家。孙中山等人左冲右突，却始终没有取得革命事业的发展。

直到1900年，革命事业才出现转机，康梁一派在海内外逐渐失去人心。在国内，康有为支持的自立军被张之洞扑灭，两湖一带的知识分子对康有为备感失望；在国外，康有为掌握的华侨捐款也下落不明，导致华侨不满，甚至一些重要支持者断绝了对改良派的支持。自立军中的会党分子人财两失，一度想要谋刺康有为。更为致命的是，衣带诏的真假也引起了人们的普遍怀疑，于是康梁改良派逐渐在海内外失势。

正是在这样的情势下，革命派得以再次在广东的惠州发动了著名的惠州起义。这次起义依然延续广州起义的一些做法，比如从境外（主要是日本运进武器）、依托三合会的武装力量、有孙中山筹集革命经费等。值得注意的是，惠州起义初期取得了引人注目的成绩，他们多次打败清政府的军队，并占领了新安大部地区，更令人欣慰的是，当地很多民众自愿加入到革命队伍当中。但惠州起义也存在致命的失误，而这一失误正是来自孙中山。为了赢得日本对革命的支持，孙中山听从了日本政府的建议，要求起义队伍开往厦门，以迎接由台湾开来的日本人支持的远征队。但惠州到厦门路途艰难遥远，起义队伍又得不到武器装备的补充，根本不足以达到厦门。而日本之所以要求孙中山攻打厦门其实只是要在厦门引起骚乱，以便有借口派兵进入福建。因此，当起义队伍遭到清军镇压，弹尽粮绝，丧失了攻打厦门的能力之时，日本政府马上放弃了对孙中山的支持，这对革命事业是一个重大的打击。

无论是广州起义还是惠州起义，其实际情形与历来的农民起义似乎看不出太大差别。孙中山没有在起义中提出一个明确的政治纲领，没有利用对清廷不满的国内各派势力，而只是幻想着单纯依靠海外渗透，完成革命任务。这种做法无法撼动清政府的根本，也无法获得国内人士特别是具有强大力量的士绅阶层的支持。国内舆论还是将革命党的起义视为"匪"或"寇"，如上海《申报》在报道该事件时，即以《惠匪势蹙》为题。这种情况一直到1903年拒俄运动之后才得以转变。

革命力量的联合

1900年惠州起义发生时，也正是中国北方义和团运动风起云涌的时期。1901年，义和团运动平息，然而趁机占领南满地区的沙俄却并不打算撤兵，而是想将东北变成"黄俄罗斯"，清政府与沙俄进行了艰苦的谈判，达成一项协议即沙俄分三年从东北撤兵。但沙俄不但不履行这一协议，反而不断增兵东北，意图对东北实行殖民统治。这一消息对国人造成极大刺激，留日学生更是义愤填膺。

甲午战争之后，中国留学生的留学目的地由欧美转为日本。一方面由于日本与中国地近，费用较低，语言差距较小，另一方面日本与中国国情相近，而彼强我弱，国人亟欲探究日本变强之源，因此官派和自费留学生大量涌向日本，1902年时已达1000余人。还有一个重要的特点是，甲午之前的留学生多学习理工，如机械、铁路等，而留日学生则多选择法律、政治、经济等专业。这种转变其实在一定程度上反映了时人对西方富强之源的进一步探索，即：由技术而制度。留日学生大多在国内取得了一定的功名，然而国外的耳濡目染，新式知识的灌输，却使他们的思想发生了重要转变，他们不再将儒学视为安身立命的根本，也不再将君主专制制度作为天然合理的国体，甚至他们对皇帝的忠诚也被削弱，更为重要的是民族主义成为他们关注的焦点之一。

当沙俄强占东北之初，留学生便担心他们日夜忧惧的瓜分之祸已经来了，因此1902年4月29日，留学生代表秦毓鎏、叶澜、钮永建等，聚众集会，大家决定用实际行动挽救民族危亡："留学生遇重大问题，充类至尽，不过打个电报，发封空信，议论一大篇，谁肯担半点血海干系。还说是待我学成归国，再议办法！咄！待你学成归国时，中国已亡了几十年。"会后签名自愿参军者达130多人。需要指出的是，学生集会时已经显示出了排满的色彩，他们高呼此次组军乃是为了国民，而不是为了满洲。这其实是对满族政府将国土拱手让人的不满。也许正是因此，学生保家卫国的一腔热血被清政府认为是革命，驻日公使蔡钧致电两江总督端方："东京留学生结义勇队，计有二百余人，名为拒俄，实则革命。现已奔赴内地，务饬各州县严密查拿。"清政府随机发布谕令："地方督抚于各学生回国者，遇有行动诡秘，访闻有革命本心者，即可随时获到，就地正法。"

清政府官员所谓的"革命"主要是指以孙中山为首领导的推翻清政府的暴力革命，自广州起义和惠州起义之后，清政府一直将孙中山视为大敌，尽力查拿，甚至派暗探在英国将孙中山绑架至驻英使馆，可见其对孙中山及其革命势力的警惕之心。此时的留学生本无革命之心，其组织义勇军进行训练乃是意图加入清政府军队与俄国人在战场上拼命。但清政府却始终保持着满汉分野、严禁民间组织特别是武装组织的戒心，因此将这些学生认定为"实则革命"。这样的倒行逆施，使学生彻底心寒，他们意识到以满族为统治阶层的清政府本身出卖国权同时也不允许国人爱国，立宪派的刊物《江苏》做出表态："夫有拒俄之诚而即蒙革命之名，吾知自今已往世人之欲效忠于满洲者惧矣。……呜呼!革命其可免乎？"

不唯思想发生转变，留学生的组织也正悄然发生变化。公开的拒俄义勇军被日本政府按照清政府照会强行解散，但学生的抵抗热情并未消散，他们转而成立地下组织，黄兴、秦毓鎏和钮永建成立了军国民教育会，该组织表面上致力于"养成尚武精神，实行爱国主义"，但实际上是要推翻清朝统治，也要向列强证明中国和中国人能自立于世界。军国民教育会的成员大多抱有激进思想，如黄兴、陈天华等人立下誓言，学成归国之后要继续从事革命活动，进行鼓吹、起义和暗杀等。此时国内对清廷统治的不满也在积累。戊戌变法的失败、义和团运动的刺激，使国内一些改良派人士采取了更激烈的改革方式，蔡元培、吴稚晖、章太炎等人在上海成立了中国教育会，该组织表面以翻译西方教材为业，实际上他们在国内声援日本的拒俄运动，并且在国内撰写激励革命的文章。章太炎、邹容是其中的佼佼者。章太炎早年同情康梁，曾写出《分镇》《客帝》等文章为满族统治寻找理论依据，但此时他的态度发生了剧烈的转变，并作文指出："满洲弗逐，欲士之爱国，民之敌忾，不可得也。浸微浸削，亦终为欧、美之陪隶已矣。"他与康梁也彻底决裂，为了打破康有为的保皇说；为了破除千百年来中国人"皇权神圣"的迷思，他有意将皇帝矮化写出了"载湉小丑不辨菽麦"的文字，使得改良派跳脚，立宪派偷笑，革命派称快。另一位与章太炎同样具有宣传之功的是邹容。邹容自幼研读儒家经典，后受日本学者影响开始治西学，并赴日留学，思想转为激进。正是在日本期间，他完成了《革命军》，并在国内发表。该书风行国内和海外华侨中，销售达110万册，是革命书籍中发行量最大的，对鼓动清末革命高潮产生了难以估量的作用。孙中山看到《革命军》后，赞赏不已，认为"此书感动皆捷，其功效真不可胜量"。

与孙中山只具备西方知识体系不同，日本留学生与国内知识界人士多为传统体制下培养的知识分子，他们是传统所称的士大夫，从中国历史传统来看，士大夫浸淫于忠君思想，维系着三纲五常的伦理精神，他们一直是抵制农民起义、会党作乱的中坚力量，对于暴力革命向来持反对态度。但拒俄运动之后，晚清士大夫思想发生了转变，他们成为革命的倡导者和发动者。更值得注意的是，这一时期，民族主义成为士大夫的号召。与西方民族主义的原义不同，此时的知识分子将满汉对立作为民族主义的主要内容，将反满作为革命的首要目标，此后，清朝统治更加岌岌可危了。

革命思想的实行需要有严密的组织，因此留日学生归国之后，开始以革命理想为号召，创建革命组织。1903年，黄兴建立华兴会，其主要成员为归国留学生，包括陈天华、刘揆一等，他们最初即采取了与孙中山相同的办法即联络会党，并意图在1904年11月16日慈禧70寿诞时攻打长沙，但会党缺乏组织性纪律性的缺点再次暴露，起义尚未组织完毕，消息即泄露出去，清政府迅速捕杀会党领袖马福益，黄兴也逃亡日本。蔡元培、陶成章和龚保全在1904年组织了光复会，他们致力在长江中下游一带推行革命。而湖北也成立了科学补习所，湖北革命党人多为留学生和军人，他们惩于孙中山黄兴等人联络会党起义失败的教训，认为与会党相比，新军具备新知识，组织性和纪律性强，因此致力于在新军中发展革命力量。此外，安徽创办岳王会，福建有文明社、四川有公强会、公德社，陕西有励学斋等。这些组织彼此之间相互联系，但并无统一的组织与规划，特别是地域观念极强，都希望在自己的籍贯地取得起义的首功，因此无法形成合力。

1905年，日俄战争爆发，清政府在各方压力下同意立宪，这对革命派来说并不是一个好消息。事实上，直到此时，国内主流意识如立宪派还是更倾向于清政府的自改革而非暴力革命，清政府的立宪又给了立宪派一丝希望，他们也更加钟情于改良。革命派亟须整合力量，破除立宪迷思，彻底推翻清廷统治。此时孙中山再次获得了历史机遇。早在十几年前，即大多数投身革命的知识分子们尚在书斋苦读时，孙中山已经以革命派领袖的名义被清政府通缉了；他在海外包括日本、美国、英国等地也想有中国革命家的名誉；他苦心孤诣的向人们宣扬革命的必要性，并积极联络华侨和会党进行革命活动。因此，此时海内外都将孙中山作为中国革命的代表，并且他还创建了第一个革命组织兴中会。这样孙中山自然成为联合各革命组织的最佳人选。1905年7月19日，孙中山完成了一次环球革命之旅后再次来到东京，并与黄兴、宋教仁、陈天华等会见，阐述了革命力量联合的重要性。会后，华兴会多数成员及众多留学生决定加入同盟会。7月30日，旅居日本的革命志士和日本友人讨论了同盟会的组织纲领为："驱除鞑虏，恢复中华，创立民国，平均地权"；8月13日，留日学生进行革命集会，孙中山登台发表演讲，他以雄辩的口才、开阔的眼界、激昂的热情获得了学生的认可；8月20日，同盟会正式成立。与兴中会相比，同盟会更具特色。首先，兴中会以华侨和会党参与者居多，同盟会以青年学生为多，他们是知识分子，能够获得国人更多的同情与肯定；兴中会以广东籍人士为多，同盟会会员遍及全国。这些革命火种归之后，在祖国的大地上星罗棋布，为辛亥革命的爆发积蓄了重要的力量。

同盟会成立之后，组织发动了一系列武装起义：萍浏醴起义、潮州起义、惠州七女湖起义、钦廉防城起义、镇南关起义、钦廉上思起义、河口起义、广州新军起义、广州"三二九起义"等。

武昌首义

广州"三二九"起义失败，对革命力量造成了沉重的打击，特别是士气受到影响，同盟会部分成员一度意气消沉。孙中山、黄兴虽然继续在海外宣扬革命，筹集资金，但对下一步革命走向并无明确之计划。正是在这样的时期，国内局势迭起波折，特别是清政府少年亲贵执政，推行一系列不顾民意、不顾现实的政策，将立宪派推向革命，将整个国家推行不革命无以自存的局面，为辛亥革命制造了条件。辛亥革命以武昌城头的一声枪响作为标志，革命军迅速占领武汉三镇，建立都督府，对武汉实行实际控制。各地革命党、立宪派甚至晚清官员响应革命义举纷纷宣布独立，最终推翻了清王朝的统治。进入20世纪以来，革命派发动之起义不下十数次，为什么之前历次起义皆归于失败，而武昌起义却能毕其功于一役呢？

留日学生为辛亥革命的成功奠定了基础。甲午战争之后，国内官派或自费留学生以日本作为目的地者日益增多，他们有感于日本军力的强大，因此多留学于士官学校。清政府于1906年废除科举制度之后，又鼓励留学，并给予留学生以相应的功名，这进一步刺激了留学生人数的增加。一时之间，从十几岁的少年到几十岁的耄耋老人，纷纷留学国外。这些留学生在国外虽然各有专业，但不可避免地要与外国社会接触，也自然将国内外进行比较，特别是在国外一旦受到不公平待遇，自然激发不平之思。如1905年日本颁布《关于令清国人入学之公私立学校规程》，规定中国留日学生不论入公立或私立学校均需找官厅作保，由清驻日公使出具证明；在入学志愿书上必须写明本人入学前的履历，介绍入学的官厅名称，凡因参与政治活动指令退学者不得复学等等。该规程专门限制中国学生，明显具有歧视，严重伤害了留日学生的民族自尊心。这样的规程竟然是清政府请求日本政府下达的。于是，对日本政府的愤恨之情自然也转嫁到清政府身上。当时的留日学生，虽然对孙中山提出的政治理念不尽认同，但却一致认可"反满"。留学生带着这样的思想归国之后，多任职于教育界或军界，他们宣扬革命思想组织革命组织，并及时响应武昌起义。

立宪派对清廷的态度也发生了转变。武昌起义之前，立宪派多数不存推翻清廷之念，他们所致力于争取的，在于开国会和设责任内阁。但请愿开国会运动历经三次却只换得个缩短时间的结果，这是上有各地督抚、驻外使臣甚至满清皇族推动，下有全国立宪派大联合，征集几十万人签名，多次赴京才取得的拆强人意的成果。而在第四次东三省请愿过程中，竟然遭到了清廷的武力镇压，这不能不使立宪派感到失望。特别是载沣上台之后，不顾各方反对，一方面，将权力收归中央，载沣、载洵、载涛兄弟三人掌握兵权，又驱逐袁世凯，气死张之洞。表面上满清权贵收拢了权力，但实际上却使200多年来一直暗流涌动的满汉之争再次触动了汉族官员和立宪派的神经；另一方面，载沣等人虽然同意立宪，但却无力应付鱼腐肉烂的局面，此时的中枢既缺乏洞察时局的眼光，又不具备笼络民心的手腕，对外一味求和，对内则毫不让步。甚至推翻光绪时颁布的政策，1911年5月，随着皇族内阁的出台，最终使立宪派和民众对其彻底失望。立宪派代表人物梁启超愤然说道："将来世界字典上决无复以宣统五年（1913年）四字连属成一名词者"，"诚能并力以推翻此恶政府而改造一良政府，则一切可迎刃而解"。梁启超由保皇而提倡推翻现行政府，可见革命之机已是一触即发。

留日学生杨开甲认为，"辛亥革命之起由于川变，川变由铁路收归国有"，即辛亥革命以四川保路运动为先导，这一描述是符合历史发展事实的。

铁路与矿产是西方列强进入帝国主义时代之后资本输出的两大手段，而国人也逐渐认识到铁路在国家经济、军事等方面的重要性，甲午战争之后，清政府处于加强国防的考虑，决定由国家筹集资金兴建铁路。然而，铁路需款巨大，清政府财政早已入不敷出，根本无力承担。因此，不得不依靠借款作为主要资金来源。这些借款不但利息高，而且多数捆绑着政治条件，如铁路的管理权、用人权、稽核权、购料权等都落到了外国人手里。有鉴于此，1903年，清政府颁布了《铁路简明章程》，规定：无论华洋官商，可禀请开办铁路。恰在此时，四川留日学生首发川人自办铁路之倡议，甚至在1903年5月锡良任四川总督时，受川人所请，上奏朝廷要求设立川汉铁路公司，由川人自办铁路。这一奏折获得了朝廷、商部、外务部、户部和各省绅商空前一致的赞成。可见，收回路权已成为全国人士的共识。此后，粤汉铁路、沪宁铁路、苏杭甬铁路、广九铁路承办权相继为国人赎回。1904年，川汉铁路总公司也正式成立。

铁路之修建，需要大量资金。四川虽号称天府之国，但经历了清末的吏治腐败、水旱蝗灾之后，并无资本巨大的士绅可以或联合或独立的承担铁路建设的任务。因此，《川汉铁路集股章程》一方面规定不招外股，不借外债，不允许任何形式的非国人股权出现，以防止洋人侵害路权；另一方面，采取田亩加赋的形式，抽去租股作为主要的集股方式，在该年实收的租米中抽取百分之三，这是强制性的；还规定茶商、盐商等应该多认购股票。这样，全川上下，从穷困农民到袍哥成员再到立宪士绅，都与川汉铁路息息相关。

然而，商办铁路存在巨大的困难：资金不足、技术困难、缺乏统筹，川汉铁路也是如此。至1909年铁路已经办理6年，但所筹集资金仅占所需资金的1/10；同时川路险峻，虽然由当时最杰出的铁路工程师詹天佑亲自选定川汉铁路的线路，但由于技术落后，川汉铁路的修建始终举步维艰。更让川人不安的是，由于缺乏现代企业监督机制，仅有的约1000万元左右的路款，层层被经管铁路的人员贪污挪用达200余万之巨。川汉铁路之路款取之于民，一旦破产，会造成无数平民血本无归，十几年甚至数十年的心血毁于一旦。正是考虑到商办铁路的种种弊端和严重后果，清政府决定将铁路收归国有。

本来，如果当时权力核心是强有力的、具有应对变局的权威和灵活性，并且能体察民情，尽量减少民众之损失，那么铁路国有不失为一个好的方法。但此时的清政府并不具备推行这样一个事关全局的大政策的能力。太平天国之后，中央权力日退，地方势力日进，加上此时各省设立了咨议局，代表地方利益的士绅有了合法的舞台与中央相抗衡，以至中央权威性更加衰落。吏治腐败、财政危机、苛捐杂税又引起社会普遍不满，口头的立宪与皇族内阁的成立将掌握着民心所向的立宪派推向激进，因此，此时的清政府难以用正常手段完成铁路政策的调整。

1911年，时任邮传部大臣的盛宣怀提议铁路国有，清政府随意发布上谕：全国各省集股商办的干线铁路，一律收归国有。枝路铁路仍许商民量力酌行。川汉铁路即在收归国有之列。收回的路权仍然由国家向列强借款修建。盛宣怀与英法美德四国银行团缔结了借款合同。那么对入股民众的如何交代呢？清政府根据各省铁路公司的实际状况区别对待。湖南湖北铁路公司亏损不多，以国家保利股票，按照两省商办铁路公司股票的票面价，换取入股民众持有的股票。广东铁路公司由于亏损较重，因此发给六成国家股票，四成国家无利股票。但对四川铁路公司条件则最为苛刻。清政府认为四川铁路公司亏损最为严重，而修建铁路之成效也是最差。在募集到的1400万两的股价中，竟然有将近350万两被铁路公司经理炒股失败而亏空。因此，清政府决定仅仅换回实际上用于铁路建设的股款，而不换回全部股款。

铁路收归国有，是否会被洋人侵夺利权？川人对此颇有担心。但面对朝廷的压力，他们只求能尽量减少损失，一开始只希望清政府将商办铁路公司历年的用款和上海的倒账、开工的费用一律承认，偿还六成现金，搭用四成股票，余下的现金及其他股款有股东自行办理。但盛宣怀、端方却致电护理四川总督王人文：所有公司股票，不分民股、商股，不分已用、未用，一律更换为国家铁路股票。至于已花费之金额和上海倒账不予承认，尚未使用的现金也由政府提用，换发债券。这种做法激起川人义愤，双方矛盾愈发尖锐。1911年6月，留日学生、四川咨议局议长蒲殿俊与罗纶等在省城建立保路同志总会，在各州县乡镇设立分会或协会。保路会成立之后，不仅立宪派积极参与，川省之工人、农民、学生、市民、僧道、会党纷纷加入。士绅名流、同盟会会员、哥老会首领等这些具有极大社会号召力的人士，齐聚一堂，为保路运动争取到了最大的群众基础。

川人性命与川汉铁路相连，其对国家收回路权自然以命相抵。此时如果清政府将政策稍作调整，对川人多年来的心血稍作补偿，并不必然导致武装冲突，正如时人指出的川人之保路也有"以索还用款为归宿，以反对国有为手段"之意味。但清政府却缺乏一个成熟政府在处理事务时的应变弹性，竟将代川人上奏的王人文撤销，命人称"赵屠户"的赵尔丰为四川总督。8月，川汉铁路特别股东大会收到邮传部和端方的电令，如川人执意争路，政府将以遏乱严办。川人则以罢市、罢课、不争回铁路不开市做回应。9月，端方从湖北武汉带新军入川，川人则发出不纳粮税的通告。"不纳税粮"在朝廷看来即形同造反，于是下令赵尔丰严拿首要，先行正法。双方正式进入对抗状态。

9月7日，赵尔丰诱捕保路同志会、四川咨议局和川汉铁路公司股东会的蒲殿俊、罗纶、邓孝可等人，并枪杀请愿群众；第二天，又对请愿群众开枪，前后打死群众近百人，并下令三日内不准收尸，赵屠户之铁腕一览无遗。然而，这恰恰成为武装反抗的导火索，9月8日，各地保路同志军揭竿而起，武装进攻成都，保路运动终于演化为起义。

武装起义自9月7日开始，至11月27日大汉四川政府建立结束。在这期间，爆发了武昌起义。

如果说四川保路运动是由立宪派为主导，那么武昌起义则是以革命派为主导。

革命派此时在国内外已经形成了一定声势，但从几次发动的起义来看，尚并不足以凭自身力量打倒清王朝。同时，同盟会成立之后，革命力量表面得到了统一和整合，但实际上一方面，国内除了同盟会之外，尚存在不属于同盟会系统的革命派组织；另一方面，同盟会内部矛盾重重，甚至出现合而复分的情况。这两种情况使革命步伐更加崎岖。

同盟会成立两年之后的1907年，分裂趋势即显现出来。首先从同盟会当中独出一统的是共进会。同盟会的主要工作在发动武装起义，虽然会党是联合力量之一，但在同盟会总却并未设置专门的会党工作部门，同盟会会员吴永珊、焦达峰鉴于"同盟会只顾去搞武装起义，差不多把会党工作忘记了，现在何不趁各省会党都有人在日本，把全国所有的会党通通联合起来"。于是，各地哥老会、三合会等在日成员及同盟会成员相继加入，并成立了名为"共进会"的组织。参与者基本都是同盟会会员，其领导者刘公、孙武、居正等为湖北人，焦达峰为湖南人，故其活动以两湖为重点。共进会并不认为他们分裂了同盟会，名义上也尊孙中山为总理，但其组织宗旨、组织结构等与同盟会都有区别。黄兴曾质问焦达峰："革命有二统，二统将谁为正？达峰笑曰：兵未起，何急也？异日公盛，我则附公；我功盛，公亦当附我。"

比共进会更为严重的是光复会的重新成立。光复会大多成员在1905年加入同盟会，但其原成员章太炎、陶成章等人却一直对孙中山不满。他们的革命方略在于以暗杀活动将满清贵族一网打尽，而不是发动武装起义。同时，陶成章主持机关报《民报》期间，由于经费问题与孙中山发生矛盾，并特意跑到越南向其索要经费，但孙中山当时无力支付，于是陶成章、章太炎通过各种手段诋毁孙中山之为人，诽谤他贪污华侨支持革命之费用。孙中山黄兴等奋起反击，用各种证据证明自身清白，又揭发章太炎等人与清朝权贵私下交通之事。陶、章二人虽然未能达到逼迫孙中山下台之目的，但此事却给同盟会之声誉造成了严重打击。事后，陶章二人联合李燮和及部分同盟会员重新拉出光复会的名号，从同盟会中独立了出来。这削弱同盟会的力量。

与此同时，同盟会又经历了一次分裂。由于从事革命活动清政府在通缉孙中山的同时，照会日本政府不许孙中山进入日本，孙中山只得离开东京同盟会总部，赴海外从事革命活动。广州新军起义失败之后，孙中山身在北美，黄兴去了南洋，东京一时之间群龙无首。以谭人凤为首的部分同盟会员如宋教仁、邹永成、林时爽等人认为孙中山长期不能负责会务，又不辞去总理职务，特别是他们认为："孙总理只注重广东，对于长江各省一点也不注重，华侨所捐的钱也只用到广东方面去，别处的活动一个钱都不肯给，现在我们要自己商筹一个办法去进行。"因此，他们拉出一个所谓"同盟会中部总会"。

同盟会的分裂除了分裂者不顾大局的意识作祟之外，尚有一层重要原因，那就是孙中山在领导同盟会时不太注意组织程序与思想引导，而且他始终认为两广一带靠近边境，容易运进武器和人员，因此几乎未考虑将运动扩展到内地去。特别是在1910年国内局势发生变化，革命形势高涨，群众自发斗争风起云涌的情况下，孙中山依然故我，这不能不说是一种失策。共进会、光复会等组织则更加着力两湖、江浙等地的活动，在一定程度上促进了武昌起义的爆发。

事实上，同盟会并未涵括所有的革命组织，在国内特别是湖北，尚有一些重要的革命机构在默默地努力。其中比较重要的是以新军为骨干的文学社。

文学社湖北革命党人自行组织，组织上相对独立，精神上与同盟会一脉相承。文学社成员完全是内地新军之下级军官和普通士兵，其宗旨也在以推翻满清建立民国，并遥奉孙中山三民主义为号召。1908年，湖北新军任重远、杨王鹏、彭振新等倡议组织军队同盟会进行革命，廖湘云、黄元吉、林兆栋等数十人参加，但"同盟会"三次已为清政府明确通缉之组织，会员对该名称多有异议，因此会务无形停顿。这一方面表明此时新军军人对革命之态度尚不坚决，另一方面该会为湖北军界自行组织团体之开始，意义重大。

随着光绪慈禧的先后去世，特别是革命党人熊成基的安庆起义，又给湖北革命党人带来了一丝曙光。原军队同盟会员将该组织进行改组，成立了群治学社，并规定每会员每月须介绍新同志二人，但不得介绍官佐，以防叛变。此后群治学社会员日多。当保路运动兴起之时，学社会员刘尧澂等因请愿而被逮捕，军队中也严搜革命党，以致会务暂停。

因群治学社之名称暴露，后又改名为振武学社，共得会员二百四十人余人。1911年1月30日，文学社成立大会在黄鹤楼召开，蒋翊武任社长，刘尧澂为评议部长，詹大悲任文书部长。此后，文学社开始在新军当中进一步发展会员，宣扬革命。

当时在湖北从事革命的，以共进会和文学社为中坚，此外湖北军学界富有革命思想之人士，也组织了许多团体，如种族研究会、安郡公益社、黄冈讲习所等30多个。

正当湖北革命组织如火如荼之时，谭人凤、居正等组织的同盟会中部总会也以同盟会名义来到武汉，并按照黄兴之指示，要湖北革命组织在广州起义之后，及时响应。但广州"三二九"起义旋即失败，武汉革命党人悲痛之余，依然不失斗志，专门召开会议，毅然担负起革命重任，共进会成员甚至认为："广东虽失败，我们湖北更好革命，清政府以为这回广东把中国革命党杀光了，再没有革他命的人，他必不大防备革党……出其不意，革其命来，那一定是可以成功的"。鉴于革命形势一度低迷，文学社与共进会决定共同工作，分头行进。

1910年川鄂等地保路运动勃兴，四川发生成都惨案，而湖北人民迅速反应，四处讲演，甚至有在现场断指哀哭救国者，湖北团体亦派出乡绅刘心源等人赴京请命，他们至邮传部门口三日三夜不饮不食，而清政府置之不理，极端漠视民意。革命党人感受到形势发展之有利，于是积极准备发难。他们一方面安排了军中革命党人的攻击任务，一方面侦察情报及各军事要点及装备情况。10月9日，当孙武、潘善伯等人在汉口俄租界革命党总机关配置炸弹时，由于有人将烟灰误入配药盒中引发爆炸，革命机关暴露，俄国巡捕权力捕捉革命党人，并搜出文告、名册、旗帜等。湖广总督瑞澂下令全城戒严，搜捕革命党人。面对此种情景，刘尧澂、蒋翊武等人决定"与其坐而被捕，不如及时举义"，蒋翊武以临时总司令之名义起草命令，派人分送各标营，决定当晚发动起义。该命令首揭革命宗旨："本军于今夜十二时举义。兴复汉族，驱逐满奴"，后续各条皆为战斗部署。然而，就在革命发动之前几个小时，一直四处活动的清政府军警居然将彭楚藩、刘尧澂、杨宏胜三人抓捕，随即杀害，他们三人也成为最先为武昌起义而就义者。

革命机关被破坏、革命志士被害反而进一步促进了新军的不安情绪。时任湖广总督的瑞澂向来号称能吏，但此时却处置失当。按照常理，一旦搜获革命党名单，要么按图索骥，斩草除根，要么当众销毁，以安军心。但瑞澂却进退失据，一方面犹欲大开杀戒，提审被捕的革命党人，但审至一半，却又"臣不动声色，一以镇定处之，因得弭患于无形，定乱于俄顷"。另一方面却又将彭刘杨三烈士之头颅示众，造成一种紧张气氛。

其时谣言蜂起，多以搜去之名册为口实。该名册乃共进会自行编制，至于名册上有哪些人名，外界难以得知。而革命派在军中宣扬革命时，接触士兵很多，革命党人可能将当时接触的为数众多的新军全部计入名册之中，因此新军人心惶惶，皆以为自己的名字在名册当中。当时传言四起，有云巡防营包围按册拿人者；有云搜去者为假名册，各标营汉籍士兵皆在内者。这无形之中在新军士兵中形成一种恐怖气氛，似乎有利刃悬于头顶，随时都会落下。革命党人于是及时抓住时机决定"不如今夜起事，死中求生"。

1911年10月10日，工程第八营首先武装起义，打响了武昌起义的第一枪。该营本有革命党人若干，前几日杨宏胜已经将两排子弹送至营中，其他同志也私藏了一些子弹。起义当晚，革命党人程正瀛发枪射击反对革命的排长陶启胜，林振邦、饶春棠、陈连奎等闻声皆起，而守卫楚望台军械库的也正是革命党人，遂占领楚望台及军械库。守卫队队长乃吴兆麟，虽非共进或文学社成员，但因其资望高、军事好，此时也同情革命，参加起义，革命党人公推其为临时总指挥。由此，吴兆麟也成为武昌起义战斗初期的最高指挥者。工程第八营起义之后，南湖炮营、辎重营及其他各标各营之革命党纷纷发动，湖北新军全体总动员，分路攻打总督府。

瑞澂为湖北最高军政长官，但闻起义消息之后竟贪生怕死，从总督府后墙挖洞逃跑。按大清律法，总督不得擅离管辖范围，因此他跑到长江上停泊的军舰上，随时准备逃跑。瑞澂擅离职守后，武汉城内镇压革命之军警、巡防营等顿时群龙无首，革命军进攻勇猛，又有炮队重火力，很快就将其击败。至凌晨，武昌全城为革命军所控制。象征胜利的十八星旗高悬于黄鹤楼上，武昌首义至此胜利。

革命首胜，武昌光复，政权建设问题紧急提上日程。那么，此时由谁来领导革命呢？吴兆麟本为临时总指挥，但却拒绝担任首领。吴兆麟并非忠于大清，而是出于革命成功之考虑："兄弟资望太浅……而带兵官位居我上者，必不肯服从，即与我同级者，亦未必悦服，欲收新军全体来归之效，非借黎元洪资望不可。"黎元洪者，军中老资格也。1883年入天津北洋水师学堂学习，1906年任陆军暂编第二十一混成协协统领，兼管马炮、工、辎各队事务，相当于旅长，地位甚高。同时，黎元洪在清朝军界中人缘极广，亲旧好友遍布军政两界，因此革命党认为其担任都督，对全国会产生积极影响。同时，黎元洪官阶虽高，却少有清军军官克扣军饷，虐待士兵之恶习，甚至有"谨厚"之称，平日颇得军心。然而，此人并不赞成革命，曾手刃两位革命士兵，革命党以死相逼黎元洪只能虚以应承。事实证明，革命派的考虑颇有成效。以黎元洪之名义发出之布告给人民以极大的震撼，所谓"往观者途为之塞，欢声雷动"。外籍人士慨叹："想不到黎协同也是革命党"，至于未被革命军击退的清军士兵更是大出意外，以致他们中很多人脱掉军装逃跑，不敢与革命军对抗。

革命的炮声唤醒了另一批力图推翻清政府、改变中国的人士，那就是湖北的立宪派。经过国会请愿活动、皇族内阁等事件的连续打击，立宪派已经清醒地认识到，不推翻清王朝，中国就无法进入正轨。因此，从1910年开始各地立宪派人士要么从精神和舆论上同情革命，要么或公开或隐蔽的与革命派进行接触。武昌起义之后，湖北立宪派人士、咨议局议长汤化龙迅速表示支持革命，并与革命派共商国是。他指出要通电全国，获得一致响应；同时立宪派多实业家，雇用了大量的工人、店员等，汤化龙以身示范，偕同其他立宪人士将雇员武装起来，要么随军作战，要么负责维持城内秩序。他的做法为稳定革命局势做出了巨大贡献，并未全国各省之立宪派做出典范，之后当革命在其他地区爆发时，立宪派多支持革命。正如吴兆麟所说："两公（汤化龙与黎元洪）系湖北人望，如出来主持大计，号召天下，则各省必易响应"。

革命派、黎元洪与立宪派合作成立了武汉军政府，称中国为中华民国，以黎元洪为湖北都督，以汤化龙为民政总长，并发布宣示中外之各种文告，包括《祝文辞》《檄全国文》《宣布满清皇室罪状檄》等。全国革命形势本已如火如荼，武昌首义，获得了全国响应，至11月底短短50天之内，内地18省，除直隶、甘肃、河南3省外，其余15省都先后举义光复或宣布独立。至此，以长江为界，南方各省全部光复，北方陕西、宁夏、山西建立了革命政权，其他地区尚为清政府控制，但起义不断。清政府的统治已经到了摇摇欲坠、朝不保夕的地步。

民国的诞生

值得注意的是，武昌革命党人在这些檄文中多以满汉对立、排满等民族主义字眼作为核心，却没有提到"三民主义"，更没有提到孙中山、同盟会等中国革命的先驱人物和组织。反观同盟会，各领导人对革命形势发展之迅速始料未及，甚至在武昌起义发生前夕，宋教仁、居正等甚至不相信起义能顺利发生。因此，在武昌起义胜利之后，同盟会既拿不出一个全局性的计划以推动革命进一步发展，又不能赶赴前线直接指挥起义行动。这是武昌首义成功之后，各地起义陷入无序的一个重要原因。也正是由此，湖北革命政权成立之后迅速落入一向反革命、镇压革命的黎元洪和立宪派手中。

武昌起义发生时，黄兴正在香港，孙中山正在美国。武昌革命党人曾派员专赴香港邀请黄兴至武汉指挥起义，黄兴虽对起义表示支持和肯定，却留在香港等候孙中山的指示，错过了赶赴武汉的最佳时机。孙中山因对武汉革命形势不甚了解，准备复电黄兴"令勿动"，阻止武昌起义。该电文尚未发出，10月12日，孙中山在当地报纸上看到了"武昌为革命党占领"的消息，13日孙中山以同盟会芝加哥分会的名义发布了"预祝中华民国成立大会"的布告。但此时的孙中山却并未立刻回国，而是要在海外以外交方式获取列强对新政权的支持。

彼时的中国，处于列强环伺之下，无论清政府还是革命政权都无法与列强之势力抗衡，因此革命党人多认为要稳固政权，必须获得列强的支持。因此，孙中山不迅速回国领导革命，反而继续游历英国、法国等，看似不可理解，却符合当时历史的形势。然而，列强却无意于支持革命党，他们看重的是中国社会的稳定，因此，列强多以各种方式胁迫清政府敦促军政强人袁世凯重新出山，维持秩序。孙中山白白浪费了一个多月的时间，却未获得任何实质性的进展。12月21日，孙中山抵达香港，此时广东已经光复，同盟会员胡汉民、廖仲恺此时已经分别称为广东军政府的都督与都督总参议，他们将孙中山迎至广州。

在孙中山游历欧美寻求列强支持直到12月底回国的过程中，国内革命形势又发生变化。1911年，上海革命党人陈其美等发动革命，并于11月7日建立沪军都督府，上海正式光复。上海光复的意义重大，一方面，苏浙两地迅速独立，张謇为首的江浙立宪派加速导向革命。另一方面，上海为沪杭铁路北连济南、北京的中枢，是清政府将江南制造局和汉阳枪炮厂的军械运往北方的枢纽。上海光复之后，切断了这一条南北交通干线，清政府的军火补给陷入停滞。特别是上海为远东经济中心，又有广阔的租借地可资利用，而武昌此时正遭受清军的反扑，形势岌岌可危。因此，以上海为政治中心比武汉为优。上海也自然成为革命之重心。

11月9日，黎元洪发布通电倡议各独立省份代表赴武昌开会，讨论建立中央政府问题，而沪军都督陈其美联合江苏都督程德全和浙江都督汤寿潜也发出通电，请各省派代表到上海开会商讨临时议会机关。由此，武汉与上海方面展开了革命中心与执政大权之争。武汉方面重在设立政府，而上海方面由于多有立宪派人士参加，因此要求在沪设立议会。上海方面在20

日已经举行会议，并通过"承认武昌为民国军政府的，以鄂军都督执行中央政务"的决议。很明显，当时上海会议诸人并未将孙中山视为革命政府的最高领导人。23日，上海方面在居正等人的力争之下，各省代表同意赴武汉开会。

然而，武汉会议进行得并不顺利。清政府在生死攸关之际最终听从帝国主义的要求，认命袁世凯为湖广总督、钦差大臣和内阁总理，袁世凯掌握实权之后，迅速发兵攻打武汉。很快，北洋军占领汉阳、炮轰武昌。在此形势下，革命派和立宪派讨论出了一个结果，即通过《临时政府组织大纲》和同意南北双方即革命政府与袁世凯双方代表进行和谈。并且只要袁世凯承认共和，推翻清政府，即可公举其为临时大总统。正如湖北都督府发布的告全国通电一样，民主共和等观念并未真正成为革命党与立宪派人士的核心理念，排满、推翻满人之政府才是两派共通的思想。袁世凯是汉族人，虽然他是清政府之大员，但他作革命政府之领袖，并不受到特别的反对。同时，我们也由此可以看到革命党人力量的薄弱，革命党人同意袁世凯任临时总统的一个重要原因就是袁世凯掌握着当时国内最为精锐的北洋军。在革命党看来，各独立省份掌握的军事力量毕竟薄弱而分散，只有依靠袁世凯的力量才能在推翻清政府统治的同时获得列强的支持。

12月2日，南京光复，各省代表决定把会议搬到相对安定的南京，继续开会。与此同时，为了在谈判桌上获得更大的筹码，袁世凯一方面在列强中间斡旋，获得列强的支持，另一方面加大对武昌的攻击力度，炮轰都督府，黎元洪避地葛店。革命派内部士气被打压的极为萎靡，支持袁世凯的呼声更是甚嚣尘上。12月5日，各省代表决定委派伍廷芳与袁世凯代表唐绍仪在上海谈判。本来，上海会议将黄兴和黎元洪推举为正副大元帅，正大元帅可暂任大总统。但黄兴拒绝任职，并指出："前次各省推举某为临时总统，某所以坚辞不受者，正虚此席以待项城（袁世凯）耳。"原来，黄兴认为袁世凯军力强盛，又得帝国主义和清政府的信任与支持，如果袁能主张共和、推翻清廷，全国就可以统一，无数生灵可免于涂炭。黄兴不肯就职，使得临时政府的组织工作无法顺利进行，直到孙中山来到上海，才打破了僵局。

12月25日，孙中山由广东经海路抵达上海，作为海内外公认的革命领袖，孙中山虽然没有直接参与武昌起义，却成为众望所归的总统人选。26日，孙中山、黄兴、汪精卫、胡汉民、陈其美、宋教仁、居正等召开同盟会在沪人员最高级干部会议。会议一致推举孙中山为民国总统。关于政府体制，孙中山主张总统制。27日，再次召开同盟会最高干部会议，会上再次推举孙中山为总统，黄兴为内阁总理。这两次会议虽然是以同盟会之名义召开，但实际上代表了革命派的总体意见。

孙中山的革命威望、他作为革命精神领袖的地位，为他当选总统提供了依据。孙中山到达上海之后，引起了社会各界的广泛关注。英、美、日等国报纸对其行踪进行了连篇累牍的报道，海内外人士无不欲一睹其真颜。《申报》称："孙中山抵沪后，中外人士皆望见颜为快，投刺相访者络绎不绝。孙原定晤客时间为下午二时至五时为止……惟来访者众，不能不一一接洽，故常自晨至暮无休息云。"可见，无论对革命之真义了解或不了解，民众都将孙中山视为革命党之当然领袖。那么，孙中山担任临时大总统也就在情理之中了。

12月29日，各省代表会议在南京开会选举临时大总统，按规定每省一票，到会代表十七省，结果孙中山获得16票，黄兴获得1票，孙中山正式当选。当天，孙中山接到被选为大总统的报告，立即电复南京各省代表会议表示将"克日赴宁就职"，同时发布《致各省都督军司令长电》《致黎元洪电》《致袁世凯电》。在给袁世凯的电文中，孙中山写道："公方以旋转乾坤自任，即知亿兆属望，而目前之地位尚不能不引嫌自避；故文虽暂时承乏，而虚位以待之心，终可大白于将来。望早定大计，以慰四万万人之渴望。"所谓"暂时承乏""虚位以待"云云，都是指袁世凯由于清廷大臣的身份无法即时就任总统职位，因此孙中山暂时代理，只要袁世凯反正归来，则总统之位自然交与袁氏。

1912年1月1日，孙中山在陈其美马队的护送下由上海赴南京，并在总统府大礼堂内举行大总统就职仪式，正式就任临时大总统并宣告中华民国成立。至此，中国资产阶级民主主义革命获得了胜利，中国历史进入了一个新的纪元。

至此，中华民国所面临的最紧迫问题就是推翻清政府和与袁世凯停战和谈了，当然如果袁世凯能够倒戈推翻清朝，那么两个问题可以归并为一个问题。原本伍廷芳与唐绍仪的和谈进展颇为顺利，但当南京会议公推孙中山为大总统时，袁世凯为了给民国施加压力，竟然撤销了唐绍仪议和特使的名义，并以"至另委代表接议，一时尚难其人，且南行需时"的名义，要求与伍廷芳直接谈判。

其实，唐绍仪一直是和谈的重要参与者，袁世凯只是不满"南京忽已组织政府，并孙文受任总统"而已。革命党人对此心知肚明，此后双方和谈的重心便转移到了总统人选问题及清帝退位问题两点。孙中山抱持"天下为公"之理念，致电伍廷芳请其代转袁世凯："前电言清帝退位，临时大总统即日辞职，意以袁（世凯）能与满洲政府断绝一切关系，变为民国国民，故许以实时举袁"。辛亥革命发展至此，袁世凯继任大总统已成定局，唯一的阻碍只是清廷是否交出政权而已。于是袁世凯令前线部队倒戈北上，以武力威胁清政府，胁迫清帝退位。此时北洋军前线指挥为段祺瑞，此公军事造诣并不甚高，但政治眼光极强，最明显的表现是在南北谈判过程中，一旦和谈发展不能使袁世凯满意即加强进攻，在给民国政府施加压力的同时，又不直接歼灭。试想，一旦革命党被摧毁，袁世凯如何给予清政府压力？

清政府掌权者除了载沣等少年权贵之外，隆裕皇后而已。但少年权贵对革命形势发展速度的估计严重不足，虽然隆裕对袁世凯说："国家大事，既相托付，当勉为其难；即使挽回无术，吾绝不咎卿"，但一旦涉及清帝退位等关键时刻，权贵们考量自身利益会受到严重损失，于是对袁世凯深致不满。载沣甚至弹劾袁世凯："前借口军饷不足，不能开战，后……款近千万，仍不开战，是何居心？"遭到弹劾后，袁世凯借故不再参加御前联席会议，而作为袁氏心腹的段祺瑞利用手中执掌的兵权，联合前方各将领，电达朝廷，要求谕旨宣示共和："恳请涣汗大号，明降谕旨，宣示中外，立定共和政体，以现在内阁及国务大臣等暂时代表政府……组织共和政府，俾中外人民，咸与维新，实维幸甚，不胜激切待命之至。"此电虽然没有署袁世凯之名，但表达的正是袁世凯的心声。一星期之后，段祺瑞等再次通电清廷，北方各巡抚及河南咨议局等亦通电拥护共和。段祺瑞撤兵北回，驻扎保定，逼近京师。在此形势之下，隆裕皇后力排众议，命袁世凯拟定"宣布共和诏"和优待皇室条件。1912年2月12日，隆裕偕溥仪在养心殿最后一次上朝，并正式宣布退位。至此，清朝灭亡，两千余年之君主专制制度在中国正式结束。翌日，临时参议院批准袁世凯就任大总统，并确定南京为首都；3月8日，制定了《中华民国临时约法》，3月10日，袁世凯在北京就任临时大总统，第二天公布了临时约法。中国历史正式进入了"民国"时代。

民国的成立标志着中国历史摆脱了王朝更替的循环发展，从此进入到近代国家的时代。从以袁世凯、段祺瑞等为代表的北洋政府到以蒋介石为代表的国民政府，再到新中国成立，短短三十多年时间中国经历了无比激烈复杂的社会与国家的转换，而辛亥革命正是作为近代国家的中国发展的开端。

辛亥革命不但对中国影响巨大，同时也成为世界历史潮流的一部分。辛亥革命发生的前夜，土耳其爆发了土耳其革命，土耳其共和国在1908年取代了奥斯曼帝国；1910年，墨西哥也发生了反对独裁的革命，并开始成为近代国家；他们要与新生的中华民国一起，标志着在西欧之外，开始有新的近代国家的产生，20世纪也成为以国家为中心的世界发展过程。不唯如此，辛亥革命还为周边被殖民国家提供了革命的榜样。韩国独立战士与中国革命派存在着相互联系、联动，韩国独立运动中的重要人物如曹成焕、申圭植等长期在中国活动，从中国革命运动中吸取了斗争经验，并最终于1919年4月在上海成立了临时议政院，大韩民国临时政府由此成立。可见，辛亥革命，不但对中国意义重大，在世界历史中也占据了重要位置。